博雅

21世纪新闻与传播学规划教材

基层传播：理论与案例

张慧瑜　著

The Theory and Practice of People Communication

北京大学出版社
PEKING UNIVERSITY PRESS

图书在版编目(CIP)数据

基层传播：理论与案例／张慧瑜著.—北京：北京大学出版社，2024.2
21世纪新闻与传播学规划教材
ISBN 978-7-301-34650-1

Ⅰ.①基… Ⅱ.①张… Ⅲ.①传播学—教材 Ⅳ.①G206

中国国家版本馆CIP数据核字(2023)第210125号

书　　名	基层传播：理论与案例 JICENG CHUANBO：LILUN YU ANLI
著作责任者	张慧瑜　著
责任编辑	董郑芳
标准书号	ISBN 978-7-301-34650-1
出版发行	北京大学出版社
地　　址	北京市海淀区成府路205号　100871
网　　址	http://www.pup.cn
新浪微博	@北京大学出版社　　@未名社科-北大图书
微信公众号	北京大学出版社　　北大出版社社科图书
电子邮箱	编辑部 ss@pup.cn　　总编室 zpup@pup.cn
电　　话	邮购部 010-62752015　　发行部 010-62750672 编辑部 010-62753121
印 刷 者	天津中印联印务有限公司
经 销 者	新华书店
	787毫米×1092毫米　16开本　18.5印张　280千字 2024年2月第1版　2024年2月第1次印刷
定　　价	59.00元

前 言

2018年9月，笔者开始与北京大学新闻与传播学院的研究生一起阅读1946年5月晋冀鲁豫根据地创办的《人民日报》（后来的中共中央机关报的前身）。在阅读的过程中，笔者尝试用"基层传播"这个概念来描述根据地时期的新闻传播实践。2020年9月，笔者在北大新闻与传播学院开设"基层传播理论与实践"的案例课。2021年，这门课成为北京大学课程思政示范课，并获北京大学课程思政教材建设立项。本书内容就以2020年、2021年、2022年三次授课内容为基础。

本书把基层传播与课程思政结合起来，深刻领会习近平新时代中国特色社会主义思想，以马克思主义新闻观为指导，坚持文化自觉和理论自信，把创建新时代中国特色大众传播学理论作为讲授主题，始终围绕"坚定理想信念、厚植爱国主义情怀、加强品德修养、增长知识见识、培养奋斗精神、增强综合素质"①的育人目标，将立德树人融入思想道德教育、文化知识教育和社会实践教育等教学各个环节，把"举旗帜、聚民心、育新人、兴文化、展形象"②作为课程教育的根本任务，以实现全程育人、全方位育人。

---

① 习近平：《培养德智体美劳全面发展的社会主义建设者和接班人（二〇一八年九月十日）》，载《习近平著作选读（第二卷）》，人民出版社2023年版，第195—204页。

② 习近平：《宣传思想工作的使命任务（二〇一八年八月二十一日）》，载《习近平著作选读（第二卷）》，人民出版社2023年版，第193页。

本书把习近平新时代中国特色社会主义思想应用到新闻传播教学中，围绕基层传播这一有中国特色的新闻传播实践，来总结中国基层文化治理和社会建设的经验。

这主要体现在三个方面。

第一，习近平新时代中国特色社会主义思想强调“加快构建中国特色哲学社会科学学科体系、学术体系、话语体系”①。“基层传播”是一个中国特色哲学社会科学的概念，基于20世纪中国共产党在根据地时期对农村、偏远地区的战争动员和文化建设，强调传播媒介更加主动地参与经济、社会领域，这是一种中国的特殊经验，值得总结和发扬。

第二，习近平新时代中国特色社会主义思想强调“坚持以人民为中心”的极端重要性。基层传播是一种以人民为中心、以群众为核心的传播实践，借助黑板报、门板报、壁报、标语等简便的媒介形态，深入基层对群众进行宣传和教育工作，让普通群众不仅成为这些基层媒介的阅读者，也成为其创作主体。

第三，推进国家治理体系和治理能力现代化是习近平新时代中国特色社会主义思想的重要内容。基层治理是国家治理的基础，基层传播是基层治理的重要手段，用文化、传播的方式来宣传，如下乡干部、下乡文艺工作者、知识青年、邮递员、电影放映员、赤脚医生、代课老师、基层通讯员、技术员等都是来自基层、服务基层的科技、医疗、文化工作者。这是基层传播的主体和治理经验。

本书一方面从理论角度阐释基层传播的概念，另一方面以具体的基层传播案例，如广电制度、基层宣传员等，来呈现基层传播这种服务于人民、以人民为主体的传播实践。本书通过对基层传播理论与案例的研究，探究基层传播的理论、方法和实践维度，总结中国基层治理的经验和建立中国文化自信的路径。相比于一些发达国家和地区的社区实践，本书强调基层传播的中国

---

① 习近平：《高举中国特色社会主义伟大旗帜 为全面建设社会主义现代化国家而团结奋斗——在中国共产党第二十次全国代表大会上的报告（2022年10月16日）》，载《党的二十大文件汇编》，党建读物出版社2022年版，第33页。

特色,即基层和基层传播是 20 世纪中国历史中形成的经验,根植于近代以来中国所面临的危机和挑战及其应对。

基层传播研究基层空间里的传播行为,以 20 世纪 30 年代以来中国革命和建设中形成的基层治理为基础,探究传播参与基层实践的中国经验。基层传播不仅考察信息扩散到基层的过程,而且反思媒体、媒介在基层发挥的社会功能。由于当时中国是落后的欠发达国家,缺乏现代技术和资本禀赋,因此基层传播成为一种低成本、低技术依赖的动员、组织和改造基层的方法。基层传播的制度基础是,中国共产党依靠组织的力量深入基层社会,运用“从群众中来,到群众中去”的群众路线的工作方法,实现基层的现代化。基层传播不仅解决了信息交流从中心/城市向边缘/乡村的扩散以及“最后一公里”的问题,更重要的是把现代化的理论、价值镶嵌进基层社会,让群众更加主动地参与了现代化建设。提出基层传播,是为了总结和梳理中国共产党在基层进行宣传、文化建设的历史经验。在落后的国家,现代大众媒介也是匮乏的,而基层传播是一种用低成本、低技术的大众传播来完成社会动员的媒体经验。

可以用“基层传播”的概念来描述中国共产党新闻实践的基本特征,基层传播是一种朝向基层、动员基层的传播方式,力图把基层变成群众路线、人民当家作主的空间。围绕基层传播,本书主要讨论三个问题:一是相比于西方的社区传播、底层研究,提出了更具中国特色的基层传播的理念;二是探索根据地时期的基层传播与社会实践的关系,如用传播建构基层社会的有机性、用基层通讯员等方式塑造群众的主体性和新闻的教化职能等;三是讨论中国共产党新闻治理的基本特征,如“不是新闻的新闻”、镶嵌于政治和社会生活的去专业化传播、服务于生产的传播等。本书从中国根据地时期的新闻实践出发,从历史到现实、从理论到实践,全面总结中国基层传播的历史经验;通过基层传播与社区传播、基层治理、公共文化服务等领域的对话,建立基层传播的理论基础,用中国和西方的基层传播的典型案例,确立基层传播的社会实践维度。

不仅如此,如果把视野转向中国的新闻传播制度,可以说它是高度基层化的。新中国成立之后，在农村建立了广播网，广播、大喇叭成为乡村的公共媒体。中国的电视制度也是“四级办电视”，每一个县城都有电视台，这也是县级融媒体改革的制度前提，试图激活县级广电体制的活力。而中国的“村村通”工程，保障水、电、路、网等设施覆盖城乡各地，为农村“电商”“直播带货”等提供了信息基础设施。可以说，中国有着丰富的基层传播实践，小到黑板报、宣传栏、标语、口号，大到广播站、县级电视台，以及基层社会广泛存在的联欢会、运动会、文艺演出等丰富多彩的群众文艺活动。这些基层媒体积极参与对基层事务的管理、协调，是基层单位公共化、社会化的平台。

本书面向关注基层文化、公共文化的大学生，通过对基层传播的理论的研究，探究基层传播的理论、方法和案例分析，以总结中国基层治理的经验和建立中国文化自信的路径。本书的章节安排如下：以基层传播的历史和类型为主线，在划定基层传播的范围的同时，结合20世纪中国革命和改革的历史，呈现基层传播在不同历史时期的表现形态。导论、第一章、第二章阐述了基层传播的概念、历史起源、媒介形态与组织机制；第三章到第十二章介绍了基层传播的不同类型和案例分析，涉及社区研究、乡村建设、国际工业合作社、根据地建设、单位制空间、群众文艺、城乡互助、新乡村建设、网络基层社区、信息基础设施建设等专题，每一章分为理论梳理、实践解读和案例分析三部分。因此，本书兼顾基层传播的理论和实践，一方面从理论的视角总结基层传播的一般规律，另一方面从实践的角度展现基层传播的社会应用。

可以说，基层传播作为一种产生于20世纪中国历史和社会发展中的经验，根植于国家、政党介入基层、改造基层的过程。“基层传播”这个概念一方面可以对20世纪历史中发生过的新闻经验进行描述，尤其是在像中国这种第三世界的发展中国家，传播媒介应更加主动地参与经济、社会领域，另一方面也可以用于研究和分析当下如何用基层传播来建构社区文化和进行乡村建设，如县级融媒体改革、网络基层空间治理、乡村文化重建等。基层是人民群众生活、居住的场所，也是其工作、生产的空间，“基层化”本身蕴含着通过政治介入、社会革命、文化教育等手段，让百姓、人民群众成为社会空间多重主体的意涵。与现代化理论和发展主义式的发展传播学不同，基层传播不是单向度地由外部城市对基层的扩散和改造，而是既改变乡村的生产关系、社会关系、习俗等，又对现代化知识、现代大众媒介等现代性制度进行批判，尝试创造一种以群众为主体的自主性文化。其中信息传播和文化建设尤为重要。基层传播的核心是人民主体，通过群众办报等传播领域的民主化实践，确立人民的政治、文化和社会的主体性。如果要给“基层传播”找一个对应的英文词，本书倾向于用“people communication”来表达，在某种程度上，它联系着20世纪中国历史中关于人民政治的想象，也联系着在基层实现“人民当家作主”的理想。这并非一朝一夕能完成的工作，而是一场“漫长的革命”。

目　录

导　论　基层传播的概念

基层传播主要研究基层空间里的传播行为，以 20 世纪中国革命和建设中形成的基层治理为基础，探究传播参与基层实践的中国经验。基层传播不仅考察信息扩散到基层的过程，而且反思媒介在基层空间中发挥的社会功能。20 世纪的中国由于长期处于落后的欠发达状态，需要通过革命和改革的方式完成现代化转型，而基层传播在基层社会的改造和动员中发挥着重要作用。相比于社区传播，基层传播有几个鲜明特征：一是基层传播依靠政党和行政机构来组织，是一种特殊的组织传播；二是基层传播的功能和目的不仅是信息传递，更重要的也是借助基层媒介完成群众动员；三是基层传播高度参与了基层发展和社会建设。本书主要围绕基层传播的理论、方法和案例来展开，用基层传播来描述和总结 20 世纪的中国的新闻传播实践。

第一节　从社区传播到基层传播

要理解基层传播，首先要理解什么是基层。“基层”是中国政治、社会领域常用的概念，指的是政治组织的最末端和社会机构的最底层。基层看似与“社区”等概念相似，但其本身源于 20 世纪中国革命和改革过程中形成的历史和社会经验。“基层”不是静态化的空间概念，而强调政党组织通过政治、社会和文化的方式来对社会底层进行基层化的过程。中国共产党把基层党组织作为政党的基础，把基层社会作为政治治理的基础，这使得“基层”成为中国政治和社会领域最常见的关键词之一，以至于很少有人追问“基层”概念的来源和形成过程。基层传播不仅是信息从外部传递到基层的媒介，也是传播参与基层治理的重要手段。

“基层”作为一个概念，在中国古代文献中就出现过，指的是楼台亭阁的底层和地基，是建筑物最下面一层。这也意味着基层有两个基本含义：一是最末端、最下面和最底层；二是支撑上面建筑的地基和基础。直到今天在工程用语中，道路基层、公路路面基层指的仍是沥青、水泥混凝土路下面的一层，这是“基层”作为建筑学用语的含义。20 世纪二三十年代，“基层”从建筑学用语被挪用到政治学和社会学领域，指称政治组织、社会结构的最末端、最底层。在政治领域，政党政治被引入中国以来，政党组织成为重要的政治形态，尤其是 1921 年成立的共产党和 1924 年改组后的国民党都受列宁主义政党原则的影响，基层党支部成为政党组织的最小单位。在社会领域，基层主要是指乡村等社会的最底层空间，基层建设成为国家权力向乡村延伸的方式。这就形成了“基层”的双重现代含义：一是指政党组织的最末端；二是指社会空间的最底层。

基层概念的形成有两个背景。其一是引进西方政党的理念，把政党组织的架构视作从基层到中央的金字塔结构，如列宁主义政党是以基层党支部为基础的严密的、高度纪律性的政治组织；其二是 20 世纪 30 年代，世界经济危机带来的中国乡村的危机让不同立场的知识分子开始走向民间、走向乡村，乡村成为中国社会的基层。1927 年，中国共产党从城市转移到乡村，开辟了农村包围城市、建立农村根据地、武装夺取政权的革命道路。毛泽东在江西三湾村改编秋收起义失败的军队，实行“支部建在连上”的组织机制，自此在人民军队中建立了各级党组织，实现了党对军队的绝对领导。借助政党的力量来深入基层、管理基层成为中国共产党改变中国社会的重要方式，也从根本上改变了封建时代“皇权不下县”的状态。在根据地时期①，中国共产党一

① 在历史上，一般把 1927—1949 年描述为中国革命的根据地时期。

方面在军队中建立了“支部建在连上”的组织原则和政治原则，另一方面在敌后根据地的社会建设中也形成了“密切联系群众”“从群众中来，到群众中去”等群众路线的基层工作方法。直到新中国成立之后，中国共产党总结了通过党组织完成基层治理和建设的制度经验，“基层”也成为中国共产党的核心政治词语。每一个党员都在基层党支部中，每一个群众都生活在基层单位里。在部队，每个连队、班级都是一个基层单位。在社会中，村庄、社区、工厂、企业、学校等都是一个又一个的基层单位。中国共产党通过不断地基层化来实现自上而下的社会治理和自下而上的社会整合。

与基层和基层传播最相关的学术概念是“社区”和“社区传播”。在社会学中，“社区”是最重要的研究对象和分析单位之一。一般把19世纪末期德国社会学家滕尼斯和20世纪初期美国社会学的芝加哥学派视为社区研究的先驱。滕尼斯在《共同体与社会》中论述了城市与乡村的二元对立，并把乡村指认为使用同一种语言、有共同的传统、有共同的价值观的有生命的有机体，家庭、邻里连接为一个共同体，“城镇本身便是一个自足的家，一个共同式的、有生命的有机体”①，而作为现代社会的城市则是机械化的聚合，是个人主义的、自私自利的、理性的、计算性的、团结性消失的地方。在滕尼斯看来，乡村是有共同的意义感的社区，而城市则是无机的、机械化的、没有共同体与团结的空间。20世纪初期美国芝加哥大学的芝加哥社会学派学者的看法则与滕尼斯不同，他们对城市和社区有更肯定和积极的看法。芝加哥学派的代表性人物罗伯特·帕克在《城市——有关城市环境中人类行为研究的建议》中认为，“城市并不仅仅是一种地理或生态单位，它同时也是一种经济单位。……城市事实上是一种心物机制，在此机制内并且通过这种机制，个体利益与政治利益不仅能找到一种集体表达形式，而且还能找到一种法团式的表达形式”②，芝加哥学派把这种城市研究命名为“人类生态学”。这就把城

① 〔德〕斐迪南·滕尼斯：《共同体与社会——纯粹社会学的基本概念》，张巍卓译，商务印书馆2019年版，第124页。

② 〔美〕罗伯特·E. 帕克等：《城市——有关城市环境中人类行为研究的建议》，杭苏红译，商务印书馆2016年版，第6页。

市中在一定限定区域内聚集、生活的人群命名为具有共同体的社区，即城市的最小社会单位。20世纪30年代，罗伯特·帕克到燕京大学讲学，把这个概念传播到了中国，当时还是学生的费孝通把"community"翻译为"社区"。[①]

这种从共同体的角度理解社区的观念与西方关于城市、社会的历史观念有关。在西方，社会指的是由城市文明组成的联合体，城市由不同的社区组成，社区被认为是一个高度自治的空间，也是社会组织的最小单位，社区往下就是家庭和个体。这种自治化的社区想象来源于古希腊的城邦，理想的城邦是凭借自由意志结合在一起的自由人的联合体和共同体。由原子化的个体结合为家庭，由家庭（居所）组成社区，再由社区联合为城市，最后由城市组成社会，这就是西方现代社会的来源。因此，社区不仅是西方现代社会的基础，也是个体、家庭走向社会的中介。在西方文化中，社区教育、社区服务是个人和家庭的必修课，定期从事社区志愿服务工作也是良好公民教养的体现。这种社区自治的传统中隐含国家与社会的二元对立，社会是市民从事经济、社会活动的空间，独立于国家、政治，政治国家不能干预市民社会，市民社会可以监督掌握行政权力的国家，而自治化的社区就是市民社会的基础。"社区传播"正是建立在这种社区自治理念上的传播学概念。如果说大众传播研究的是现代印刷、电影、电视等大众化媒介如何影响和塑造受众，公共传播讨论的是现代媒介的公共性、商业性以及国家、资本等力量如何影响媒体的公共属性，那么社区传播研究的则是社区空间的传播现象以及社区媒体对社区共同体的塑造，如美国社区文化中的社区报是一种服务于社区认同的媒介。由于自治化社区的理念背后是对以国家为代表的政治权力和以资本为代表的市场权力的拒绝，社区自治被认为是真正的民主和民主化社群的代表，因此社区传播凸显的也是社区自治以及市民/公民用媒介自主地参与社区治理。在这个意义上，20世纪60年代以来，西方反文化、反资本主义社会的运动中兴起了对另类社区的想象，即以计算机为基础的互联网被寄予理想

① 丁元竹：《中文"社区"的由来与发展及其启示——纪念费孝通先生诞辰110周年》，《民族研究》2020年第4期，第22—24页。

主义的愿景,人们认为互联网是一种扁平化的、高度自治的、去中心化的虚拟社区,是一种去等级化的、权力分散的网状结构。如研究者指出,“在越战结束20年,以及美国反主流文化运动开始消弭之际,计算机反而把反主流文化运动时期曾提到的个人主义、协作社区,以及精神共融的梦想变成了现实”①,这为理解基层和基层传播提供了理论和历史参照。“基层传播”与“社区传播”有相似之处,但两者来自不同的历史脉络。如果说社区传播来自西方发达国家的现代、城市经验,那么基层传播则是中国在20世纪革命和改革过程中借助媒体参与农村基层治理的历史产物,也是联系着欠发达的、以农村为主体的第三世界、发展中国家的现代化经验。

20世纪80年代以来,中国恢复社会学研究,从西方引进“社区”的概念,也翻译了美国芝加哥大学社会学派的著作,在社会学领域逐步设立了社区研究、社会工作等专业,随之也引介了关于社区治理、社区营造等社会工作的方法和经验。简单地说,其中主要有两种社区研究的理论脉络:一是西方社区自治的理念,强调社区是与国家、市场相对立的空间,这背后是20世纪60年代欧美反文化运动的遗产,也带有西方马克思主义的历史痕迹,即用自治化的、自我管理的社区、社群来回应苏联式的社会主义和美国式的垄断资本主义,认为社区是一种另类的、自由的、民主的社会试验田。这种另类社区的构想也被赋予互联网,把互联网看成扁平化的、去中心化的虚拟社区,是对等级制、科层化的主流社会的批判。二是来自日本、韩国和中国台湾、中国香港等东亚发达国家和地区的社区理念,包括社区营造、社区规划、社区重建等,这些东亚区域依次完成了第二次世界大战后的经济高速起飞,将社区空间视为一种对工业社会、工业组织的反思,带有绿色革命、生态保护等反现代化的底色。这些社区动员又与韩国和中国台湾等区域的社会民主化运动结合起来,变成一种自下而上的重塑社会形态的中介。这两种分别来自欧美国家和东亚发达地区的社区治理经验,确实呼应着90年代以来中国高速现代化、城市

① 〔美〕弗雷德·特纳:《数字乌托邦:从反主流文化到赛博文化》,张行舟等译,电子工业出版社2013年版,第Ⅵ页。

化的发展历程，为培育中国都市社区的活力提供了样板，尤其是借助非政府机构或非营利组织的模式，这些"先进"经验被移植到中国社区建设中，比如汶川地震灾后重建以及为特定群体提供公益服务等领域。

相比于"社区"及"社区传播"等来自西方发达国家的学术经验，"底层"和"底层研究"则是基于印度等第三世界国家的经验总结出来的学术概念。"底层"就其本意指的是社会阶层的最底端，是政治、经济、文化等各个领域的弱势阶层，是法律之外的、被社会秩序所抛弃的、看不见的底层，在发达国家主要是指非法移民或战争难民群体，在发展中国家则是指生活在都市贫民区的穷人，处于无政府、非正规权力管控的状态，是警察、媒体等现代权力都无法也无力抵达的空间。以印度学者古哈为代表的后殖民主义理论学者提出了"底层研究"的概念。所谓"底层"指的是"subaltern"，尤其是在种姓制度意义上的"贱民"，学者批判性地分析了西方社会学、政治学中的市民社会与政治社会分化的假设，认为这种市民社会对抗政治/国家的传统与印度等第三世界/殖民地国家的经验不同。底层研究的代表学者帕沙·查特吉（也译帕萨·查特杰）认为，底层是无法进入市民社会的群体，在印度，广大的庶民（底层）阶层被排除在市民社会之外，底层是无法被倾听的、沉默的主体。"现代国家在治理的过程中，发展出针对不同'人口'群的治理机制，这个治理机制反倒提供了弱势人口在实际的社会关系中创造非主流政治的民主空间"①，这里的弱势人口指的就是处在市民社会之外的底层群体。底层研究可以让我们反思精英史学以及西方基本的社会学框架。在中国背景下，基层空间中的群众与社会学意义上的底层之间有很大的相似性，他们是政治、经济、文化等意义上的弱势群众。基层化本身是通过社会、政治和文化的革命方式把底层转变为理性化、主体性的群众和公民的过程，强调的是政党、国家通过各种政治和社会力量把底层变成基层，由基层干部、片警、社区志愿者等基层工作者在公共文化服务中激发群众参与基层管理的积极性。因此，基层

---

① 〔印度〕帕萨·查特杰：《被治理者的政治：思索大部分世界的大众政治》，田立年译，广西师范大学出版社 2007 年版，第 5 页。

并非政治、社会权力之外的空间，而正是政治权力参与和介入的场所，否则基层就会变成非正规权力控制之下的“底层”，如第三世界国家现代化、工业化过程中经常会出现底层贫民窟化的现象。从这里可以看出，社区、基层、底层虽然强调的都是相似的社会群体，但是由于历史背景以及回应的问题不同，因此社区基本以西方等发达国家为基础，面对的是基于城市治理和市民主体的社区发展经验问题，而底层则以第三世界/殖民地国家为背景，强调在现代秩序规制之外的社会空间，是欠发达国家的经验，而基层则与20世纪的中国经验有关，回应的是底层群众如何翻身、如何获得自主权力的问题。

基层是一种中国特色的社会空间，一般是指政党组织的最末端和社会机构的最底层，是比个人、家庭范围大，比社会范围小的空间。但相比于社区主要是指都市、城市，基层的范围更广，它既包括城市社区，也包括未实现现代化的乡村。基层不是一种固定的、静态的社会空间，而强调体现用政治、社会、文化等基层化的方式改造基层。基层传播就是这种改造过程中所使用的基层媒体和宣传手段，是一种以思想教育、文化建设为特征的软性治理。

基层传播是指发生在基层空间里的传播行为，包括两个层面的含义：一是传播由外而内、从上到下地深入基层，如报纸、广播、电视等大众媒介下沉到基层空间，对基层社群产生影响；二是借助基层化的媒介在基层内部进行传播的现象，如黑板报、宣传栏、歌咏比赛、广场舞、公共卫生教育、垃圾分类宣传等都属于基层传播。基层传播有双重任务：一是使外部信息进入基层，尤其是将现代的、城市的知识、文化传播到基层社会；二是建立基层社会的公共性和社会性，使得基层成为互助、互济、共存、共享的社会空间。完成基层传播的这两项任务涉及基层传播的四要素，分别是传播主体、传播媒介、传播内容和传播受众。这四要素具体指：一是，基层传播的主体分为两类。第一类是扎根基层的社会工作者，包括基层干部、驻村干部等，第二类是逆向流动的知识分子，包括邮递员、电影放映员以及“下乡”的文艺、科技、医务、法律等领域的专业知识分子，他们可以向基层传播基本的现代化知识和信息。二是，基层传播的媒介分为三类。第一类是广播、电视、电影等大众化的现代媒

介，第二类是黑板报、墙报、标语口号等基层化媒体，第三类是群众大会、联欢会、运动会等群众政治、文体活动。三是，基层传播的内容分为两方面。第一方面是把现代化的信息、知识传播到基层，第二方面是搜集、整理基层社会的地方经验、文化习俗等。四是，基层传播的受众是指生活在基层的普通群众，如单位制里的工人、村庄里的村民、校园里的学生或者部队中的普通士兵等。

对于如农村等落后、欠发达地区，借助国家力量，基层干部、科技人员和文艺工作者在基层从事生产、文化和社会建设，把资金、技术和生产者有机组织起来，让基层变成人民群众安居乐业的空间，这就是中国基层传播和基层建设的经验。如果没有这些基层工作，基层将会沦为底层。而通过耐心、扎实的基层工作，底层也有可能变成有活力的社区。基层是实现底层社区化的关键。中国的基本国情是依然有占总人口 40%、近六亿的农村人口[①]，城市中也存在因经济发展不平衡而产生的中低收入群体，这些对新的基层建设和基层工作来说都具有十分紧迫的现实意义。

要从基层传播的角度理解中国式现代化道路。20 世纪以来，中国经历了剧烈的政治革命和社会改造，也经历了从传统社会向现代社会的现代化转型。“中国式现代化”是理解 20 世纪中国革命和改革的关键词，其有两个层面的含义：一是，衡量现代化的指标是共同富裕，物质文明和精神文明相协调，人与自然和谐共生，走和平发展道路；二是，这些指标的主体是规模巨大的人口和全体人民，也就是说，中国式现代化是一种普惠式的物质与精神、人与自然相协调以及和平发展的现代化。面对西方现代化五百多年的历史经验，中国式现代化强调“中国式”的独特性和自主性，是一种建立中国主体、中国立场的新现代化理论。中国式现代化尝试突破传统与现代之间（建立古代中国与现代中国之间的连续性）、中国与西方（特殊与普遍）之间的二元对立关系，把百余年间中国经历新民主主义、社会主义革命和建设、改革开放等不同时期的实践经验升华为一种普遍性的理论，尤其是对于人口规模大、资

---

① 参见国务院第七次全国人口普查领导小组办公室编：《2020 年第七次全国人口普查主要数据》，中国统计出版社 2021 年版。

本禀赋弱的发展中国家来说更具有启示价值。中国式现代化的重要特征是通过政治革命、社会改革完成自下而上的基层改造、动员人民群众参与现代化进程，这就需要借助大量的基层传播活动来实现基层社会的组织化和网络化。一方面，需要依靠“硬件”条件，建设覆盖主权领土范围、全体人民共享的信息基础设施网络（通路、通电、通水、通广播电视、通电话、通网络等）；另一方面，更需要依靠“软件”条件，即让成千上万的逆向流动的现代知识分子参与基层建设。可以说，自 1927 年中国共产党被迫从城市转向农村发展根据地以来，这种下沉到基层、开展基层化的工作就伴随着中国式现代化的全过程。

第二节　基层传播的特征

本书以基层传播为核心，讲述基层传播的概念、理论、方法和案例实践。借助基层化的媒介，如黑板报、宣传栏、歌咏比赛、广场舞、公共卫生教育、垃圾分类宣传等进行基层动员和社会建设，都属于基层传播。相比于社区传播，基层传播更符合中国本土的实践。一方面，基层治理、基层建设是中国行政管理的有机组成部分；另一方面，文化、传播是基层治理的中介和形式，尤其是像在中国这种第三世界、发展中国家，传播媒介须更加主动地参与到经济、社会领域。中国的基层传播起源于根据地时期对农村、偏远地区的战争动员和文化建设。在物质匮乏、技术落后的背景下，根据地采用就地取材的方式，借助黑板报、门板报、壁报、标语等简便的媒介形态，深入基层对群众进行宣传和教育工作，让普通群众不仅是这些基层媒介的阅读者，也是其创作主体。正是这些扎根基层单位的文化传播手段，使得非现代的、非都市的主体在战争中完成了文化启蒙，从愚昧的、落后的状态走出来，变成了理性化的、有行动力的主体。如果放在更大的历史背景中，基层传播不仅是 20 世纪中国社会改造催生的一种独特的群众动员的文化形态，也是第三世界、欠发达地区完成现代化转型的历史经验。

基层传播在基层建设和治理中扮演着重要角色，是赋权基层表达、发声

的平台，也是构建基层空间的公共性、社会性的媒介。在基层治理的过程中，基层传播发挥着重要作用，而宣传活动伴随基层治理的全过程，是基层工作的重要中介。基层治理的重要特征是借助基层传播和文化建设，让基层社会具有一定的社会性和公共性。基层干部并不只是进行行政化管理，更多的是通过思想工作、群众工作进行一种柔性治理，如居委会妇女干部就是一种最典型的基层干部。基层传播在基层工作中扮演着重要角色。在 20 世纪前半叶中国“一穷二白”的历史条件下，只有把群众动员起来、组织起来，才能发挥基层群众的主体性和能动性。从根据地时期到新中国成立，下基层、服务基层成为中国政治和社会制度的重要组成部分。自建立革命根据地以来，中国积累了丰富的基层传播经验，不仅涉及政治理念的推广，也涉及经济、社会领域的斗争，如土地革命时期的土地分配，还涉及如何发展生产、走向合作化，这些都需要大量的基层说服、宣传工作，都是基层传播的范畴。“全党办报、群众办报”的党报党刊理念也体现在基层传播中。全党办报是指每一位党员、干部都要从事新闻工作，承担向群众宣传党的政策的任务；群众办报则是指群众要参与新闻生产。这一方面可以弥补专业化新闻生产的不足之处，另一方面也可以提升群众参与新闻生产的积极性。

相比于社区传播，基层传播具有四个典型特征。

第一，从历史上看，西方社区的主体是城市市民，是理性化、接受过素质教育、有私人财产（房产）的现代公民，而基层动员的是农民、妇女、老人等传统社会中处于底层的困弱群体，基层动员要把这些非现代的、前现代的主体变成革命的和社会建设的主体。基层所面对的空间主要是农村等欠发达地区，中国在对落后的贫困地区进行基层建设的过程中摸索出了一套组织群众、动员群众的工作方法。这种在非现代的农村地区开展的基层工作，改变了五四时期在沿海城市通过精英知识分子进行文化启蒙的模式。一方面，这些被启蒙的“五四”知识分子把恋爱自由、个人权利等新价值带入乡村地区；另一方面，乡村的社会结构、生产方式也成为被改造和重组的对象。在这个过程中，党组织、知识分子与基层群众广泛结合，既使外来的现代理念本土化，又实现了本土文化的现代化，这不是简单的以现代城市取代传统乡村的

问题,而是现代启蒙理念与乡村社会的伦理结构彼此批判和融合的辩证过程的问题。

第二,基层传播在基层建设中发挥着重要作用。将群众从受压迫、被欺凌的主体变成社会的和文化的主体,除了通过在经济层面上发动土地革命等社会变革,重要而有效的方式还包括鼓励群众参与识字扫盲运动和群众文艺、公共卫生知识普及等文化教育活动。通过读报小组、农村夜校、群众大会等形式以及借助广播、电影、电视等大众媒介进行宣传,基层传播帮助群众实现了从社会"翻身"到精神"翻心"的转变,获得了参与公共生活和从事政治活动的主体性和能动性。

第三,与社区传播不同,发展是基层传播的核心任务。中国共产党在革命战争时期就已经意识到,基层不只包括居住、生活、消费的场所,还包括单位、工厂、公司等生产性空间,这就涉及如何在基层组织生产、发展生产的问题。基层传播参与了工业、农业等社会发展,通过改造生产过程中的劳资关系、生产关系,改善科层化的等级结构,提升了工业生产的效率和劳动者的积极性。在生产过程中,基层传播发挥着双重作用。一方面,城市单位提供了丰富的业余文化生活,在工人俱乐部、大礼堂定期上演电影、话剧或其他群众会演活动,围绕着工业劳动、工业生产形成了大量基层传播的实践,生产竞赛、劳模评选、群众大会以及丰富多彩的群众文艺、群众联欢活动都是基层传播的手段;另一方面,农村也开展了文化、科技、卫生"三下乡"活动,如露天电影会放映服务于生产的科教片等。这些都是有中国特色的传播学实践。

第四,国家为基层传播和建设提供基础设施保障。与自由主义传统中自治社区、市民社会对国家的排斥不同,基层是国家权力的延伸,通过基层党支部和基层行政力量,国家可以完成对基层的管理和治理。除了介入基层日常事务之外,国家的角色还体现在为基层提供硬件基础设施和通信基础设施上,如路、水、电、邮政、通信、网络等这些都由国家或国有企业投资建设,包括"四级办广播、四级办电视"制度和计划经济时代的电影发行、放映制度等。不管是城市居民,还是农村或偏远地区的基层群众,都能享受到基本的现代化基础设施服务,这为基层生产和建设提供了便利。

从历史角度看，20 世纪以来，基层被赋予了双重意涵：一是指基层党组织，《中国共产党章程》规定，有三名正式党员就可以向上级党组织申请成立党支部，党支部即共产党的基层组织；二是指行政区划意义上的基层单位，如工厂、企业和城市社区居委会、农村村民委员会等。20 世纪 80 年代以来，基层形态逐渐从单位制向社区制转变。

单位制式的基层空间是一种有中国特色的组织形态，是依托计划经济制度和行政化管理形成的生产和消费单位。单位制同样形成于根据地时期，最初在中央苏区时期，根据地实行军事共产主义，到抗战时期，根据地逐渐形成以公有制和供给制为基础的社会制度，解放战争时期，东北地区的城市最先实行城市单位制。从根据地时期到 20 世纪 80 年代，单位制社区逐步形成和发展，这些以公有制为基础形成的工厂、人民公社、街道、学校、医院等，都是计划经济体制下的单位制产物。20 世纪 80 年代以来，随着市场化改革的展开，市场经济重组了生产、消费单位，形成了公司制企业、商业化社区等非单位制基层单位。在农村，人民公社解体，“社员”又重新变成了“村民”。在城市，“国营”企业转轨为“国有”企业，而大量的国有企业又破产重组，“单位人”变成了“社会人”。只有党政机关、事业单位等公共部门中还保留了一些单位制的形式。在这种背景下，出现了社区文化、社区建设和公共文化服务的理念。1986 年，民政部提出要开展“社区服务”，这是政府文件中第一次出现“社区”的概念。1999 年，民政部制定《全国社区建设实验区工作实施方案》，明确提出了“社区自治”的概念，基层管理体制开始从行政化管理向法制框架下的社区自治转变。

第三节　基层传播的类型

在从单位制向社区制转变的过程中，基层治理的主体也发生了变化，以党组织为主导的基层治理中开始出现一些新的社会主体，如非政府组织、公益组织等社会力量开始介入社区治理。按照不同的标准，基层可以分成不同的类型。从城市和乡村的角度，基层可以分为城市社区和乡村社区；从社会功能的角度,基层可以分为生产型社区和消费型社区,前者是指企业、公司等生产单位,后者则是指家属院、商业化社区、商场等消费、生活空间;在互联网时代,基层又可以分为实体化的基层和虚拟化的基层(或曰互联网基层空间)。

这种虚拟化的基层又可以分为两种:一种是依附原有的基层社区的虚拟版,如公司、单位的微信群就是与原有社区具有一致性的网络版;另一种是纯粹的虚拟社区,它们没有对应的实体空间,主要表现为网络虚拟社群,如从 Web 1.0 时代的论坛、BBS 到 Web 2.0 时代的贴吧、微信群等。

按照传播媒介的性质,基层传播可被区分为两类。一是外部媒介下沉到基层,如广播、电影、电视等大众媒介通过广播网、电影网、电视网渗透到基层空间,承担起将信息从外部传递到基层的职能;二是媒体本身实现基层化,也就是形成属于基层空间的媒体,如黑板报、宣传栏、广播站、社区文艺活动等,从表面上看,它们是非典型化的媒体,但事实上,它们在基层内部,服务于社区的传播行为。

按照大众媒介的类型,基层传播可被区分为组织传播、大众传播和人际传播。组织传播主要是指政党或基层社会组织在基层开展传播活动,如工会、妇联、团委等群团组织在单位制基层中开展传播活动;大众传播是指电影、电视、报纸等下沉到基层的传播过程;人际传播在基层传播中也非常重要,大量的传播活动、传播实践是通过社区工作者与居民进行面对面的人际传播实现的,包括走访、调研、慰问等。

通过总结基层传播的历史经验以及分析基层传播与社区传播的区别,可以看出,基层传播是借用传播的手段参与基层治理的经验,与 20 世纪中国共产党深入基层和群众路线的传统有着密切关系。80 年代以来,随着市场化改革的展开,单位制式的基层单位逐渐减少。无论是学术界还是行政界,都开始通过重新从西方引进社区的理念,强调在城市中进行一种与西方类似的社区建设工作。但是,基层传播的经验并没有失效,反而成为有中国特色的新闻传播传统,将继续发挥重要的社会治理功能。

第一章　基层传播的历史起源

本章提要

基层和基层传播的历史经验来自中国共产党的根据地实践，是在中国革命、改革和建设中生成的重要的社会动员与治理方式，尤其是在20世纪20年代至40年代的根据地时期及中华人民共和国成立后至改革开放的社会建设时期。定位、组织、动员基层社会是共产党得以在内忧外患中站稳脚跟、发展自身、团结人民的重要原因。本章主要分析基层传播的历史起源和理论基础，对应基层传播的三种社会职能：其一，生产宣传，服务社会生产，塑造群众主体性；其二，组织基层，完成思想和政治宣传；其三，改造和重置空间。按照空间、城乡、媒介性质等不同的区分标准，基层传播可以分成多种类型。

中国共产党作为列宁式政党，有三个典型特征：一是高度的组织性，建立了以基层党支部为基础的组织化、纪律性的政党；二是高度的宣传性，重视宣传工作，把宣传动员和思想教育作为组织建设的基础；三是高度的群众性，形成了“从群众中来，到群众中去”的群众路线传统。中国共产党自诞生以来，就把宣传作为政治工作的核心。五四新文化运动时期，借助《新青年》（1915年创刊）、《每周评论》（1918年创刊）等现代大众媒介进行政治宣传和思想动员，1927年，从城市转向农村，开启了在农村根据地进行军事游击战、社会建设和文化宣传的实践。这种从现代空间到非现代空间的转换面临三个挑战:一是,城市(都市)拥有现代化的大众媒介,而农村始终面临资本、技术、人才的多重匮乏问题;二是,要将都市的、现代的知识/文化传播到农村,需要解决媒体和传播主体如何朝向基层的问题;三是,面对非现代、非都市的农民受众,如何使之成为大众媒介的主体是实现革命从“翻身”到“翻心”的关键。在这种背景下,中国共产党形成了深入群众、把农村基层化的基层传播实践方法。

第一节 基层传播的历史经验

1927 年大革命失败后,中国共产党重建了更为组织化的宣传系统。中国共产党“强调只有说服群众才能领导群众,只有说服群众才能取得群众”①的宣传路线,指出党和群众不是命令式的关系,而是说服与被说服的柔性政治双向关系。1928 年 10 月 1 日,《中央通告第四号——关于宣传鼓动工作》指出,“在党内宣传方面,要求从上至下(从中央以至支部)建立经常的宣传鼓动工作,建立并强健各级党部的宣传机关(上级党部设宣传部,下级党部设宣传科或宣传干事)”,“使支部成为党内以及对于群众宣传鼓动工作的基础”;1929 年 6 月,中共六届二中全会通过《宣传工作决议案》,要求“每个支部必须有专门的宣传干事”。② 这使得宣传工作成为基层党支部的职责,并用党的基层组织来进行组织化传播。1928 年 10 月,中共湘赣边界第二次代表大会召开,毛泽东起草了决议案,指出“共产党是要在左手拿宣传单,右手拿枪弹,才可以打倒敌人的”③,口头演讲、标语口号、群众大会、军民诉苦大会等都成为井冈山、苏区广泛开展的基层宣传活动。1931 年 1 月,《中共中央政治局关于党报的决议》要求,党报必须成为党的工作及群众工作的领导者,成为群众的组织者。1931 年 4 月,《中共中央关于苏区宣传鼓动工作的决

① 中共中央宣传部编著:《中国共产党宣传工作简史》,人民出版社 2022 年版,第 55 页。
② 同上书,第 55—57 页。
③ 同上书,第 60—61 页。

议》指出，各苏区中央分局“必须创办一种党的与苏维埃的机关报”，同时对设立工农通讯员与读报小组、创办当地小报、建立出版部和编辑通俗小册子、设立党校、在红军士兵和白军士兵中的宣传鼓动等工作提出了明确要求。[①] 1933年6月，毛泽东在《查田运动的群众工作》中指出，为发动广大群众积极参加，首先要做宣传，“第一口头讲话，第二贴布告，第三写标语，第四出传单，第五演新剧，第六墙报上做文章”。[②] 1927年至1937年，苏区创办报刊近300种。

经过中央苏区时期、长征时期和抗战时期的救亡宣传活动，20世纪40年代初期，陕甘宁边区发起了延安整风运动。毛泽东1941年5月19日在延安干部会上作的报告《改造我们的学习》、1942年2月1日在中央党校开学典礼（中央宣传部干部会议）上作的报告《整顿学风党风文风》（《整顿党的作风》）、1942年2月8日在中央宣传部的干部会议上发表的报告《反对党八股》，成为全党整风运动的理论基础。延安整风运动是抗日战争时期党内开展的马克思列宁主义教育运动，其核心任务是“反对主观主义以整顿学风，反对宗派主义以整顿党风，反对党八股以整顿文风”[③]。延安整风运动带来了三个结果：一是，抗日战争时期，中国共产党逐渐从以阶级革命为任务转变为兼具民族解放与阶级革命为任务的双重任务，这体现在毛泽东的《中国共产党在民族战争中的地位》《中国革命和中国共产党》《新民主主义论》等论著中；二是，通过对主观主义、宗派主义的批判，实现了“马克思列宁主义的普遍真理和中国革命的具体实践日益结合”[④]，这也彰显了马克思主义中国化的理论自觉；三是，主观主义、宗派主义的表现形式是“党八股”，“反对党八股”如同五四新文化运动中用白话文反对文言文，改变了主观主义、宗派主义的党风、文风和学风，“代之以新鲜活泼的、为中国老百姓所喜闻乐见的中国作风和中国气派”[⑤]。也就是说，延安整风运动反对马克思主义

---

① 中共中央宣传部编著：《中国共产党宣传工作简史》，人民出版社2022年版，第71—72页。

② 同上书，第69页。

③ 毛泽东：《整顿党的作风》，载《毛泽东选集》第3卷，人民出版社1991年版，第812页。

④ 毛泽东：《改造我们的学习》，载《毛泽东选集》第3卷，人民出版社1991年版，第795页。

⑤ 毛泽东：《反对党八股》，载《毛泽东选集》第3卷，人民出版社1991年版，第844页。

的教条主义，提倡对中国现实进行调查研究，以形成民族化、大众化和中国化的党风。

延安整风运动期间，1942 年 3 月在新闻领域，《解放日报》改版，5 月在文学领域，《在延安文艺座谈会上的讲话》（延安讲话）发表，这两个事件体现了对新闻、文学/文艺领域的改造，以使其适应农村根据地的环境。这两个事件对"全党办报""群众办报"的党报党刊理论和工农兵文艺、人民文艺产生了重要影响。通常，学者都把党报党刊和工农兵文艺的起点追溯为这两个历史事件，新闻学界认为《解放日报》改版确立了党报党刊的基本原则和政治规范，文学界认为延安讲话建立了一直延续到新中国的社会主义文学制度。很少有研究者把这两个先后发生的事件结合起来思考，将其作为一次有着内在关系的彼此联动的事件。[①] 其中主要有两个原因。一是，对于《解放日报》的改版和延安讲话的研究分属两个不同的领域——新闻和文学，学科之间存在边界和隔阂，但这恐怕只是表面原因；二是，笔者认为，更重要的原因是缺乏宣传的视角，20 世纪 80 年代以来很少有人从宣传角度理解文学，把文学作为与新闻类似的宣传媒介。对于宣传存在两种态度：一是认为宣传是启蒙思想，用文化、媒介来实现政治理念的传播；二是认为宣传是洗脑、灌输，对受众去主体化的手段。前者从政治的角度理解宣传，后者是冷战时代资本主义阵营对社会主义宣传的污名化。宣传是一种组织化的传播活动，在战争等特殊时期，宣传战是服务于国家的舆论战。如果从宣传的角度讲，这两个分别在新闻领域和文学领域发生的整风运动事件是有内在联系的，具有相似的历史和理论逻辑，2022 年出版的《中国共产党宣传工作简史》把这两个先后发生的事件视为整风运动的重要组成部分。可以说，抗战时期中国共产党对新闻、文化系统的整改，使得党报党刊完成了服务政党宣传的任务，也使得文学等文艺活动参与、组织了宣传工作。这种对新闻、文化领域的改造是对意识形态再生产领域的调整，使其适应根据地时期的思想和文化动员，与军事、政

① 参见李海波：《新闻与文艺的合题：延安〈解放日报〉改版座谈会考论》，《新闻与传播研究》2022 年第 6 期。

治斗争更密切地配合了起来。

根据地时期的宣传活动带有基层传播的色彩，这种深入群众、扎根基层的文化宣传就是基层传播的历史来源。简而言之，基层传播是一种在基层进行的传播活动，用新闻传播来参与基层政治、社会建设。这涉及两类最简单、最基础的问题：一是基层有哪些媒介，或者说现代大众媒介如何下沉到基层？二是谁在基层从事传播活动？谁是使用这些基层媒介的主体？《解放日报》的改版和延安讲话回答了这些问题。一是，对新闻领域的改造改变了党报党刊的都市属性，使其成为宣传党的政策与反映群众生产、生活的媒介平台，确立党报党刊的基本属性是党性和人民性。在新闻生产上，不仅强调记者须经常下基层，而且建立基层通讯员网络，让群众成为写稿的主体。正是干部写稿、群众写稿等“全党办报”“群众办报”的理念改变了大众媒介的单向度传播，使报纸这一传统媒体具有了平台性和互动性。二是，对文学/文艺领域的改造使得文学/文艺变成宣传媒介，让文艺创作从只为大都市的市民读者服务变成了也为根据地的工农兵群众服务。一方面，文艺工作者要像记者一样下基层、参与基层建设；另一方面，提倡用典型论的方式来创作文学，这种典型塑造体现了对文学的宣传化。从这个角度来说，《解放日报》的改版和延安讲话是基层传播的理论来源，二者通过对媒介/技术和知识分子/主体的双重改造形成了有中国特色的基层传播模式和方法。

第二节　基层传播的理论基础

根据地时期，农村虽然缺少由资本、技术支撑的现代大众媒介，却拥有丰富的媒介化实践，尤其体现为黑板报、墙报、戏剧、歌咏、群众文艺等形式，这些在基层开展的传播活动既需要大众媒介下沉到乡村，也需要“就地取材”创造一些低成本的基层化媒体。在《解放日报》的改版和延安讲话的影响之下，出现了三种基层媒体的形态：一是改造大众媒介，这不仅使得带有都市属性的报纸扩散到基层，而且生产与基层相关的新闻内容；二是改造现代文艺，这使得五四新文化运动以来形成的都市化的文学、艺术变成与农村根据地相契合的文艺作品；三是发掘基层化媒体，如对非媒介进行“媒介化”、把群众文艺变成宣传手段。

一、《解放日报》改版：建立平台化党报

《解放日报》是中共中央机关报，1941 年 5 月 16 日正式创刊，毛泽东亲自题写了报头并撰写了发刊词，确定了该报“团结全国人民战胜日本帝国主义”的办报宗旨。《解放日报》由《新中华报》和新华社的《今日新闻》合并而来，是抗日战争时期以及解放战争初期革命根据地影响力最大的报纸，博古担任第一任报社社长，廖承志、杨松、陆定一、余光生等先后担任报社总编辑。1947 年 3 月 27 日，中共撤离延安，《解放日报》停刊，历时 5 年 10 个月又 11 天，累计出版 2130 期。

《解放日报》整改的原因是其党性意识不强，追求正规化、城市化的办报思路，教条化地模仿苏联共产党中央委员会机关报《真理报》和民营报纸、“同人办报”的《大公报》等新闻理念，把国际新闻作为头版头条，不重视对党的政策的宣传和对边区群众生产、生活的报道，办报思路“轻边区，重国际”。1941 年 5 月 19 日，毛泽东在延安干部会上作了题为《改造我们的学习》的报告，对此，作为党中央机关报的《解放日报》没做任何相关报道。1942 年 2 月 1 日，毛泽东在中共中央党校的《整顿党的作风》报告标志着全党进入整风运动阶段，对此，《解放日报》也只是在第三版发表了一篇简讯。毛泽东在《反对党八股》中说：“在会场上做起‘报告’来，则常常就是‘一国际，二国内，三边区，四本部’，会是常常从早上开到晚上，没有话讲的人也要讲一顿，不讲好像对人不起。”[①]这种“党八股”也是当时《解放日报》中普遍存在的现象，那时的《解放日报》被认为处于“不完全”党报[②]阶段。

1942 年 3 月 16 日，《中共中央宣传部为改造党报的通知》指出：“如果报

① 毛泽东：《反对党八股》，载《毛泽东选集》第 3 卷，人民出版社 1991 年版，第 841 页。

② “不完全”的说法来自《改造我们的学习》。在发起“整风运动”的这篇文章中，毛泽东指出，“我们应当说，没有科学的态度，即没有马克思列宁主义的理论和实践统一的态度，就叫做没有党性，或叫做党性不完全”。参见《毛泽东选集》第 3 卷，人民出版社 1991 年版，第 800 页。

纸只是或者以极大篇幅为国内外通讯社登载消息，那末这样的报纸是党性不强，不过为别人的通讯社充当义务的宣传员而已，这样的报纸是不能完成党的任务的。”①通知中共有五项内容，要求各地方党部应根据毛泽东同志整顿“三风”的号召，分别对党报的党性原则、工作任务和编辑方法等进行整改，加强编辑部工作，使党报成为战斗性的报纸。要求报纸既反映党的工作、抗日战争、群众生活，也刊登非中共人士善意的批评意见，同时有对于敌人思想的批判，要求党报的文字通俗易懂，并指出“报纸是党的宣传鼓动工作最有力的工具”，“报纸的主要任务就是要宣传党的政策，贯彻党的政策，反映党的工作，反映群众生活”，“要使各地的党报成为真正的党报，就必须加强编辑部的工作，各地高级党的领导机关，必须亲自注意报纸的编辑工作，要使党报编辑部与党的领导机关的政治生活联成一气，要把党的政策，党的工作，抗日战争，当地群众运动和生活，经常在党报上反映，并须登在显著的重要的地位，要有与党的生活与群众生活密切相联系的通讯员或特约撰稿员，要规定党政军民各方面的负责人经常为党报撰稿”。② 这明确了新闻工作在党的事业中的重要性，强调党报不仅要宣传党的政策、报道党的工作，也要密切联系群众，反映群众生活。1942 年 3 月 31 日，毛泽东、博古召开了延安各部门党内外负责同志及作家 70 多人参加的座谈会，让大家对报纸改革发表意见，朱德、谢觉哉、徐特立和作家萧军、诗人柯仲平都发了言，毛泽东最后作了总结。在《在〈解放日报〉改版座谈会上的讲话》中，毛泽东确立了党报党刊的功能和基本理念，提出要在管理上加强党的一元化领导，落实“全党办报”“群众办报”的理念，强调“利用《解放日报》，应当是各机关经常的业务之一。经过报纸把一个部门的经验传播出去，就可推动其他部门工作的改造。我们今天来整顿三风，必须要好好利用报纸”③，“好好利用报纸”被当作政治工作的方

① 《中共中央宣传部为改造党报的通知》，载中共中央宣传部办公厅、中央档案馆编研部编：《中国共产党宣传工作文献选编(1937—1949)》，学习出版社 1996 年版，第 357 页。

② 同上书，第 357—358 页。

③ 毛泽东：《在〈解放日报〉改版座谈会上的讲话》，载中共中央宣传部办公厅、中央档案馆编研部编：《中国共产党宣传工作文献选编(1937—1949)》，学习出版社 1996 年版，第 361 页。

法，利用报纸不只是把报纸作为宣传工具，而且是让媒介参与政治、社会事务，使得报纸成为一种更具社会能动性的大众媒介。

1942 年 4 月 1 日，《解放日报》开始改版，改版社论《致读者》明确提出，党报有四个典型特征，即党性、群众性、战斗性和组织性，这成为党报党刊理论形成的标志。针对编辑思路，做了如下改革：一是对新闻内容和排版做了较大修改。“第一版依旧是要闻版，但是内容由原先的以国际新闻为主转为以党领导下的各抗日根据地的新闻为主，辅以国内外的重大新闻；第二版由原先的国际版变为了国内版，重点发表陕甘宁边区和其他抗日根据地的消息，辅以国统区和敌占区的新闻；第三版由原先的国内版变为国际版，有时也发表国内的重要消息，也就是说，将原先第二版和第三版的顺序互换，把国内版置于国际版之前；第四版由原先边区消息与八大专刊混合排版的局面，变为以文艺专刊为主的综合性副刊，并正式以‘副刊’命名，除了此前的八大专刊陆续不定期出现在‘副刊’上外，解放日报社还根据形势和政策宣传的需要，开辟了‘学习’‘新闻通讯’等专刊，体现了报社较大的灵活度和务实性。”①二是改变了少数新闻记者采访、写稿的传统。一方面，组织记者下基层、深入群众进行调查研究，用群众生活中新鲜生动的素材和语言来写稿；另一方面，由各分区党委及县委宣传部部长担任《解放日报》通讯员，鼓励干部给党报写稿。三是积极培养工农兵通讯员，帮助通讯员收集材料、写基层新闻稿，重视群众来信。改版之后的《解放日报》参与到对整风运动、大生产运动的报道中，塑造了吴满有、赵占魁和南泥湾等一批先进的生产典型，改变了此前以国际新闻为主的报道取向，实现了由“不完全党报”向“完全党报”的转变。从 1941 年到 1942 年，中共中央发布了《中共中央关于统一各根据地内对外宣传的指示》《中共中央关于出版〈解放日报〉等问题的通知》《中宣部关于各抗日根据地报纸杂志的指示》《中共中央政治局关于给〈解放日报〉写稿与供给党务广播材料的决议》《中共中央关于加强晋东南通讯社广播的控

① 冯慧：《〈解放日报〉改版》，《人民政协报》2021 年 9 月 16 日，第 11 版。

制问题给彭德怀的指示》《中共中央关于根据地统一对外宣传的第二次指示》等六大文件来规范当时的新闻宣传报道。1944 年,《解放日报》创刊 1000 期,发表了社论《我们的经验一言以蔽之,就是全党办报四个字》,这标志着《解放日报》改版事件的结束。

《解放日报》改版的结果是建立了"全党办报"和"群众办报"的原则。"全党办报"体现为:一是增强党性,报纸要传播党中央的政策。1948 年,毛泽东在《对〈晋绥日报〉编辑人员的谈话》中指出,"我们的政策,不光要使领导者知道,干部知道,还要使广大的群众知道。有关政策的问题,一般地都应当在党的报纸上或者刊物上进行宣传"①,让群众知道是党报宣传的基本任务。二是领导干部要参与宣传。"什么是宣传家？不但教员是宣传家,新闻记者是宣传家,文艺作者是宣传家,我们的一切工作干部也都是宣传家。"②这种宣传家的工作具体体现为从事新闻生产,干部要为党报写稿。要将干部对部门、地方经验的总结,变成供其他地区交流、借鉴的治理经验,这就是"好好利用报纸"参与政治和社会工作。"群众办报"体现为建立工农通讯员制度。1943 年,《解放日报》发表文章,鼓励根据地各行业的群众踊跃投稿,将日常生活中的意见、发现或工作经验等向党报反映。在培养基层通讯员的过程中,提出了"做什么,写什么"的口号。"做什么,写什么"是指把写自己的生活和工作情况作为写作的首要题材,这不只是为初学者解决写作题材的问题,而且具有三重意义:(1)要把自己的工作和生活对象化,写作的过程也是赋予意义的过程,这是一种对生活的符号化;(2)写自己也就意味着要把写作这种媒介方式变成写作者的"自媒体",是被动的读者/受众变成主动的作者的过程;三是"先做后写"意味着写作要在行动之后,先有行动,后有写作,写作可以赋予行动以意义和价值。

总之,《解放日报》的改版从新闻内容生产入手,逐步推动群众、通讯员和党员干部生产新闻内容,使得党报变成了党与群众进行互动的媒体。如果

① 毛泽东:《对〈晋绥日报〉编辑人员的谈话》,载中共中央宣传部办公厅、中央档案馆编研部编:《中国共产党宣传工作文献选编(1937—1949)》,学习出版社 1996 年版,第 688 页。

② 毛泽东:《反对党八股》,载《毛泽东选集》第 3 卷,人民出版社 1991 年版,第 838 页。

说"抖音""快手"等是一种互联网时代的媒介化平台,那么党报党刊也是当时一种带有平台化思维的媒体。

二、延安讲话:对文学媒介的改造

五四新文化运动以来,文学不仅成为社会、政治革命的中介,也成为依托现代印刷和出版系统的大众媒介,曾是最为大众化的现代出版内容。如果说五四时代形成了使文学以文化的方式参与政治、社会革命的传统[①],那么可以说自根据地时期以来,尤其是抗日战争时期,文学这一大众媒介下沉到基层,文艺工作者以更主动的方式参与了农村根据地的社会革命和文化建设。这种特殊的文学实践与延安讲话对文学媒介的改造有关。

1942 年 5 月 2 日至 23 日,中共中央在延安杨家岭召开文艺座谈会,毛泽东发表了重要讲话,这就是《在延安文艺座谈会上的讲话》。这篇讲话由两部分组成,分别是毛泽东 5 月 2 日的引言性讲话和 5 月 23 日的结论性讲话。延安讲话从文化战线和军事战线谈起,主要面向国统区来延安的文艺工作者,讨论了如何解决文艺工作者的立场问题、态度问题、工作对象问题、学习问题和文艺为群众、如何为群众的问题,以及党与文艺的关系,文艺与时代、生活的关系,文艺批评的标准等关于文艺生产与评价的问题。毛泽东从地理空间和受众的变化方面来谈"文艺作品给谁看的问题","在上海时期,革命文艺作品的接受者是以一部分学生、职员、店员为主",而"文艺作品在根据地的接受者,是工农兵以及革命的干部。根据地也有学生,但这些学生和旧式学生也不相同,他们不是过去的干部,就是未来的干部。各种干部,部队的战士,工厂的工人,农村的农民,他们识了字,就要看书、看报,不识字的,也要看戏、看画、唱歌、听音乐,他们就是我们文艺作品的接受者"。[②] 从文学阅读者/受众的变化中提出文艺工作者要创作与工农兵有关的文艺作品,就涉及

---

① 汪晖:《世纪的诞生:中国革命与政治的逻辑》第 1 部,生活 · 读书 · 新知三联书店 2020 年版,第 201—272 页。

② 毛泽东:《在延安文艺座谈会上的讲话》,载《毛泽东选集》第 3 卷,人民出版社 1991 年版,第 849—850 页。

文艺工作者下基层、深入生活等问题。延安讲话给文学创作提出了两个问题:一是作家/书写者与群众/书写对象之间的伦理问题;二是用典型论来进行现实主义文学创作的问题。

第一,书写者(自我)与书写对象(他者)之间的伦理问题。这种自我与他者之间的关系不是彼此平等的,书写者是有主体性的、具有自主意识的主体,书写对象则是客体化的他者、被动的客体。这种自我与他者之间、主体与客体之间的二元关系来源于现代启蒙运动和科学的理性精神。这种现代精神一方面带来了对未知世界的科学研究和理性化规训,包括个人、自由、平等、民主等一系列基本的现代价值观,另一方面也建立了以西方(欧洲)、现代空间为自我,以欧洲之外、非现代空间为他者的等级关系,前者是文明的、理性化的,后者则是落后的、愚昧的、未开化的。延安讲话改变了这种文学书写者与书写对象之间的权力关系,批判了小资产阶级/知识分子与工农群众之间的"文明/落后""干净/不干净"的二元等级关系。在这种背景之下,自我与他者之间的关系不是不言自明的主体与客体之间的关系,而处于一种主体间性和互为主体的状态。如何了解工农兵的生活?毛泽东提出的方法是改造文艺工作者的"思想感情","我们的文艺工作者的思想感情和工农兵大众的思想感情打成一片","这就叫感情起了变化,由一个阶级变到另一个阶级。我们知识分子出身的文艺工作者,要使自己的作品为群众所欢迎,就得把自己的思想感情来一个变化,来一番改造"。① 这种"思想感情"的改造,是从一个阶级变成另一个阶级的"变身记",与社会学/人类学所强调的民族志、分享人类学类似,具有自我与他者互为主体的主体间性。这就使得文学创作带有了社会学、人类学的科学性和社会性。

第二,延安讲话提倡一种以典型论为特征的现实主义文学创作。这种文学创作的典型性一方面来自恩格斯所总结的"真实地再现典型环境中的典型

---

① 毛泽东:《在延安文艺座谈会上的讲话》,载《毛泽东选集》第3卷,人民出版社1991年版,第851页。

人物”等现实主义小说的传统[①]，另一方面与党报党刊中的抓典型、塑造典型主题报道有关。这种典型性的文学创作有这样几个特征。第一，树立典型既对典型人物和事例进行了表彰和表扬，也宣传了政策，让群众更好地理解了党的政策，典型化形象都使得以文字为载体的文学媒介带有视觉化和图像化的色彩，便于对其的理解和传播。在这个意义上，文学是当时最具有大众效应的传播媒介，现实主义文学成为重要的宣传手段。第二，典型来自基层和地方经验，这种地方经验被抽象化为一种具有典型性的样板，并通过典型案例的推广变成一种对地方治理经验的传播。可以说，这种典型环境中的典型性创作是一种带有治理功能的文学写作模式。第三，要寻找典型、树立典型，新闻记者、作家往往需要身体力行，到基层了解真实情况，对于记者而言是下基层，对于作家来说是深入生活，这是一种与社会学家、人类学家类似的田野调查和民族志式的工作，来自中国共产党的群众路线的传统，也是“从群众中来，到群众中去”和“没有调查，就没有发言权”的实地调研精神的体现。“从群众中来”是走向群众、深入群众，用历史唯物主义的方法对农村进行社会调查。“从群众中来”只完成了第一步，第二步是“到群众中去”，也就是创作的新闻报道和文艺作品要被群众读到、读懂，这种“从群众中来”的文艺创作须再“到群众中去”，“一来一去”所完成的就是知识生产的“双重转化”。与社会学家、人类学家深入田野从事学术研究不同，这种知识生产不需要再把研究成果分享给被研究者，而“一来一去”的跨主体实践体现为从基层群众中总结、抽象和创作出来的知识产品须反馈给群众，服务于群众生产和基层发展。因此，现实主义文学中关于如何写形象和人物、塑造典型等问题的讨论，都不仅是文学内部的技术问题，也和现实主义文学参与新闻宣传、成为重要的传播媒介有着密切的关系。

三、去大众媒介的基层传播

由于根据地所在的农村地区缺乏现代大众媒介，因此 20 世纪中国革命

---

① 《马克思恩格斯选集》第 4 卷，人民出版社 1972 年版，第 462 页。

过程中形成了文艺参与宣传工作的传统，即借助文学、戏剧、美术、音乐等文艺活动来填补大众媒介的匮乏。在根据地时期，农村缺少报纸、电影、广播等现代属性的媒介，最重要的信息传播方式是开展话剧、文学、音乐、美术等文艺工作，如通过话剧工作者到不同村庄演出流动戏剧来宣传党的政策和对群众进行现代化启蒙。除了把报纸等大众媒介发行到基层之外，宣传部门还在农村就地取材创造了很多基层化的媒体，"不是媒介的媒介"的媒介化成为基层传播的媒介基础。这里举两个例子，一是黑板报，二是群众联欢会。

第一，最典型的基层化媒介是黑板报。黑板本来是 19 世纪末期从西方引进的教学用具，也是现代教室中服务于教学的启蒙工具。1943 年，绥德分区的基层干部发明了黑板报，黑板在教室后面变成了黑板报，其现代教育启蒙功能被改变，黑板成了服务宣传的基层化媒介。黑板报如果被转移到教室外面，就变成了在农村随处可见的依靠墙面的宣传栏。国际友人伊莎白·柯鲁克、大卫·柯鲁克所撰写的关于 1948 年在晋冀鲁豫边区首府武安县十里店展开的"土改复查和整党运动"的调查报告，一开头就记述："坐着骡车，通过别致的南城门，我们进入了十里店。考究的拱门上面写着粗大醒目的白字：'毛泽东是中国人民大救星。'这是一首填上新歌词的流行民歌里的一句歌词。有的标语则是痛斥蒋介石的。在另一堵墙上有一块黑板报，用粉笔抄出当天的新闻。这些新闻是从党的机关报《人民日报》上抄下来的。这家报纸还常常为供黑板报采用而刊登一些通俗易读的短文。"[①]这段话展现出，不仅标语口号、黑板报是农村根据地广泛存在的基层传播媒体，而且黑板报的"转载"使得《人民日报》传播到了基层。黑板报就是深入基层内部的"自媒体"。

20 世纪 40 年代，在"全党办报，群众办报"原则的指导下，黑板报的经验从绥德地区被推广到陕甘宁边区。1944 年，在陕甘宁边区文教大会提倡群

① 〔加拿大〕伊莎白·柯鲁克、〔英〕大卫·柯鲁克：《十里店(二)——中国一个村庄的群众运动》，安强、高建译，上海人民出版社 2007 年版，第 2—4 页。

众性文教运动之后，黑板报在各抗日根据地全面推行[①]。黑板报作为服务于基层的"自媒体"具有两个特征：一是成本比较低，在基层很容易制作一块黑板；二是覆盖面广，可以把村庄里的任一墙面转化为黑板报。根据相关研究，黑板报的发展经过了大报通讯组织"代办"、干部教师"包办"和群众"自办"三个阶段。早期，在一系列硬性规定的推动下，以《抗战日报》通讯科为核心、以各县委专职通讯干事为骨干、以各地通讯小组为支撑，覆盖全边区的通信网络自上而下地迅速建立起来，这一时期的黑板报就依托这一通信网络运行。中期，随着黑板报数量的增多，许多地方新发展的黑板报开始由村干部和乡村教师主持。[②] 黑板报有两种社会功能：一是把外部的新闻、消息传递到基层内部，如党的政策以"转载"的方式被抄录在黑板上，转载的方式可以将信息传递到基层，在晋冀鲁豫《人民日报》等报纸中也设有"大众黑板"的栏目内容供各地黑板报转载；二是，黑板报的主体内容可以反映基层生活，黑板报是实现基层公共化、社会化的媒介平台。这些黑板报上的新闻、政策，也便于群众通过学习，完成读书、识字工作。

第二，以群众联欢为代表的群众文艺活动也是基层化媒介的代表。群众文艺起源于20世纪二三十年代的大众化、群众化运动，形成于中国共产党领导的根据地实践建设时期，是群众动员和文化宣传的媒介。群众文艺和大众文化虽然都是大众化的文艺形式，但二者性质不同。群众文艺带有左翼、社会主义实践的底色，发挥着政治宣传和社会教育的功能，而大众文化是"娱乐至死"的文化工业。群众文艺是公益属性的，大众文化是消费文化、商业文化。群众文艺强调群众参与、群众创造，尝试塑造一种有主体性的人民主体，而在大众文化中，"大众"是被动的主体，是非理性的、没有脑子的"乌合之众"。最典型的群众文艺形态是群众联欢会，联欢会不是商业演出，而是一种

① 田中初：《黑板报："全党办报、群众办报"的一种实现方式——以中国革命根据地实践为视界》，《新闻与传播研究》2008年第4期，第38—44页；李文：《群众办报思想的重要实践基础——黑板报》，《新闻知识》2008年第3期，第64—66页；乔傲龙、岳谦厚：《社会动员视域下的大众化传播实践——以革命根据地乡村黑板报为中心的考察》，《编辑之友》2018年第5期，第94—100页。

② 乔傲龙、岳谦厚：《社会动员视域下的大众化传播实践——以革命根据地乡村黑板报为中心的考察》，《编辑之友》2018年第5期，第94—96页。

带着集体主义文化、革命大家庭想象的群众联欢。在战争年代，首长与普通士兵一起联欢，体现的是官兵一致、官兵平等的理念。联欢会的特色不只是演员表演，更重要的还是台下的观众也参与表演，演员和观众都坐在台下。到表演的时候，演员从观众席来到舞台，表演结束后演员又回到观众席，这种演员与观众的“融合”来自人民文艺中“从群众中来，到群众中去”的传统。关于群众联欢、革命联欢的起源，列宁在 1917 年的《联欢的意义》中写道：“有觉悟的工人和由于被压迫阶级的可靠本能而跟着工人走的半无产者群众即贫苦农民群众，是深深地同情联欢的。很明显，联欢是一条通往和平的路径。……很明显，联欢是群众的革命创举，是被压迫阶级的良心、智慧和勇气的苏醒，换句话说，它是走向无产阶级社会主义革命的步骤之一。”“联欢万岁！正在开始的全世界无产阶级社会主义革命万岁！”①长征途中就出现过“战地新年联欢晚会”，毛泽东等军委首长也来与红军战士欢度元旦：“元旦当天，这支人才济济的连队在连长侯政、指导员李坚真的组织下，花几十块钱买了一头猪和一些花生、瓜子，美美地聚了一餐，伴着夜晚的来临，篝火熊熊燃起，李坚真情不自禁地率先唱了起来：‘滔滔乌江急又深，手拉手来心连心。阶级姐妹团结紧，不怕敌人百万兵。’……随着官兵们越围越多，应大家的要求李伯钊上场演唱了一首苏联歌曲，赢来一片掌声和叫好声。叫好的观众中，就有毛泽东等几位军委首长。在掌声鼓励下，李伯钊又跳了一支苏联舞蹈《水兵舞》。”②这种以群众参与为主体的联欢活动逐渐成为政治宣传、社会动员的方式。有研究者指出：“春节处于农闲季节，时间跨度长，各种活动民众参与度高，是对民众进行革命动员的大好时机，因此边区各级政府将春节作为‘教育群众、鼓舞群众、团结抗日、密切军民关系、发展生产、提高人民文化素质的最佳时期，无不竭力以革命的文化思想为武器，加强抗战信念，开展宣传工作’，希望借助这个民众心态放松平和的闲暇时光，使‘一切宣传鼓动组织动员工作，可以在新年中收到特殊的效果’。为确保该效果达到，边区政

---

① 列宁：《联欢的意义》，载《列宁全集》第 29 卷，人民出版社 1985 年版，第 452—454 页。

② 《战地新年联欢晚会的背后是充满必胜信心的乐观主义精神》，2018 年 11 月 10 日，https://www.sohu.com/a/274440498_620984，2023 年 1 月 11 日访问。

府的宣教部门在春节来临之前会制定详细周密的宣传大纲与计划，有明确的活动和时间安排，并以文件的形式逐级下发，确定了宣传中的政治导向。”①

群众文艺的制度和传播机制依赖扎根基层的群团组织，如工会、团委、妇联等群众组织，是一种组织化的文艺形态。在有了群众组织和硬件保障之后，群众文艺还需要下基层的知识分子，他们和群众一起参与群众文艺创作。群众文艺的典型特征是群众参与、群众观看，群众不仅是文艺的欣赏者，也是文艺的创造者。从革命年代的群众联欢活动到20世纪80年代以来的电视春节联欢晚会，都带有群众文艺的特色。群众文艺发挥着四种社会职能：一是承担着政治宣传、思想教育的功能；二是使群众均等化地享受文化、艺术权利；三是为群众创造自主性、主体性的人民文化；四是润滑群众组织、密切基层干部与群众之间的关系。因此，群众文艺是文艺领域的群众路线的体现。

第三节　下基层：逆向流动的主体

借助20世纪六七十年代以来的世界体系理论和马克思主义空间生产理论分析，资本主义、现代化、工业化的发展伴随着空间地理的中心、半边缘和边缘的不均衡分布，这在国际秩序中体现为中心国家与边缘国家的分疏，而在民族国家内部体现为中心城市与边缘城市、乡村的二元结构，如第一世界、第三世界国家都会出现超级大城市及其周边的城市贫民窟现象。这种空间不均衡发展的现代化造成资本、人力、物资越来越向中心国家和区域聚集，从而中心国家和区域越来越发达，边缘国家和区域越来越落后。如果把这种从边缘向中心、从乡村向城市、从第三世界向第一世界的流动命名为正向流动，那么与之相反的就是从城市向乡村、从中心向边缘、从现代向非现代的反向流动或逆向流动。逆向流动又分两种情况：一是发达地区对欠发达地区进行

① 李军全：《民俗节日与革命动员：华北根据地、解放区乡村社会中的春节（1937—1949）》，《党史研究与教学》2014年第1期，第6页。

殖民扩张、资本扩散、商品倾销和技术下沉等，二是借助政治或行政手段，使优势资源实现从城市向乡村的逆向流动。这里主要是指第二种情况，笔者把1927年中国共产党从城市被迫转向农村、偏远地区进行根据地建设命名为一种“逆向流动”。这种逆向流动是把城市、现代、革命的信息传播到乡村的过程，也是在改造、建设乡村中重新反思都市、现代、革命的过程。这种逆向流动的实践一直延续至今，新中国成立之后，区域发展的不均衡催生了大量从城市向乡村的逆向流动现象，近些年，脱贫攻坚、乡村振兴的实施也是这种历史传统的延续。

“逆向流动”的一种更通俗的说法是“下基层”，“下”本身已经带有方向性和价值判断，是从优势的“上”到弱势的“下”的反向运动。这种逆向流动到基层的过程主要依靠人/主体，就是掌握现代知识的专业知识分子来实现。他们按照功能可以分为两类：第一类是中国共产党员和干部，即承担着行政和政治职能的下乡、驻村干部；第二类是专业知识分子，又可以分两种，一种是偏技术的知识分子，如农业、医疗、卫生、邮政等领域的专家、技术员，另一种是偏文化的知识分子，如教育、法律、新闻、文艺等领域的工作者。对于下乡、驻村干部来说，到基层是为了完成调查研究、“挂职”锻炼、落实党的政策等工作，近些年，“选调生”、大学生“村官”、驻村第一书记等成为下乡干部的主力军。对于专业知识分子来说，下基层是为了把现代化的技术与知识传播到乡村。比如，农业技术员负责把技术推广到农村；“送医下乡”，在流动巡诊中解决农村、偏远地区的群众“看病难”的问题[①]；“送法下乡”，法官带着国徽到村庄、偏远地区建立临时法院，履行法律职能[②]；记者用走基层的方式到社会一线进行蹲点调研，用典型报道把基层的正面和负面问题呈现出来；支教教师的任务是解决落后、偏远地区教育资源稀缺的问题；对于文学作家来说，下基层是为了深入生活、体验生活，完成现实主义题材的文学创作；文艺工作者下乡则是为了把文艺传播到企业或乡村，如内蒙古的乌兰牧骑传统以

① 参见胡宜：《送医下乡：现代中国的疾病政治》，社会科学文献出版社2011年版。

② 参见苏力：《送法下乡：中国基层司法制度研究》，中国政法大学出版社2000年版。

及送戏下乡、流动电影放映等活动①。

这些逆向流动的主体是基层传播中最有特色、最具能动性的角色。由文艺/技术知识分子以身体的方式实现信息的传播，主要基于三个历史原因。一是抗日战争时期，都市知识分子从沿海地区向内陆、大后方转移，在被迫的流动中认识和深入了中国腹地，与此同时也用专业化的知识进行着流动抗战宣传工作；二是曾经积贫积弱的中国缺乏发达的传播技术，即便在新中国成立之后，城市、乡村与偏远地区之间的差距仍非常大，为了实现对乡村、偏远地区的信息覆盖，邮递员、流动电影放映员、文艺工作者、农技专家等需要“主动”地下基层，才能实现这些现代化知识和信息的下沉；三是，20 世纪 90 年代以来新一轮的现代化和城市化带来了城乡之间更大的差距，正因为乡村/农村不发达，所以优秀资源、信息非但不向基层流动，反而在正向流动中进一步掏空了乡村和欠发达区域，而逆向流动是城乡互补、均衡发展的体现。这种逆向流动不只是一种对信息的“搬运”，而且主动地参与了基层治理和管理，如公共卫生宣传、农业技术推广都参与了乡村发展。

20 世纪五六十年代，美国社会科学中出现了一种向第三世界、欠发达国家传播现代化技术、知识来使其完成现代化的发展主义理论。这种理论中有两个假设：一是，美国或西方的现代化是通用样板，其他国家只要模仿和追赶，就能变成与美国或西方一样的国家；二是，现代化的理念和技术在传播过程中是单向度的，只要欠发达国家和地区接受这套客观、中性的现代化知识和技术，就能“转变”为现代社会。在这种背景下形成了发展传播学、发展社会学等理论和范式，以及数字鸿沟、发展赋权等理念。与这种以发展主义为基础的现代化理论不同，逆向流动的主体是一种能动性的主体，其功能不仅是把信息、知识传播到基层，也是在逆向流动中完成双重改造：一是对他们所掌握的文学、新闻、文艺、科技、医务、法律等现代化知识进行批判，扬弃以都市/城市为核心的现代化知识的负面效应，如否定民族性、地方性以及建立各

① 沙垚、付蕾：《实践中的人民性：“送戏下乡”与“群众艺人”的主体性——20 世纪 60 年代社会主义农村的戏曲民族志》，《开放时代》2018 年第 5 期，第 66—76 页；周晨书：《“十七年”农村电影放映再审视：放映员的身体作为媒介》，《当代电影》2019 年第 10 期，第 54—59 页。

种现代的文明等级秩序；二是对基层存在的封建文化、殖民文化进行批判，并创造一种既现代化又符合民族、本土需求的以人民为主体的新文化。因此，依靠逆向流动主体的人际传播看起来很“原始”，却发挥着比现代化信息“搬运工”更为能动性的作用。

关于这种逆向流动知识分子与群众之间的关系，毛泽东在 1942 年发表的《在延安文艺座谈会上的讲话》中有详细的论述。[①] “我们的文艺工作者的思想感情和工农兵大众的思想感情打成一片”，“这就叫做感情起了变化，由一个阶级变到另一个阶级。我们知识分子出身的文艺工作者，要使自己的作品为群众所欢迎，就得把自己的思想感情来一个变化，来一番改造”。[②] 逆向流动的主体与作为他者的群众之间的关系经历了三重转变：一是，逆向流动的主体从自我走向他者，也就是“到群众中去”，“必须长期地无条件地全心全意地到工农兵群众中去，到火热的斗争中去，到唯一的最广大最丰富的源泉中去，观察、体验、研究、分析一切人，一切阶级，一切群众，一切生动的生活形式和斗争形式，一切文学和艺术的原始材料，然后才有可能进入创作过程”[③]；二是，知识分子与群众互为主体，作品要表现群众、写群众，“一切革命的文学家艺术家只有联系群众，表现群众，把自己当作群众的忠实的代言人，他们的工作才有意义。只有代表群众才能教育群众，只有做群众的学生才能做群众的先生”[④]，这是一种文艺家与群众互为主体的跨主体状态；三是，自我与他者“打成一片”[⑤]，文艺工作者在提高和普及工作中积极参与群众的文艺活动，“一切这些同志都应该和在群众中做文艺普及工作的同志们发生密切的联系，一方面帮助他们，指导他们，一方面又向他们学习，从他们吸收由群众中来的养料，把自己充实起来，丰富起来，使自己的专门不致成为脱离群

---

① 张慧瑜：《基层传播的理论来源与历史实践——以 20 世纪 40 年代〈解放日报〉改版和〈在延安文艺座谈会上的讲话〉为核心》，《现代中文学刊》2022 年第 3 期，第 23 页。

② 毛泽东：《在延安文艺座谈会上的讲话》，载《毛泽东选集》第 3 卷，人民出版社 1991 年版，第 851 页。

③ 同上书，第 861 页。

④ 同上书，第 864 页。

⑤ 程凯：《从革命主体论及历史、现实的辩证关系看〈讲话〉》，《中国现代文学研究丛刊》2022 年第 5 期，第 1—2 页。

众、脱离实际、毫无内容、毫无生气的空中楼阁”[①]。这些逆向流动的主体既像社会学家、人类学家一样走向他者，又在双方互为主体的过程中与他者“打成一片”，使得革命文艺变成革命事业中“整个机器不可缺少的齿轮和螺丝钉”[②]。

逆向流动的主体中有一类特殊的群体，即“工作队”。工作队是一种打破既有的基层秩序、推动政策落实的临时组织，是指中国共产党进行农村工作的一种特殊有效的组织、集体和形式。在不同的历史时期，工作队的组建方式不同，其要完成的历史任务、工作方法和作用也不同，比如，土地改革运动时期，工作队的主要任务是发动广大群众进行土地改革。工作队的主要工作内容则是摧毁旧的社会秩序，建立新的权力机构和乡村秩序，发动农民群众废除地主阶级封建剥削的土地所有制，通过土地的重新分配，建立耕者有其田的土地制度。

工作队在基层动员中的作用包括三个方面。第一，促成了自上而下的基层组织动员，实现了中央与乡村的直接互动和直接的组织动员，代表国家的意志，在村庄中拥有至高无上的权力。第二，培养了基层组织动员的中坚力量，通过工作队选拔积极分子和干部，建立起了能够充分体现国家意志的行政体系。比如，农村基层行政工作人员大都从积极分子中产生，工作队则是识别和判断积极分子并将其发展为基层干部的重要组织。第三，推动了自下而上的基层组织网络的建立，改变了乡村原有基层组织的性质，大大增强了乡村民众的组织水平和国家对农民的管理能力。具体的群众工作中曾出现过一种“贫农路线”，排斥中农。但随着根据地工作思想与能力不断成熟，“贫农路线”被批评为“左”倾路线，中国共产党逐步确立了依靠贫农、团结中农的路线。

毛泽东在《文化工作中的统一战线》一文中提到了群众与工作队的关系：“有许多时候，群众在客观上虽然有了某种改革的需要，但在他们的主观上还没有这种觉悟，群众还没有决心，还不愿实行改革，我们就要耐心地等

---

① 毛泽东：《在延安文艺座谈会上的讲话》，载《毛泽东选集》第3卷，人民出版社1991年版，第864页。

② 同上书，第866页。

待；直到经过我们的工作，群众的多数有了觉悟，有了决心，自愿实行改革，才去实行这种改革，否则就会脱离群众。"[①]"这里是两条原则：一条是群众的实际上的需要，而不是我们脑子里头幻想出来的需要；一条是群众的自愿，由群众自己下决心，而不是由我们代替群众下决心。"[②]

工作队的成员依照政策精神与现实需要对知识分子进行思想改造，上级要求，基层工作队做群众工作要正确、简单、明了，不要兜圈子，更不能包办代替，背离群众。工作队主要以开会的形式开展工作，包括大会、小会（碰头会）、闭门会、公开会、党员会、群众会、预备会等，会议按目的可以分为群众性的批评、群众参与的党支部会等，按主题可以分为划阶级会、党员自我批评会、群众批评党员会等。工作队成员在会议中需要引导群众发言以及批评群众，在会议前后还需要以走动和访问的方式联系群众、解决问题。可以说，工作队制度是根据地时期有关政治民主的一场基层实践，是一种重要的基层治理手段，也是一个对人民群众进行主体化与社会化塑造的过程。

如果把文艺工作延伸到宣传领域，那么这些逆向流动的主体所参与的基层传播活动完成了双重任务：一是以身体为媒介，把现代化的信息、知识从城市传播到基层群众中，依靠人的流动实现了信息的远距离传播和全覆盖；二是，基层成为信息传播的"最后一公里"，逆向流动的主体在基层与群众"打成一片"，使得现代化的信息、知识变成与中国本土实践相结合的去除现代性"偏见"和殖民主义"等级"的新信息、新知识。

思考题

1. 如何理解基层传播与20世纪40年代的《解放日报》改版、《在延安文艺座谈会上的讲话》之间的关系？
2. 基层传播分为哪些类型？
3. 谈谈基层传播对传播媒介、传播主体、传播内容和受众（群众）的四重改造。

---

① 毛泽东：《文化工作中的统一战线》，载《毛泽东选集》第3卷，人民出版社1991年版，第1012页。
② 同上书，第1013页。

第二章 基层传播的媒介形态与组织机制

本章提要

基层传播以20世纪中国革命和建设中形成的基层治理为基础,探究传播参与基层实践的中国经验,这意味着基层传播不仅考察信息扩散到基层的过程,而且反思媒介在基层空间中发挥的社会功能。基层传播的媒介形态可以分为媒介化、去媒介化和再媒介化三种方式,它们所展示的是在根据地基层空间中进行在地化改造、灵活运用媒介,并参与基层治理的方式。20世纪的中国长期处于落后的欠发达状态,基层传播是基层治理手段,其组织机制是一种柔性治理与说服传播的方式,即通过各种形式的社会动员让大多数群众更具主动性地参与基层治理的现代化转型。

基层传播需要借助基层化的媒体,也需要由基层工作者来组织。现代大众媒介的优势是可以实现信息的远距离、即时传输,如无线电、广播、电视、网络等。而在基层,通常会面临两个困境。一是,基层是非现代、非都市的乡村或远离现代化的区域,缺乏现代化的信息基础设施(公路、电、网络等);二是,生活在基层的群众也是缺乏教育的、非现代化的主体。基层传播正是要解决这样两个问题,除了信息从中心区域传播到边缘的、落后地区的"最后一公里”问题，还有基层内部的传播问题，即用说服、人际传播的方式解决信息传递的有效性问题。基层传播中有三种媒介形态。一是基层传播的媒介化，即让大众媒介深入基层和建立基层化的媒介；二是基层传播的去媒介化，即用人际传播、口语传播、剧场化的传播来完成信息传递；三是基层传播的再媒介化，即对非典型性的媒介进行媒介化，用文艺演出、群众文艺等方式来完成基层传播的任务。这些既涉及对都市化的大众媒介进行改造，使其适应农村的环境，又涉及在农村就地取材，创建低成本的基层化媒体。

第一节　基层传播的媒介形态

一、基层传播的媒介化

基层传播的媒介化是指大众媒介下沉到基层空间的过程，如使报纸、广播、电影等大众媒介变成一种基层化的媒体。这些大众媒介带有都市、现代的属性，在城市中有成熟的发行、放映网络，但很难在农村或非现代区域扩散。自根据地时期以来，基层传播的历史经验是把这些都市化的大众媒介改造为适合农村的环境，变成农村的基层媒体。

简而言之，有三种路径。第一，通过“邮发合一”的制度把报纸发行到农村。与城市中采用报房、报童售卖报纸的模式不同，山东抗日根据地创造了一种“邮发合一”的发行制度，通过邮政向农村发行报纸，目的是让报纸可以覆盖基层。新中国成立之后，这种“邮发合一”的报刊制度被推广到全国，使得报纸、杂志可以传播到偏远地区。将报纸发行到农村只是第一步，第二步是帮助农村读者阅读和理解报纸，这就需要基层组织各种临时的或常态化的读报小组[①]，实现“阅”读从抽象文字向“朗”读声音的媒介转变，从而把阅读报纸转化为一种具有现场感的会议。

第二，建立覆盖农村的信息传播网络。比较有代表性的实践是在农村建

① 参见张慧瑜：《基层传播：空间与主体的双重改造——以1960年的木刻版画〈学习〉为例》，《四川戏剧》2021年第2期，第11—16页。

立广播网。由于广播是一种能够实现远距离传输的听觉媒介，不识字的群众也能听懂，因此比报纸具有更大的传播优势，而且相较于电视媒介，其成本大大降低。20世纪50年代中期，政府整合邮电、电力和广播资源，建立了覆盖农村广播站的农村有线广播网，可以实现信息自上而下的传播，同时广播也是一种服务于基层的媒体，县级政府、公社都有基层广播站。广播站除了发布国家、国际新闻外，还借助基层广播通讯员报道本县、本公社的新闻。广播是50年代到70年代中国覆盖面最广的大众媒介——直到当下，在农村地区，广播、高音大喇叭依然是重要的传播方式，也是村庄组织公共生活的重要媒体平台。还有一个例证是电视网。1983年，中国借助行政力量开始"四级办电视"，使得电视成为覆盖全国城乡的大众媒介，也形成了有中国特色的广电制度，只是相比于广播的大众性，置身于家庭内部的电视更多地发挥着基层社会与外部世界进行沟通的功能，中国的电视台可以精确到具体的省、市、县级所属单位，并且数量非常多，与欧美国家内部几大电视台占据主流节目内容的设置形成鲜明对比，"四级办电视"实质上就是延续农村广播网的基层传播的民主化建设。21世纪以来，基层的广电媒体受到互联网兴起、中央和省级卫星电视等多重挑战，2018年推动县级融媒体中心建设的政策就试图重新激活基层广电媒体的公共性和在地性，让县级广电在数字化、信息化的融媒体时代更多地参与地方政府的基层治理。

第三，依靠逆向流动的专业技术人员完成信息传递。新中国成立初期，在电影发行上实行"统购统销"方式，建立了一套行政化的电影发行放映网络，和广电制度一样：一级政府对应着一级发行放映公司，在农村和偏远地区则采用流动电影放映队的方式。这种实践也与党的根据地早期的经验有着密切联系。在农村，流动电影放映队放映露天电影，从而突破了封闭电影院放映电影的空间限制，通过扯上一块白色幕布、架上一台放映机，就可以把村庄、街道的某块空地临时变成一座没有围墙的电影院，附近四乡八镇的群众自己带着板凳，像赶集一样，去享受现代电影的魅力——农村露天电影院成了一座"移动城堡"。这种流动的露天电影院也来自根据地时期的流动演剧队、流动电影队的传统。电影虽然不能像广播那样实现即时的远距离传输，但是可以依靠几十万从城市向乡村逆向流动的电影放映员的“身体”实现跨空间放映。这和通过邮递员发行的“邮发合一”的报纸制度也是一致的，反映了计划经济时代所形成的行政化的文艺、新闻作品传播与流通的特殊模式。这种制度的优势在于可以让电影深入农村，让更多的群众变成电影观众。又如乌兰牧骑的传统，乌兰牧骑是 20 世纪 50 年代在草原上流动的“文化馆”。乌兰牧骑的蒙古语原意为“红色的嫩芽”，意思是红色文化工作队，他们活跃于农村牧区。1957 年 6 月 17 日，第一支乌兰牧骑队在群众文化工作比较活跃的锡林郭勒盟苏尼特右旗宣告成立。全队只一辆马车便能拉走，因而被誉为“一辆马车上的文化工作队”。乌兰牧骑以演出为主，兼做宣传、辅导和服务性工作，属于文化事业单位而不是单一的艺术表演团体；队伍短小精干，人员一专多能，节目小型多样，装备轻便灵活。队员使用图片展览、幻灯放映、时事宣讲、图书借阅以及辅导创作的模式，教授歌舞、欣赏录音录像、开展摄影活动，如代写书信、代售图书、代修收音机乃至理发、诊病等；除此之外，还注意搜集、整理民族、民间文艺遗产，如民歌、民谚、宗教、舞蹈、寺庙壁画、民族图案、民间饰物等。乌兰牧骑依然像根据地时期的流动演剧队一样，是“观众不动，演员流动”的基层媒介。

二、基层传播的去媒介化

基层传播的去媒介化指的是在基层空间不依赖大众媒介，而主要通过人际传播、口语传播的在地化传播方式来实现面对面的基层宣传。这主要体现为召开各种类型的群众大会，通过“开会”的方式，实现信息的传递和群众参与政治生活的民主化。会议本身是一种现代民主化的形式，“苏维埃”(Soviet)的本意就是会议。自根据地时期以来，最重要的群众工作就是召开群众大会，通过组织者引导，培养群众学会发言、学会协商、学会得出共同意见。通过开会，一来干部可以把党的政策和方针传达给群众，二来群众可以表达自己的意见。如土地革命就通过诉苦会、批判大会等群众大会的方式对农民完成了阶级启蒙和动员。

国际友人大卫·柯鲁克夫妇在其《十里店(二)——中国一个村庄的群众运动》中,记录了河北省武安县十里店村土地复查工作中驻村工作队动员群众召开会议的过程,其中有大会、小会("碰头会")、闭门会、公开会、党员会、群众会、预备会、群众性的批评会、群众参与的党支部会议等类型。干部要先对群众进行充分的走访和调研,然后再开会,这样更容易完成开会的任务。工作队是从外部介入基层政治的非正规的政治模式,"对工作队来说,搞清楚如何划分阶级是非常必要的,因为只有这样,工作队才能教农民如何去划分成分,而不是为他们包办代替。就像这时期的《人民日报》的一篇文章里说的:'工作队无权决定任何人的阶级出身;工作队员在划成分的工作中只起到'把灯拨亮'的作用"[①],"工作队无权为任何人定阶级成分。工作队是来这里帮助你们定成分的。工作队的任务只是把灯拨亮,使大家更加心明眼亮"[②]。"把灯拨亮"是政治工作的方法,工作队不是替群众"包办代替",什么事都替群众做主,但也不是让群众放任自流,完全不干预群众运动,而是要掌握恰当的"火候",让群众在党的政策、方针指导下自主地做出决定。这种"把灯拨亮"也是在下乡干部、知识分子与群众之间的中介状态。这种理念与保罗·弗莱雷在《被压迫者教育学》中所论述的群众与知识分子之间的关系之间有一脉相承的地方,"解放者必须承认人对于世界的意识,放弃灌输式教育,放弃储存信息的教育目标,而是提出人类与世界的关系的问题(认可问题意识),'提问式教育'(problem-posing education),将可认知的客体转化为认知主体,必须要在教师与学生之间建立一种对话关系。人民以世界为中介,以在灌输教育中由老师所'拥有'的可认知的客体为中介相互教育。提问式教育不把教师与学生二分,老师不将可认知的客体视为私人财产,而是自己与学生思考的对象"[③]。

---

① 〔加拿大〕伊莎白·柯鲁克、〔英〕大卫·柯鲁克:《十里店(二)——中国一个村庄的群众运动》,安强、高建译,上海人民出版社 2007 年版,第 49 页。

② 同上书,第 54 页。

③ 〔巴西〕保罗·弗莱雷:《被压迫者教育学(修订版)》,顾建新等译,华东师范大学出版社 2014 年版,第 35 页。

三、基层传播的再媒介化

基层传播的再媒介化指的是以“就地取材”的方式创造基层化的媒体，既可以是把非典型媒介再媒介化，如利用黑板报、宣传栏、口号、墙报、广播站等低成本、低技术的媒介手段，也可以是通过群众文艺的形式参与基层宣传。

实际上，中国基层社会，处处都有基层传播的案例。比如，在中国学校的教室中，一般会布置前、后两个黑板，前面的黑板是老师传授新知的工具，而后面的黑板则一般用于展示班级“黑板报”。“黑板报”是一个班级的基层媒体，是班级的“自媒体”，由学生轮流编辑，其内容均是与班级、学校相关的事务。黑板报实际上最早出现在20世纪40年代的陕甘宁边区，彼时的根据地把具有教育、启蒙功能的黑板改造成为基层空间中最常见的宣传媒体。把黑板报从教室里挪到教室外，就变成了宣传栏。至今，在社区、乡村、学校、企业等基层单位，依然可以看到用于张贴基层事务、法治、卫生等方面公共信息的宣传栏。黑板报、宣传栏有三个重要的特点：一是媒介成本低，二是深入基层社会，三是分布广、随处可见。黑板报是最简便易得的基层媒介，发挥着基层宣传和群众民主的职能。有时候，布告栏里也会贴上好人好事或者坏人坏事，以起到榜样和警示的作用。① 基层还有一种常见的传统媒介就是“刷墙”，从战争年代一直到现在，房屋沿街的外墙都可以被粉刷上各种用美术字写的标语，“美术字”也是一种把文字视觉化的特殊书法，这种标语式的传播是战争年代的宣传发明，其好处是简便、醒目或“扎眼”、随处可见。

根据地时期以来，由于农村缺乏现代大众媒介，因此逐渐形成了20世纪中国革命过程中文艺参与宣传工作的传统，通过文艺的方式来改变大众媒介匮乏的状态。这体现为对文学、戏剧、美术等文艺媒介的再媒介化，即改变了它们作为艺术媒介的都市属性，将它们变成了深入基层的宣传媒介。话剧工作者通过到不同村庄进行戏剧演出的方式来宣传党的政策，进行现代文化的

---

① 关于黑板报的研究，参见田中初：《黑板报：“全党办报、群众办报”的一种实现方式——以中国革命根据地实践为视界》，《新闻与传播研究》2008年第4期，第38—44页。

启蒙。文艺要成为传播媒介,则须完成双重改造:一是把都市化的媒介如文学、电影、戏剧等改造为适应农村环境的媒介,即通过流动演出的方式,形成了“演员流动,观众不动”的农村传播模式,比如流动的戏剧演出队;二是改造使用媒介的人,这些从城市流向农村的文艺工作者是逆向流动的主体,他们为农民进行艺术演出,更重要的是,还与群众一起创造表现群众新生活、反映土地改革的新故事。这种逆向流动就是延续至今的干部下乡、记者下基层的历史来源。

总之,在处于落后状态的国家,现代大众媒介资源是极为稀缺的,基层传播是一种替代高资本、高技术的大众传播来完成社会动员的媒介经验。基层传播具有四个典型特征:一是媒介成本低,如把黑板这种非媒介媒介化,在墙上贴标语、写美术字等都是“物美价廉”的宣传手段。二是依靠基层社会的组织力量,如根据地时期组织的读报小组、冬学运动等,都有助于扫盲和提升群众的知识水平。三是强调群众主体和群众参与,如用基层通讯员等“群众办报”的理念让群众参与新闻生产,黑板报、广播站、群众文艺演出等也都是以群众为主体的媒体实践。四是强调知识分子的逆向流动作用。既然大众媒介不发达,就动员大量的知识分子参与基层传播活动,从而使很多信息、知识通过知识分子从城市逆向流动到乡村,形成了流动电影放映队、乌兰牧骑、下乡农技人员、下乡医务工作者等下基层的传统。正是这些知识分子的逆向流动以及群众以主体的身份参与社会生产,使得基层传播成为现代化下沉到基层、边远地区的媒介,如在精准扶贫工作中干部、技术专家、乡村教师等也需要下沉到基层帮助贫困群众实现脱贫。

第二节　基层传播的组织机制和柔性治理

基层传播是一种组织传播,即中国共产党依靠组织力量深入基层进行社会和文化建设。但与组织传播所定义的企业、社会组织不同,中国共产党是列宁式政党,是马克思主义的基本原理同中国具体实际相结合的中国化、时代化的产物。基层传播内在于中国共产党的宣传策略,通过新闻传播建立党与群众之间的关系，是实现群众参与基层治理的中介。

“治理”作为一个学术概念，与两种学术路径有关。其一是法国哲学家福柯的脉络，福柯把治理引入了政治、法律等关于现代性的研究。在传统政治学的研究视野内，“国家”“政党”“统治”“制度”“帝国”“主权”等是核心关键词，而福柯在对西方现代社会的观察中则将研究重心转向了人口、身体、医疗制度、监控、惩戒等生命政治的领域，从而把现代性的规训深入微观权力、日常生活的权力，认为这些无处不在的权力就是一种现代治理，它不是自上而下的统治，或者外在的、强硬的法律和律令，而是一种自我监控、自我治理，一种身体性的、主体性的内化。可以说，在这里，科学、理性的现代性规训深入骨髓。其二是，国家治理、社会治理的观念来自管理学、组织学等中的“企业管理”的概念，20世纪中期，美国兴起了管理学革命，研究如何通过管理来提高人力资本和企业运营的效率，并衍生出一系列提高企业运营的管理学模型。治理则是指把这种技术化的管理应用到政治和社会领域，从而形成一种政治治理或公共治理等。福柯对治理的理解是，发现日常生活、非政治领域的政治性，强调知识、文化、观念对主体的建构作用，第二种治理的路径则恰好是完成对政治和社会领域的去政治化，把政治问题转化为一种技术性和管理性的议题。在这样两种治理脉络中，文化、艺术都是治理的重要手段，通过文化、艺术手段，可以达成一种政策宣传和思想教育效果。基层传播就是一种说服传播和柔性治理。

从1915年陈独秀创办《新青年》以传播马克思主义，到1918年陈独秀、李大钊创办《每周评论》，再到1919年从北京返回长沙的毛泽东创办《湘江评论》，利用现代大众媒介进行思想动员是中国共产党的政治秉性。中国共产党自诞生以来就是高度重视宣传的政党。1927年从城市转向农村根据地之后，面对非现代化的农村环境和非现代化的农民主体，中国共产党的宣传策略和方法也发生了改变，基层传播在这种背景下应运而生。中国共产党不仅把报纸等大众媒介从城市带到乡村，而且在乡村就地取材，创造了很多适合基层传播的媒体，如黑板报、墙报、口号等。

基层传播的组织基础是党的一元化领导。在抗日战争时期，由于根据地与根据地之间是彼此隔离的，根据地内部为了建立有效的信息传递网络，开始实行“一元化领导”。这种一元化领导是抗战时期为加强党的统一领导，使各根据地党政军民的政治工作、群众工作、经济工作与军事斗争紧密结合而采取的一项重要政策，也是中国共产党的组织优势。一元化领导保证了邮政、交通、发行三位一体，同一条邮路具有传递情报、发行报纸、运送物资等多重功能。

1942 年 3 月 31 日，延安举办了《解放日报》改版座谈会，重新确立了党报党刊的功能和基本理念，要在管理上加强党的一元化领导，落实“全党办报”“群众办报”的理念。毛泽东在改版座谈会上的讲话中指出，“共产党的路线，就是人民的路线。现在共产党推行抗日民族统一战线的政策，就是合乎人民公意的政策”，“利用《解放日报》，应当是各机关经常的业务之一。经过报纸把一个部门的经验传播出去，就可推动其他部门工作的改造。我们今天来整顿三风，必须要好好利用报纸”。[①] 在改版座谈会召开之前，3 月 16 日，中宣部发布了《为改造党报的通知》（以下简称《通知》），该通知中共有五条内容，分别对党报的党性原则、工作任务和编辑方法等提出了具体要求，《通知》指出：“报纸是党的宣传鼓动工作最有力的工具”，“报纸的主要任务就是要宣传党的政策，贯彻党的政策，反映党的工作，反映群众生活”。[②]《通知》明确了新闻工作对党的事业的重要性，强调了党报不仅要宣传党的政策、报道党的工作，也要密切联系群众、反映群众生活，让群众发挥历史主人翁精神，从而改造世界。

《解放日报》的改版推动中国共产党党报理论基本形成，从此党报就像平台化媒体一样，可以让不同的地方、在地的经验呈现出来，这体现了新闻参与地方治理、工农业生产的政治、经济和社会实践的特征，也显示了在抗日根据地残酷的游击斗争之外存在广泛的社会、文化建设。这也意味着，党报对

---

① 毛泽东：《在〈解放日报〉改版座谈会上的讲话》，载《毛泽东新闻工作文选》，新华出版社 1983 年版，第 90 页。

② 中国社会科学院新闻研究所编：《中国共产党新闻工作文件汇编（全三卷）》，新华出版社 1980 年版，第 126—127 页。

新闻的理解与商业化报纸不同，对党报来说，新闻不只是传递消息，而且需要把目前的大政方针、生产建设的方法、模范事迹等与基层干部、老百姓分享。这种对地方经验、在地经验的重视，与红军时期就开始扎根基层、动员群众的传统是一致的。面对外部强大的敌人，要通过游击战、群众运动的方式创建根据地，让敌后根据地这一高度流动的临时空间成为保存实力、发展生产的地方。这就需要用文化宣传来启蒙、动员广大群众成为根据地建设的主体。

传统意义上的组织传播是指某个组织凭借组织和系统的力量所进行的有领导、有秩序、有目的的信息传播活动，其最大特征就是凭借组织自身的系统进行传播①，而政治传播是指政治共同体的政治信息的扩散、接受、认同、内化等有机系统的运行过程，是政治共同体内与政治共同体间的政治信息的流动过程②。在革命战争和解放战争期间，由于条件较为艰苦，因此中国共产党经常需要就地取材，利用一切资源来完成一些既定的行动目标。一是成立宣传组织机构，形成纵向的组织传播；二是动员基层群众参与，形成基层的自组织传播。这种纵横交错的组织机制一方面可以利用科层制式的权力系统高效地实现宣传领导，另一方面可以利用基层社会内在的镶嵌性来加速宣传“落地”。如果说政党组织是基层传播的组织基础，那么基层传播能够运行则要依靠群众路线。群众路线是指通过群众运动的方式来组织和动员群众参与社会、政治和文化实践，使得群众成为自主的社会和政治主体。

基层传播借助文化、传播手段实现社会治理，这种文化宣传与其说是说教、灌输，不如说是一种“耐心细致的”思想政治工作，这体现为使用谈心、说服、开动员会、解开“思想疙瘩”等技术手段。基层传播有三个典型特征：一是充分利用基层化的媒介，如广播台、黑板报、快报、文艺活动等；二是高度组织化，借助基层党组织来建立分工明确的宣传机构；三是高度群众化或自组织化，让群众参与基层传播活动，群众既是从事生产劳动的主体，也是业余宣传员和基层通讯员。只有充分基层化的媒介、有组织的宣传和群众路线相结

① 魏永征：《关于组织传播》，《新闻大学》1997年第3期，第31—34页。

② 荆学民、苏颖：《中国政治传播研究的学术路径与现实维度》，《中国社会科学》2014年第2期，第79—95页。

合，基层传播才能真正深入基层、深入群众，才能让生产宣传变成一种群众自觉、自主的行为。

第三节　群众路线：基层传播的网络化

网络化一般是指以互联网为基础的数字社会。一方面，互联网实现了远距离连接、突破了时空限制，另一方面，互联网不是自上而下的科层化等级结构，也不是从中心到边缘的同心圆结构，而是扁平化的、去中心化的、多结点分布的网状结构，被认为是一种更具民主性和更能激发不同结点的多中心自主性的社会形态。这里用“网络化”来描述类似于互联网的网状社会结构和社会关系，这就是根据地时期出现的依靠群众组织、基层传播形成的网状社会形态，即通过“一切为了群众，一切依靠群众”“从群众中来，到群众中去”的群众路线形成的既高度组织化，又具有高度弹性的组织模式。基层传播是实施群众路线的中介，指通过下基层与群众耐心、细致地沟通、交流和说服等，来建立党与群众之间的政治、社会和情感联系，进而搭建弹性的、流动性的网状基层社会。

经过22年根据地时期的社会实践，中国共产党“锻造”出一种特殊的中央与地方之间、政党与国家（政府）之间的动态关系。如果说政党和行政机构的体系是一种自上而下的高度组织化的科层结构，那么基层的结构则是一种去组织化的、以群团组织为基础的网状结构，这种列宁式政党与群众路线的结合成为中国共产党基本的政治秉性。首先，根据地没有清晰的边界，处于高度不稳定的状态，这使得根据地空间像网一样具有弹性和张力，因为根据地是一种反抗国民党、日本侵略者等强势力量的空间，需要在腾挪转移中开展地理空间中的游击战。其次，根据地与根据地之间是平行关系，根据地内部拥有较强的自主性和自治性，这与1949年之前无法占领城市、在农村形成了相对扁平化的组织结构有关。最后，在农村动员群众是通过基层党组织和群团组织的方式来完成的，这使得高度组织化的列宁式政党与基层群众之间有了更加密切的互动关系。因此，在根据地时期，这种网状的社会结构具有组织化和去组织化的双重特征。组织化指的是建立自上而下的等级化的政治组织，去组织化是指这种组织在基层呈现为一种扁平化、去中心化的形态，也就是说群团组织不是一种科层结构，而是一种半自治化的组织形态。

这种组织化和去组织化的社会形态的理论来源为 1943 年 11 月 29 日毛泽东在中共中央招待陕甘宁边区劳动英雄大会上的讲话《组织起来》①。这篇讲话有三个层次：一是组织群众参加“大生产运动”，“就是把群众组织起来，把一切老百姓的力量、一切部队机关学校的力量、一切男女老少的全劳动力半劳动力，只要是可能的，就要毫无例外地动员起来，组织起来，成为一支劳动大军”②，“我们用自己动手的方法，达到了丰衣足食的目的”③。“组织起来”的初衷是用合作化生产的经济方式来解决边区被封锁状态下物资匮乏的问题。二是强调“群众工作”“群众观点”“把群众力量组织起来”的重要性。这种“群众工作”体现为两个方面：其一是理论层面（方法论），即在看待和认识某个具体问题时要有“群众观点”，如“不把经济工作看作是一个广大的运动，一个广大的战线，而只看作是一个用以补救财政不足的临时手段”④，这就是经济工作中“缺乏群众观点”的体现；其二是实践层面，群众是否主动、自愿参与是群众工作好坏的关键，如经济上组织群众的方式是合作社，这既涉及要肯定群众的首创精神，如“这种集体互助的办法是群众自己发明出来的”⑤，又涉及要“组织生产竞赛，奖励劳动英雄，组织生产展览会，发动群众的创造力和积极性”⑥，也就是说，需要通过劳动英雄大会等基层传播的方式来提升群众参与的积极性。三是如何组织群众或做群众工作，“我们应该走到群众中间去，向群众学习，把他们的经验综合起来，成为更好的有条

---

① 关于《组织起来》的分析，参见常利兵：《组织起来与提高技术——新中国农业集体化的宏观机制及在地化实践》，《上海大学学报（社会科学版）》2019 年第 4 期，第 72—92 页；罗岗等：《“组织起来”：多学科视野下的乡村经验与历史书写——关于〈西沟〉的阅读与讨论》，《社会史研究》2022 年第 1 期，第 204—239 页。

② 毛泽东：《组织起来》，载《毛泽东选集》第 3 卷，人民出版社 1991 年版，第 928 页。

③ 同上书，第 929 页。

④ 同上书，第 930 页。

⑤ 同上书，第 931 页。

⑥ 同上书，第 932—933 页。

理的道理和办法，然后再告诉群众（宣传），并号召群众实行起来，解决群众的问题，使群众得到解放和幸福”[①]，这就是“从群众中来，到群众中去”。与之相反，没有群众观点的党员、干部和军队就是“国民党的作风”“官僚主义的灰尘”和“军阀主义作风”。可见，这篇讲话以经济上的合作化为例，展现了群众路线作为理论和实践方针的重要性，组织起来是一种政党与群众相结合的方法，否则政党就会变成官僚主义的国民党，因此反官僚主义、形式主义作风也成为历次“整风”、加强党建工作的核心任务。

这种动员群众参与的组织形态在根据地时期发挥了巨大作用，尤其反映在后勤工作的效率上，如军队获得给养、伤员获得救治等问题都要依靠群团组织来解决。1938 年 6 月 17 日，国际共产主义战士白求恩来到晋察冀根据地，他坚持要建立一座模范医院来训练中国医护人员和救治伤员。1938 年 9 月 15 日，这所模范医院正式落成，被命名为“模范病室”，但很快就在日军的大扫荡中被摧毁，“他转而接受共产党的观点，即前线医疗工作最重要的特点是它的机动性”[②]。白求恩开始学习根据地的办法，把伤病员分散隐藏在老百姓家里救治，这是一种更节约成本也更安全的战地医疗方法，也是革命样板戏《沙家浜》的历史来源。笔者 2022 年 7 月曾在山西黎城县参加暑期实践活动。黎城是抗日战争时期太行抗日根据地的后勤保障基地，有黄崖洞兵工厂、冀南银行等。在八路军总部秘密驻地孔家峧村旧址，笔者看到了当时发行的根据地粮票，“在游击战争环境里，军队不能直接储备粮食，政府也不能专设粮库集中保管，只好把征收的公粮仍由各村各户储藏保管，实行坚壁清野，做到村村是兵站，户户是粮仓”[③]，粮食被分散隐藏在可靠的老百姓家里，只要拿着粮票就可以到老百姓家里异地取粮，这是一种去中心化的粮食储存和流通方式。国际友人林迈可在其《抗战中的中共》中也提到，“每个单位的流动后勤干部，带着发放的各种定量为半天 11 盎司的‘粮票’到各村筹粮。

① 毛泽东：《组织起来》，载《毛泽东选集》第 3 卷，人民出版社 1991 年版，第 933 页。

② 〔加拿大〕拉瑞・汉纳特编著：《一位富有激情的政治活动家——国际主义战士白求恩作品选》，李巍等译，齐鲁书社 2005 年版，第 256 页。

③ 周文龙：《周文龙回忆录》，解放军出版社 1996 年版，第 183 页。

不管到哪个村，他都可以靠这种‘粮票’从村委会换到食品，而村民们也更喜欢这种方法，因为这样可以使他们只要上交一小片纸就行了，这片纸能证明他们纳了税，而无需再自己运送粮食到粮站去。这种赋税制度是在 1939 年到 1942 年间逐步改进形成的”①。又如，解放战争时期华东野战军司令员陈毅元帅的名言：“淮海战役的胜利，是人民群众用小车推出来的。”可见，送粮、抬担架、医护等后勤工作需要依靠地方群众，只有把后勤工作与群众路线结合起来，才能建立如此高效的群众组织。

组织群众是通过耐心、细致的基层传播活动来实现的。由于农村根据地缺乏新闻出版、摄影、电影等现代大众媒介，而且受众多是不识字的农民等非现代化的主体，因此文艺活动成为基层传播的重要媒介，戏剧和音乐成为宣传效果最好的艺术形式。这改变了五四新文化运动时期形成的对于文艺的理解，都市、精英阶层的新文艺变成了在农村演出和以农民为受众的革命文艺和群众文艺。相比于印刷媒介，话剧等带有表演性、剧场感和现场感的艺术形式以具体生动的形象感染人，更容易被群众所接受，从而更容易达到鼓动宣传的目的。如成立于 1937 年 12 月 11 日的河北阜平县城晋察冀根据地的抗敌剧社，为了演出的机动性发明了“帐篷舞台”，以提高舞台搭建和拆卸的效率。这种“帐篷舞台”提升了演出的机动性和流动性，一方面可以快速搭建舞台，另一方面可以随时随地转移，是一种在游击状态下形成的流动剧场。② 流动剧场依靠演员的身体让话剧艺术下沉到乡村，在演出的内容上也采用一种就地采访、就地创作的剧本生产模式，让话剧工作者充当新闻记者，通过与所在村庄的群众交流、调查，同当地群众打成一片，融入当地群众的生活与斗争。这些临时编排的以当地群众为主体的剧本和群众看到的以自己为主角的带有新闻性质的话剧，更便于群众接受。

另外，根据地虽然没有现代的流行音乐产业，歌曲、演唱却仍是最重要的

---

① 〔英〕林迈可：《抗战中的中共（第二版）》，杨重光、郝平译，解放军文艺出版社 2013 年版，第 102 页。

② 张慧瑜：《从“帐篷话剧”到华北电影队：1930—1940 年代晋察冀根据地流动的文化传播实践》，《国际新闻界》2022 年第 9 期，第 28 页。

文艺演出形式。美国记者埃德加·斯诺在《红星照耀中国》中有这样一段对红军小战士的描述:“他们在路上几乎整天都唱歌,能唱的歌无穷无尽。他们唱歌没有人指挥,都是自发的,唱得很好。只要有一个人什么时候劲儿来了,或者想到了一个合适的歌,他就突然唱起来,指挥员和战士们就都跟着唱。他们在夜里也唱,从农民那里学新的民歌,这时农民就拿出来陕西琵琶。”① 很多回忆文章也提道:“在抗战时期最大众化,最简便易行,最容易传播,最有战斗力的是歌曲。当时部队认为教战士们唱会一支歌等于上一堂政治课。所以部队指战员都欢迎剧团派演员到连队去教唱歌,以活跃战士们的文化娱乐生活,这是当时最美好的精神食粮。战士们在整训操练时要唱歌,在行军时要唱歌,在开大会集合时也唱歌,甚至连队与连队常常开展歌咏比赛,互相叫阵,挑战,看谁家唱得多、唱得好。”②这些无处不在、无时不在的“遍地歌声”的音乐景观,不仅创造了革命文化最典型的艺术形式,而且承担着政治宣传、群众教育的职能。晋冀鲁豫《人民日报》上一篇题为《怎样教歌》的报道,是太行一分区宣传队宣珍业教战士唱歌的经验介绍,“我们两人到‘张飞部’一区干队去时,听不到他们唱歌,偶尔唱的也都是秧歌调。到了一个地方,没事就睡觉。现在有歌子唱了,而且很普遍,不论干部、战士、炊事员都会唱。学歌也学的很快,八天就学会了七个歌,其中有一个半天就学会了三个”③。从这里可以看出,“教歌”不只是向战士传授演出方法和技巧,而且是一套动员群众、与群众打成一片的群众路线的工作方法,如鼓动学歌的热情和培养学歌的骨干分子等,其中最重要的是“教歌的人要耐心,不要性急,不要觉得战士‘笨’”④,这种耐心和尊重战士的态度有助于激发战士学歌的积极性。这篇报道已经清晰地展现了根据地时期基层宣传员把音乐扩散给普通战士的有效方法,这也是以音乐为基层传播媒介的生动体现。可以说,群众在参

---

① 〔美〕埃德加·斯诺:《红星照耀中国》,董乐山译,人民文学出版社 2016 年版,第 64 页。

② 陈乔:《火线剧社漫忆》,载晋察冀文艺研究会冀中分会编印:《火线剧社在冀中》,中国华侨出版社 1994 年版,第 28 页。

③ 宣珍业:《怎样教歌》,晋冀鲁豫《人民日报》1947 年 6 月 26 日,第 4 版。

④ 同上。

与群众文艺活动的过程中，从非现代、非理性的主体变成了能动的、主动的主体，也正是通过基层传播活动，基层变成了兼具有机性、灵活性、协调性的社会网络。

思考题

1. 基层传播的媒介形态有哪些？它们的具体体现是什么？
2. 为什么说基层传播是一种组织传播？
3. 如何理解基层传播与群众路线之间的关系？

第三章　基层传播与社区研究

本章提要

相比于社区传播，基层传播有几个鲜明特征：一是基层传播依靠政党和行政来组织，是一种特殊的组织传播；二是基层传播的功能是信息传递，更重要的是借助基层媒介完成群众动员；三是基层传播高度参与基层发展和社会建设，是一种中国式的“发展传播学”。如果说社区传播与西方现代化、都市化的社会经验有关，那么基层传播则是20世纪中国现代化转型中形成的社会治理经验。本章主要介绍美国芝加哥学派的社区研究和燕京大学社会学系进行社区本土化的经验，揭示社区研究与西方社会学之间的密切关系，探究传播视角如何进入社区研究，为基层和基层传播提供了一种学术参照。

在现有传播学的学科框架下，与基层传播比较接近的是西方传播理论中的“社区传播”概念，其特征是强调自主性、自治性的社区传统。20世纪初，美国芝加哥大学形成了以社区为基础的城市社会学研究的传统，对西方社会学和传统社会学产生了重要影响，被称为“芝加哥社会学派”。20世纪30年代，燕京大学社会学系也从芝加哥社会学派引进社区研究，开启了中国社会学中的乡土研究的历史。与基于对政治、社会权力的批判所形成的自治社区的经验不同，基层产生于中国从传统社会向现代社会转型的过程中，是现代政党和国家权力主动下沉到基层、改造基层社会的过程，基层传播成为政治权力、社会权力向基层扩散的中介，也是组织、动员基层社会的手段。

第一节 城市视角下的社区研究

进入西方社会学的背景，一般会涉及两个相关学科：一个是社会学，一个是人类学。在中国的学科制度当中，二者经常被放在一起。人类学近些年也已经成为人文社会学科中某种意义上的显学，民族志研究、互联网研究背后都有人类学的学术支撑，比如《快手人类学》就借助人类学的视角和方法来研究互联网企业"快手"的相关问题。社会学与人类学的区别在于，二者恰好分别对应了城市和乡村：社会学关注的是城市和现代社会的问题，诸如人口、流动、困弱群体、贫困、贫民窟、犯罪、移民、阶级等；而人类学关注的是城市之外或者说西方/现代之外的区域，诸如部落、土著、原住民、少数民族等现代文明之外的问题。在西方传统中，社会学和人类学的疆界非常清晰：社会学的研究对象是现代社会，人类学的研究对象是现代社会之外的区域。对西方而言，研究伦敦、纽约等西方城市的"人类社会"属于社会学的范畴，而研究非洲、太平洋的岛国等西方社会之外的、非现代化的空间，则属于人类学的领域。

在这两个学科进入中国之后，其学科研究的范围和方向中实际上是存在悖论的。中国社会学家研究中国，到底属于人类学还是社会学？这里存在一种纠结和暧昧的状态。中国著名社会学家费孝通等人在学习社会学的时候，发现了中国内部的一个差异性因素，即少数民族问题。费孝通的第一个研究是和妻子到广西瑶山地区进行的考察，按照西方的学科分类，这是人类学研究。当人类学被移植到中国语境中时，少数民族、边疆就成为被关注和研究的对象。后来，费孝通开始研究乡村问题，乡村被当作和西方现代社会中的社区类似的研究对象。西方早期芝加哥学派的社区研究对中国的社会学发展产生了巨大影响。费孝通师从吴文藻，吴文藻认为在中国，城市不发达、工业不发达，中国是一个乡土、乡村社会。在这种理论脉络的影响之下，费孝通等开启了具有原创性的中国学者的乡土、乡村研究，对芝加哥学派社区研究进行本土化。20 世纪 90 年代，年轻的社会学家项飙在社区研究方面颇有建树，他调查研究了北京城乡交界地带的“浙江村”，完成了《跨越边界的社区：北京“浙江村”的生活史》一书。“浙江村”就是一个社区，这开启了中国社区研究的新路径。如果说以费孝通为代表的社会学传统将“乡土中国”作为中国研究的核心，那么项飙对“浙江村”的关注则使得改革开放以来的社会学从乡土开始转向城市社区。下面，先看欧洲社会学的城市、社区研究传统的由来。

一、19 世纪社会学的兴起与城市问题

19 世纪社会学的兴起与几位著名学者的论述以及欧洲彼时出现的城市问题有着紧密联系。分析 19 世纪中期社会学学科兴起的具体历史环境，会发现当时的社会学研究关注的是都市问题、城市问题。西方主流社会学基本上不研究乡村，因为在剧烈的工业化、城市化过程（比如，英国通过激烈的圈地运动等手段将无地农民赶到城市中这种类似“羊吃人”的现象等）中，乡村基本被消灭了，这和中国几千年的农业社会是非常不一样的。西方社会学在某种意义上不需要思考乡村问题，其前提在于乡村被城市化、工业化消灭了。中国社会的研究中恰好有自觉的城乡视角，这和 20 世纪中国经历现代化转型有着密切关系。乡村问题是中国这种发展中国家在现代化过程中面临的特殊问题，城市化、工业化则是西方社会学面临的普遍性议题。

要提到的第一是法国哲学家、现代社会学创始人奥古斯特·孔德，他的研究是在工业革命与城市文明的相关问题中开启和发展的，涉及城市文明兴起所带来的社会问题，尤其是城市的贫穷问题。高速的工业化、现代化在“制造”高度发达的现代都市景观的同时，也生产了大量的城市贫民，这就是 19 世纪中期出现的城市两极分化现象。

第二是德国革命家、哲学家卡尔·马克思与弗里德里希·恩格斯的思想。马克思、恩格斯肯定了城市和工业文明的价值，但又对其进行了批判。恩格斯在 1845 年出版的《英国工人阶级状况》中，对英国曼彻斯特的工人区

和贫民窟做了详细的描述，并由此引申到工人阶级的生存状况问题。这一问题引起了记者亨利·梅休的关注，他在1864年版的《伦敦劳工与伦敦穷人》中，呈现了当时的超级大都市伦敦的工人阶级的贫困问题。英国商人查尔斯·布思认为记者夸大了伦敦的贫富差距，他对伦敦贫困人口进行了社会调查，也是最早进行社会学入户调查的人，结果发现贫困问题比记者描述的更为严重。他基于伦敦东区的调查于1889—1891年出版了《人民的劳动和生活》（后经修订，于1891—1903年以《伦敦人民的生活和劳动》为书名重新出版），描述了现代社会的穷人过着一种奴隶般的生活，他认为应该解决城市发展中的贫民问题。

第三是德国社会学家斐迪南·滕尼斯以及他的著作《共同体与社会》。19世纪末期，德国社会学家滕尼斯在研究共同体与社会时提出了“community”的概念，即“共同体”。这个共同体指的是乡村，滕尼斯认为，乡村是一个共同体，是“有生命的有机体”，大家有共同的语言、血缘、历史和传统，有共同的善和恶、朋友和敌人。乡村是一个有机的团结的空间，让每个人的生活有意义的共同体。与之相对，工业化、城市化破坏了这一切，使人与人之间变成机械的聚合，新型的都市是个人主义的、自私自利的、理性的、算计的，团结消失殆尽。滕尼斯的概念是在城市和乡村的二元对立下发展起来的，它强调乡村是一个有机的共同体空间，而城市和现代社会是一个没有共同体的、孤独个体的空间，换一种说法，即城市是一个陌生人的社会，乡村则是一个熟人社会。

第四是法国社会学家埃米尔·涂尔干。现代社会学的奠基人涂尔干也认为，传统社会以地缘、血缘、宗族为纽带，是一个相对自足、不依赖其他群体的“机械团结”的社会，而现代社会是一个以高度的社会分工为前提、依赖复杂劳动分工的“有机团结”的社会。需要指出的是，涂尔干在这里使用的“机械团结”与“有机团结”概念（指代乡村和现代城市）和滕尼斯使用的有机体与机械聚合之间不是颠倒的关系，他们的思考框架相似，但对现代社会的理解不一样，滕尼斯是借一个比较浪漫化的乡村来批判都市，而涂尔干是在捍卫和强调现代社会是一种分工协作的有机社会。

第五是德国社会学家格奥尔格·齐美尔。与另一位德国著名社会学家马克斯·韦伯着重研究现代社会的官僚体制以及经济、法律运作相比，齐美尔注重研究城市的运作机制，他强调城市更加理性和受货币、时间的支配，城市人际交往中存在一种冷漠和不在乎，其社会运转可以被类比为“自由与齿轮”等现代议题。美国芝加哥大学社会学派的核心人物罗伯特·帕克正是齐美尔的学生。

这些19世纪到20世纪的欧洲社会学家的思想对芝加哥学派有着重要的影响。芝加哥学派从城市研究入手，提出了“社区研究”的概念。

二、20世纪初期的芝加哥社会学派

美国在19世纪中后期至20世纪初完成了剧烈的工业化，20世纪初期的芝加哥社会学派延续欧洲社会学的传统，从社区入手研究城市问题，并把传播和社区问题结合起来，考察传播对社区的重要影响，这也是美国传播学的前身。

芝加哥学派的代表人物是罗伯特·帕克。帕克曾是一个记者，实际上，早期很多社会学家都是记者出身，这一职业的特点在于，记者在进行新闻报道时必然会接触社会、观察社会，甚至深入某一个具体的社群进行田野调查。这些从实践中产生的观察经验推动他们思考事件背后的社会原因和造成某种社会问题的机制，这些也成为早期社会学研究的重要议题。

帕克在《城市：有关城市环境中人类行为研究的建议》中指出，“从本文的观点来看，城市不单单是若干个体的聚集，也不单单是街道、建筑、电灯、电车、电话等社会设施的聚集；同样，它不单单是各种机构与行政管理设置——诸如法庭、医院、学校、警察，以及各部门的公职人员——的汇聚。它更是一种心智状态，是各种风俗和传统组成的整体，是那些内在于风俗之中并不断传播的态度与情感构成的整体。换言之，城市并不只是一种物理装置或人工构造。它就内含于那些组成它的个体的生命过程之中，因而，它是自然的产物，尤其是人之自然，即人性的产物”①。帕克等学者认为，城市不是无机的、

① 〔美〕罗伯特·E. 帕克等：《城市——有关城市环境中人类行为研究的建议》，杭苏红译，商务印书馆2016年版，第5页。

机械的，而和自然界一样，是一个生态系统，当中每一个人都受此生态系统的影响，这就是“人类生态学”的概念。“在城市社区的界限内，或者说，在任何人类居住的自然区域的界限内，都有若干力量在起着作用，它们会使得区域内的人口和机构呈现为一种有秩序的、有典型性的群体形态。有一门科学试图将这些作用因素从中分离出来，并试图去描述在它们的共同作用之下人口和机构呈现出来的、具有典型性的群聚形态。我们将这门科学称为‘人类生态学’，以示它与植物生态学、动物生态学的区别。”①对于城市来说，“交通、通讯、电车、电话、报纸、广告、钢筋混凝土建筑和电梯，所有这些能在瞬间引起城市人口大规模流动与大规模集中的事物都可算作城市生态组织化的首要因素”②，交通和通信是连接城市以及信息沟通的基础设施，交通和信息的流动增强了现代人的流动性。在这里，城市本身是一个自足的生态系统，贫富分化。贫者和富者居于不同街区是城市社区的分工，而生产区、商业区、居住区等更是这种城市区域分工的一种体现，生态、经济、工业等都在人文的、社会的生态系统里面。城市是人类的本质特征，城市空间分布决定了人类的社会关系。“城市充分而彻底地展示了人类本性中的善与恶。可能，正是由此才证实了这样一种论断，即我们可以将城市看作一个实验室，或者一个诊所，从而对人性及其社会过程进行研究。”③

欧内斯特·W. 伯吉斯在《城市的发展：一项研究计划的导言》中用生态学的方法研究了城市空间生态的分布，认为城市扩张是以中心化和去中心化的方式进行的，城市的发展也像生物界的新陈代谢一样，伴随着组织的重组和解体。“城市不断分化成自然的经济、文化区域，这给城市自身带来了特定的形式与特征。分化和区隔确立了群体，以及组成群体之个人在城市生活总体结构中的位置与角色。”④伯吉斯提出，“社区的脉搏”是流动性，“和人体的

---

① 〔美〕罗伯特 E. 帕克等：《城市——有关城市环境中人类行为研究的建议》，杭苏红译，商务印书馆 2016 年版，第 6 页。

② 同上。

③ 同上书，第 58 页。

④ 同上书，第 69 页。

脉搏一样，流动性反映和显示社区中正在发生的所有变化，并且，我们还可以将流动性进一步具体化为若干可量化的要素"①。流动性可以反映城市人口的活动频率，也可以反映社区扩张和解体的速度。

R. D. 麦肯齐在《研究人类社区的生态学方法》中对比了动植物生态学与人类生态学，认为模仿生态学的分类方法，社区可分为四种常规的类型：一是初级供应型社区，如农业、渔业、矿业或林业；二是商业型社区，负责把初级供应社区的商品销售到其他市场；三是工业型城镇，是商品制造业和销售中心；四是提供教育、旅游和公共服务的社区。②

城市是重要的研究对象。组成城市的正是一个个具体的社区，所以城市的最小单位就是社区。社区和每个人的日常生活最相关，人们的受教育、家庭活动等都须在社区中完成。芝加哥社会学派最早把社区当作城市研究的最小单位和最小分析范畴。西方从古希腊以来就存在城邦社会的想象，城邦发展到城市，一个又一个小城市组成大城市，无数的大城市再组成一个国家，无数的国家变成一个世界，这就是西方社会学对现代世界的理解。帕克认为："大城市从来就是种族与文化的大熔炉，它是人们进行生动而微妙的人际交往的中心，总是会产生新的群体、文化与社会形态。"③社会学的重要议题是破解社区何以成为共同体的问题，社会学要把握那些城市中飘零的个体结成社区的共同纽带和在城市中生存下去的共同记忆，这是城市构筑人类生态系统的关键，要在此前提下研究人类的行为。关于社区研究，芝加哥学派贡献了两个经典案例：一个是帕克的《移民报刊及其控制》，一个是怀特的论著《街角社会》。

在美国，很多移民来自欧洲大陆，他们如何融入美国文化、建立对美国文化的认同成为重要的问题。帕克的《移民报刊及其控制》研究了移民阅读报纸与对美国产生认同之间的关系，他观察到一个很有意思的现象：很多移民

① 〔美〕罗伯特 · E. 帕克等：《城市——有关城市环境中人类行为研究的建议》，杭苏红译，商务印书馆 2016 年版，第 72 页。

② 同上。

③ 同上书，第 51 页。

在原来的国家时并不看报纸，反而到美国之后学会了阅读报纸，这些移民想通过报纸来了解美国、寻找一种对美国文化的认同，其母语报纸成为他们获得美国身份的中介。“欧洲裔农民在这里第一次看到这样的报纸：写的是他们感兴趣的事情，用的是他们说的语言。他们在这里第一次形成阅读习惯。报纸使他们与他们的共同体——主要是他们的族群——的当下思想和当下事件建立了联系；该族群的兴趣一方面融入祖国，另一方面融入更大的美国共同体。”[①]这些“移民报纸”成为控制移民、同化移民和促进移民美国化的传播中介。另外，帕克还提出了“边缘人”的概念，“边缘人”的命名受到了齐美尔的“陌生人”的影响。齐美尔在《陌生人》一文中指出，“在这里陌生人不是此前常常接触过的意义上的外来人，即不是指今天来、明天走的流浪者，而是指今天来、明天留下来的漫游者——可以说潜在的流浪人”[②]。边缘人是生活于两种社会和文化中的人，是现代社会中常见的社会群体，他们从一种文化进入另一种文化。“边缘人”启发芝加哥社会学派开始研究城市中的移民、少数族裔的问题。

另一个有代表性的社区研究是芝加哥社会学派代表性学者威廉·富特·怀特的《街角社会：一个意大利人贫民区的社会结构》。这是他在 1936 年至 1940 年对波士顿北区科纳维尔的一个意大利贫民区的民族志调研，他成为被研究者群体“街角帮”的一员，对意大利裔青年的生活状况、非正式组织的内部结构以及他们与其他组织的关系进行了细致观察，分析了该社区的社会结构和组织方式。一般人把科纳维尔看成混乱的贫民区：“多年来，科纳维尔一直被认为是一个问题区，而且，在我们与意大利交战期间，这个问题日益引起这一地区以外的人们的关注。他们生怕这个意大利人贫民区的居民热爱法西斯主义和意大利甚于热爱民主和美国。他们早就觉得科纳维尔与社会其他地区格格不入。他们认为它是干非法勾当的人和贪污腐败的政客、

① 〔美〕罗伯特·E. 帕克：《移民报刊及其控制》，陈静静等译，中国人民大学出版社 2011 年版，第 69 页。

② 〔德〕齐美尔著，林荣远编译：《社会是如何可能的——齐美尔社会学文选》，广西师范大学出版社 2002 年版，第 341 页。

贫穷和犯罪，以及起颠覆作用的信仰和活动的大本营。”[①]这个贫困、存在黑社会、警察无法治理和看似非现代化的、非理性治理的空间实际上有自己的组织和生活方式，实行一种高度组织化的、完整的社会制度。“有人说，贫民区的问题在于它是一个无组织的社会。就科纳维尔的情况而言，这种判断是极端错误的。当然，在科纳维尔内部存在冲突。街角青年和大学生有着不同的行为标准，彼此之间互不理解。在不同代人之间存在着对立，而且，随着一代人接替另一代人，社会也处在一种不断变化的状态——但是，甚至这种变化也是有组织的。”[②]这本书也被认为是民族志的代表作，研究者长期深入一个他者的社群，从内部观察他者社群的社会结构，并提供一种理性化、结构化的分析。中国人类学家项飙的“浙江村”研究也采用了这种方法。

芝加哥社会学派认为，城市是由众多高密度、高异质性的人口组成的居住地，高人口密度破坏了个人生活需要的正常空间及与之相连的“私人”感情，不断增加的城市社区居民超过了人们可以相互认识的临界点，居民间的关系日益疏远和冷漠，美国的社区报在重构社区文化、形成社区“共同体”的过程中发挥着重要作用。美国的社区报是社区传播的典型代表，通常是指日发行量在 5 万份以下、以服务居住在同一个生活空间中的人群为宗旨的报纸。地方报纸在新闻、专栏、体育以及广告等方面带有明显的本地色彩，是服务于本地社区的报纸。定义更为宽泛的社区报不仅是指服务于某一地理概念上的社区的报纸，也是指服务于以种族、宗教、理念、兴趣为纽带的社区的报纸。社区报在美国有很长的发展历史，对美国社区治理具有重要意义，“美国 97%的报纸是发行量 5 万份以下的小型报纸”[③]。

芝加哥社会学派对中国社会学乃至整个社会研究历史都有重要影响。1932 年 9 月到 12 月，帕克受燕京大学社会学系负责人吴文藻的邀请来中国

---

① 〔美〕威廉·富特·怀特：《街角社会：一个意大利人贫民区的社会结构》，黄育馥译，商务印书馆 2005 年版，第 XV 页。

② 同上书，第 357 页。

③ 任浩：《美国社区报研读启示：让大众在社区听到国家的心跳》，《中国记者》2015 年第 9 期，第 125—126 页。

讲学,开设了“集合行为”“社会研究方法”两门课程。此后,还有其他芝加哥社会学派的学者访华。帕克提出,城市是西方的社会实验室,而乡村则是东方的社会实验室,现代西方的社会问题是城市问题,而东方的社会问题则是乡村问题。吴文藻提出了中国社会学本土化的问题,认为中国的社会学界采取社区研究的取向,也有“强乡村,弱城市”的看法,实现社会学的“中国化”的具体方法就是进行社区研究。

第二节　燕京社会学派：从社区到乡村

1919 年,燕京大学在北平成立,美国传教士、社会学家步济时(John Stewart Burgess)即在燕京大学宗教学院教授社会学。步济时 1905 年毕业于美国普林斯顿大学哲学系,1909 年受到普林斯顿大学驻华同学会的委派,以传教士的身份来北京基督教青年会工作。1912 年 10 月 6 日,在步济时的主持下,来自北京 3 所教会学校和 3 所官立学校的 40 多名学生组织成立了北京学生团社会实进会,进而在居民聚居区开办贫民夜校,开展慈善事业,进行救济活动。1922 年,燕京大学正式成立社会学系,开设应用社会学专业,其中 6 名教师为美国人。步济时成为首任系主任,被誉为“中国社会工作之父”。1924 年,燕京大学陆续聘任了多位中国社会学者,包括许仕廉、李景汉、严景耀、言心哲、杨开道、吴文藻等。美国芝加哥学派对燕京社会学派产生了启蒙式的重要影响。芝加哥学派的研究提供了一种关于中国乡村的研究视角,也就是将乡村当作类似西方的社区,将乡村视为最小的社会单位,以此作为理解中国社会的方法。直到现在,中国社会学研究中最主要的领域还包括乡村社会研究。

20 世纪二三十年代,中国社会学家吴文藻深受芝加哥学派的影响。1901 年 4 月 12 日,吴文藻出生于江苏江阴,在 1919 年的五四新文化运动中参加了游行,受到进步思想的影响。他认为,当时的中国之所以贫穷和落后,是因为中国的文化和科学技术落后,因此他致力于学习西方先进的科学与文化,想以学术改造来振兴中国。吴文藻 1923 年赴美国达特茅斯学院社会学系留学,1925 年进入纽约市哥伦比亚大学研究生学院社会学系学习,1929 年回到中国,在燕京大学任教,决心用社会学的方法为中国的社会问题提出解决方案。吴文藻加入燕京大学社会学系后大力推行社会学中国化,主要讲授“西洋社会思想史”“家族社会学”“人类学”等三门课程。以往,这三门课采用的都是英文教材,为了避免中西方文化的脱节,吴文藻为每一门课都编写了一本中文教材,并且每年都根据自己的教学经验在其中添加中国的案例材料和研究内容。

1931 年秋,吴文藻邀请了著名学者、69 岁的美国芝加哥学派代表人物罗伯特·帕克来到燕京大学授课,帕克开设了“集合行为”和“社会研究方法”两门课程。其中,帕克在“社会研究方法”课程中所讲授的“社区”研究方法,对杨庆堃与费孝通都产生了深刻影响。杨庆堃 1928 年考入燕京大学攻读社会学,1930 年费孝通由东吴大学转入燕京大学,自此二人结下了终身友谊。帕克在讲座中提到“Community is not society”,由于社会学对于中国学界来说是外来学科,因此其概念、词汇和理论尚未被系统地翻译。当时,“community”和“society”都可理解为“社会”,从而这句话的翻译就成了问题,费孝通和杨庆堃根据帕克的具体释义,组合“社”和“区”,用“社区”作为“community”的翻译,由此便创制出了这一社会学通用术语①。1933 年,杨庆堃利用帕克所教授的“社区”研究方法,开始对梁漱溟乡村建设运动所在地邹平进行社会调查,重点关注当地的市集系统,并于次年写成了硕士论文《邹平市集之研究》。同时,他还与吴文藻、费孝通一同翻译出版了《帕克社会学论文集》,并在翻译的过程中与费孝通一同确定了“社区”这一概念的译文。

吴文藻认为,翻译自“community”的“社区”“在中国字汇里尚未见过,故需要较详细的解释。社会是描述集合生活的抽象概念,是一切复杂的社会关系全部体系之总称。而社区乃是一地人民实际生活的具体表词,它有物质的基础,是可以观察得到的”②。在社区研究中,实地调查是最重要的手段,“社

---

① 丁元竹:《中文“社区”的由来与发展及其启示——纪念费孝通先生诞辰 110 周年》,《民族研究》2020 年第 4 期,第 22—24 页。

② 吴文藻著,陈恕、王庆仁编:《论社会学中国化》,商务印书馆 2010 年版,第 432—433 页。

区既指一地人民的实际生活而言，至少要包括下列三个要素：（一）人民，（二）人民所居处的地域，（三）人民生活的方式或文化”[①]，吴文藻强调文化是现代社区的核心。他在《论社会学中国化》中指出：“单考实地研究现代社区的来源，其可述者有五：(1)社会调查，(2)文化人类学，(3)人文区位学，(4)地域调查运动，(5)文化社会学。五者之中，则以文化人类学为最重要，因为人文区位学、地域调查运动以及文化社会学，或在起源时，或在发展中，多少是受过它的影响的。”[②]

燕大社会学自许仕廉时代开始的社区研究，和梁漱溟、晏阳初在中国北方倡导的乡村建设的思路之间有着颇有深意的呼应。1928 年至 1937 年期间，燕京大学社会学系在美国洛克菲勒基金会资助下，在距离北京德胜门 18 里地的清河镇开展调查研究。由社会学系部分教师组成委员会，其中，许仕廉任主任，杨开道任调查主任，下设三个调查员，这是中国最早的社区研究。杨开道于 1927 年自美国留学归国，最初在上海大中华大学和复旦大学教书，1928 年在农业与矿业部工作 6 个月后，到燕京大学社会学系任教，他是近代中国最早关注乡村问题，并力主“以农立国”的学者之一。杨开道结合西方社会学原理，针对中国农村问题提出了一系列看法和主张，包括强调农村作为“地方共同社会”与城市的区别及其多面性，主张有计划地在技术、经济与社会三方面开展农村生活改良运动，提出以村为单位实行农村地方自治和建立适合中国农村的自治体系，以及在此基础上设计经济、教育等各项农村政策。

杨开道等学者基于在清河镇初步的工作成果写成了题为《清河——一个社会学的分析》（“CHINGHO—A Sociological Analysis”）的调查报告，对当时清河镇的社会、经济、政治等方面的基本状况做了描述和分析。清河镇辖区约 0.23 平方千米，人口为 2437 人，每个家庭平均 4.8 人。一条河将该镇分为两个性质不同的区域，北部是典型的农业区，村庄之间相距较远，南部人口密

---

① 吴文藻著，陈恕、王庆仁编：《论社会学中国化》，商务印书馆 2010 年版，第 440 页。

② 同上书，第 200 页。

集，受北平影响较大。作为一个农、工产品集散地，清河镇有各式各样的店铺，几乎全部为传统作坊。1930 年，许仕廉和杨开道一起，将清河镇的社会调查扩大为燕京大学社会学系主持的“清河试验区”项目，逐步纳入了清河镇周围 40 村，开展了农村小额贷款、妇女儿童工作等复兴乡村经济和社会的计划。在“清河试验区”，燕京大学社会学系的师生开展了各项社会改良活动，用社区研究的成果参与社区治理。1937 年，因日本攻占华北，燕京大学的清河试验宣告结束。抗战期间，燕京大学曾于成都的校区附近开辟类似的试验区，抗战复员返回北平之后，又到清河的 60 户人家的平郊村继续开展，但是这些试验区最终都没能持续发展。然而，作为中国第一个以“社会工作”的名义展开的专业社会实践活动，“清河试验”对后来的中国社区治理、农村建设和乡村振兴等起到了重要的奠基作用。

燕京社会学派的另一位代表人物是费孝通。费孝通 1928 年高中毕业，进入东吴大学医预科学习，立志悬壶济世，后受革命思想影响，决定“弃医从社”，进入燕京大学社会学系，师从吴文藻老师学习社会学。1933 年从燕京大学毕业，考入清华大学，师从史禄国，用两年时间主要学习体质人类学。1935 年从清华大学研究院毕业，协同夫人、燕京大学校友王同惠去广西大瑶山调查。在调查中，费孝通因迷路误入虎阱受了重伤，王同惠外出觅援不幸溺水身亡。为纪念亡妻，他根据王同惠所遗的笔记和自己的记忆写成《花篮瑶社会组织》。费孝通伤愈后，利用回家乡休养的机会，对开弦弓村进行了系统的社会调查。费孝通在不到两个月的时间里，用社区分析的方法全面调查了开弦弓的农业、家庭副业、乡村工业、商品流通、消费结构、婚姻家庭、财产继承、土地制度、文化娱乐等内容。1936 年秋，费孝通进入英国伦敦政治经济学院学习社会人类学，师从人类学家马林诺夫斯基，在其指导下，以调查资料为基础撰写完成博士论文，发表时名为“Peasant Life in China：A Field Study of Country Life in the Yangtze Valley”，中文译名为《江村经济》。

《江村经济》一书是费孝通的成名作，也是他应用西方社会学、人类学理论来研究中国社会的第一个重要成果。但是，不同于亚当·斯密、大卫·李嘉图对于现代化大工业的设想，费孝通主张发展乡村工业。他认为，如果城市工业依靠技术完全取代了乡村工业，那么原本可以维持生活的农民就会成为饥民，成为负债的人，结果是农民守不住耕地，都向都市集中。这对于农村来说，是经济的破产，对于都市来说，是劳动后备队伍的陡增，会影响到原来的都市劳动者的生机。所以，乡村需要发展工业，且因人口限制，要寻求发展最小规模、最大效率的工厂单位。1938 年，费孝通获伦敦大学哲学博士学位，并于同年回国。回国后，他在云南大学和燕京大学社会学研究室任教，并立即开始主持内地农村调查，按马林诺夫斯基的功能观点和实地调查方法，进行了吴文藻所提倡的“社区研究”，逐步形成了自己独特的风格。社区研究、农村研究也是贯穿他一生学术工作的主线。

费孝通尝试在理论层面对中国传统社会的特性进行整体性的描述和说明，其代表性成果就凝结为 1948 年出版的《乡土中国》一书。费孝通以自己多年实地考察的成果和日常生活体验为依据，运用中国人所熟悉的话语，对中国传统社会的特性进行了总体性的描述和概括，通过《乡土本色》《文字下乡》《再论文字下乡》《差序格局》《维系着私人的道德》《家族》《男女有别》《礼治秩序》《无讼》《无为政治》《长老统治》《血缘和地缘》《名实的分离》《从欲望到需要》等十四篇论文，提出了一整套具有强烈中国本土化色彩的概念和命题。《乡土中国》是在社区调查基础上进行的比较社会学的宏观研究，也就是基于一个具体的社区—村落归纳出了中国社会结构的全貌，因此该书被认为是费孝通社区研究的成熟之作，也是“理论替代型本土化”社会学说最初的样本之一。

1979 年改革开放后，费孝通领衔承担了中国社会学学科重建工作。同年 3 月，国家教委决定在北京大学、南开大学、中山大学、上海大学四所院校率先建立社会学系。三年后，72 岁的费孝通正式转任北京大学社会学系教授。从 20 世纪 80 年代开始，费孝通转向自己所开辟的新研究领域即小城镇研究，对小城镇进行综合性的调查研究，包括精神文明、物质文明中诸如政治、经济、文化、规章制度等方面，从而探讨城市、集镇、乡村在社会发展中是怎样产生差别的，并找到了开创社会主义新局面的路径。费孝通将他的学术工作和社会活动相结合，主张当代中国的社会学、人类学应反映中国社会与中华民族产生的特点，社会学与人类学研究必须立足于中国的社会实际。他深入探讨了中国乡镇企业与小城镇问题、边区与少数民族地区的发展问题，同时发表了《小城镇　大问题》《中华民族的多元一体格局》等一系列具有学术开创性的论文。

第三节　案例分析：美国社区报

国家的心跳

——美国社区报的实践与启示[①]

一、美国社区报的概念界定

（一）社区的定义

“社区”的概念由德国社会学家斐迪南·滕尼斯于19世纪80年代在《共同体与社会》一书中首次提出，“gemeinschaft”（德语）一词译作共同体、团体、集体、公社、社区等，意为“一种持久和真正的共同生活的载体，强调人与人之间所形成的亲密关系和共同精神意识以及对小集体的归属感，其人际关系特点是亲密无间、相互信任、守望相助、默认一致、服从权威等，即所谓的熟人世界”[②]。美国社会学家查尔斯·罗密斯将滕尼斯的“社区”（community）概念引入了美国。对美国人来说，“社区”是一个积极的、具有包容性的、易于理解的词，它被用以形容一个物理空间、族裔化地方或意识形态的场域。在社区中，人们为促进共同生活的改善而和睦聚居。[③] 本文中的社区指的是聚居在一定地域范围内的人所组成的社会生活共同体[④]，即所谓作为场所的“社

---

① 本案例来自“基层传播理论与方法”课程作业，作者为北京大学新闻与传播学院硕士研究生王芷嫣，这里做了一定的修改。

② 详见〔德〕斐迪南·滕尼斯：《共同体与社会——纯粹社会学的基本概念》，张巍卓译，商务印书馆2019年版。

③ 赵克、陈凯：《美国社区报实操指南：无以复加的当地化》，南方日报出版社2014年版，第1页。

④ 赵弢：《“社区报”在美国社区治理中的作用》，《社会治理》2016年第3期，第141—148页。

区”，由此形成了“社区报”的概念。

（二）美国社区报的定义

美国传播学之父威尔伯·施拉姆认为，“传播”（communicate）与“社区”（community）拥有共同的词根绝非偶然。没有传播，就不会有社区，没有社区，也不会有传播。因此，“传播是社区形成的前提条件，没有信息的沟通和交换就不会形成社区共同体”①。人类传播作为社会成员相互沟通、了解的过程，天然地同社区建设联系在一起。根据美国报业编辑协会的定义，美国社区报通常是指经过发行认证的日发行量在 5 万份以下，不少于每周 1 期也不多于每周 4 期，广告不超过 70%，50%以上的内容都是自采并且关于本社区的，服务于城市中的社区读者，强调其归属性和认同感的报纸，它在新闻、专栏、体育以及广告等方面的报道，都带有明显的本地色彩。一种更为宽泛的社区报定义应该不仅是指服务于某一地理概念的社区的报纸，也是指服务于以种族、宗教、理念、兴趣为纽带的社区的报纸。

二、美国社区报的历史由来

社区报的历史贯穿美国报纸的历史。16 世纪，在欧洲殖民者发现美洲大陆时，这里还是一片广袤的原野。随着从沿海到内陆的不断开拓，小农场和小集镇陆续涌现，这些“新兴地”的开拓者通常会把本地报纸视为重要的基础设施之一。进入 20 世纪以来，美国实现了工业化，开始了城市化高速发展的时代。芝加哥城市社会学派认为，城市是由众多高密度、高异质性的人口组成的居住地。城市化使人们的交往和联系方式发生了质的变化。一方面，人口众多导致了个体的变异性、亲密性关系的相对匮乏，城市居民对邻里和居住地的情感依恋度日渐降低，多样性引起空间进一步分离。另一方面，高人口密度破坏了个人生活需要的正常空间及与之相连的“私人”感情，不断增加的城市社区居民超过了人们可以相互认识的临界点，居民间的关系日益疏远和冷漠。此外，现代大城市形成了移民集聚区，在这些集聚区里，外来

---

① 郑晓迪：《美国社区报运行机制及其启示》，《中国编辑》2019 年第 3 期，第 87—92 页。

移民处于完全的隔离生活状态。个人和个人组成团体，由于在情感上相互远离，他们完全生活在相互依存的状态中，而不是生活在感情亲密的状态中，因此社会控制的条件发生了很大变化，其难度也大大增加。

传播学者则从传播的角度，找到了社区治理问题的症结所在，提出了传播学的解决之道，即社区的形成与传播之间有直接的关系。早期的美国社区报多被称为“乡村周报”或“家乡报纸”，服务于小规模的社区和乡村。社区报自 19 世纪以来，一直在城市大报和主流学术界的视野之外安静地发展、壮大、被收购或被出售、合并或升级[①]。第二次世界大战后，随着城市化的发展，都市社区报逐渐替代乡村报成为社区报的主流。1961 年，美国北卡罗来纳大学教堂山分校新闻学教授肯·科尔利出版了《社区新闻》(*Community Journalism*)一书。在书中，他用“社区”取代“乡村”，正式提出了“社区新闻”这一概念，将“社区意识”作为报纸存在的理由，后被业界广泛接受。从 20 世纪 60 年代至 90 年代再到 2001 年，美国社区报一直在不断增多、成长、繁荣和兴盛。“9·11”事件以及随后的经济萧条使得这一发展有所减缓，但即使在经济低迷时期，社区报的表现也远远好过大城市的新闻报。21 世纪开始后，社区新闻再次焕发生机，随着城市日报的缓慢消亡，人们重新对本地事物产生尊重及渴望，社区报凭借在经济危机中极强的抗风险能力，以及对新社交媒体环境的灵活适应，重新获得了全美新闻界的尊重和重视。

三、美国社区报的优势特征

作为一种连接社区的纽带，社区报在美国几乎所有的城市包括郊区都发挥着重要作用。在我们的印象中，美国报纸的主角经常是全国性大报，然而社区报才是这个国家的心跳，占据着美国报业九成以上的份额。社区报之所以成功占据主流，大致是因为它有如下几个优势特征。

(一) 小而美好

“小”是美国社区报的核心特征，即小发行量、小人物、小范围、小规模

① 陈凯：《走进美国社区报》，南方日报出版社 2011 年版，第 1 页。

等。在社区，出版人、记者、读者构成了一个利益共同体，他们都生活、工作在这里，大家都希望这个共同的“家”每天都能够宁静、温馨而美好。其中一条黄金法则是，让普通人的名字和照片出现在报纸上，而且要一一注明姓名，绝对不能出现拼写错误的情况，否则马上就会接到投诉电话。这与美国高度强调个体价值的文化息息相关，在这种文化中，每个人都是独一无二的个体，不可替代，值得被铭记。

与城市大报相比，美国社区报在对象、题材、量级、内涵等方面都存在很大的差异，彰显了其小而美好的特征。社区报的报道对象是特定的社区居民，城市大报的报道对象为发行区域内的受众；社区报的报道范围是与特定社区有关的新闻，城市大报则报道世界范围内具有新闻价值的事件；社区报从本社区角度报道、解读新闻事件，城市大报则从本地区角度解读新闻事件；社区报的报道题材为当地新闻，城市大报的报道题材则为重要新闻；社区报的新闻价值衡量标准为相关性，而城市大报的新闻价值判断标准为重要性。总的来说，社区报的报道对象就是特定社区中的人和事，不求报道的“大”，“小”才是它的优势。比如，与一份覆盖五个行政区七所学校的地区性报纸相比，报道范围较小的周报对所在区域的报道显然更加透彻和深入。

美国北卡罗来纳大学教堂山分校新闻与大众传播学院赵克教授指出：美国97%的报纸都是小型报纸，约为7202种，而城市大报仅为165种，占3%；另外，社区报拥有9620万读者，是大报的三倍有余。[①] 总体而言，在美国，民众接触最多的报纸就是社区报，作为“小报”的社区报才是这个国家的“心跳”。

（二）本地优先

对于社区报来说，相关性超越重要性成为首要报道原则，即“本地优先”，这意味着本地故事总能在社区报中获得最佳版面。尽管在读者定位、报道主题、发行量等方面有所不同，但几乎所有的社区报都有一个共同的特点，即它

① 赵克、陈凯：《美国社区报实操指南：无以复加的当地化》，南方日报出版社2014年版，第16—17页。

们的视角、关注点和新闻价值判断标准都以本土利益为驱动。[①] 经验丰富、内容真实、值得信赖的美国社区报对与人们生活息息相关的事件进行详细报道,编辑的信条便是为了让读者把故事带回家,找不到当地视角,再大的事件也不值得被报道。

人们渴望被接纳和包容,渴望成为一个实体社区的一部分,成为社区中有责任感的公民。作为个人,他们渴望和需要首先在自己的家乡得到认可、重视和倾听。然而,一个城市很难成为一个社区。与一个小地区相比,城市虽然有能力提供许多产品与便利设施,但很难让它的居民感受到被接纳、滋养和珍视。

因此,在大都市中,分散的各类小型“社区”,从少数族裔到不同性取向群体聚居区,每个团体都渴望构建自己的身份,都会出版为各自利益代言的社区报,在主流媒体的触角无法深入的地方,社区报以一种亲密包容的方式阐明和强化了各自社区的核心价值观。[②] 当报纸将本地新闻置于首位时,它在向社区释放一个信息:“你是重要的!”这种肯定与民众接收到的大城市媒体的信息完全不同,大城市媒体向小地方民众传递的信息通常为:“你是边缘化的!”因此,社区报通过加强本地新闻报道茁壮地成长。

(三)社区建设

以培养社区归属感和促进社区建设为宗旨是社区报占据美国报业主流的重要因素之一。社区传媒是社区建设中的重要基础设施,也是建设社区的关键所在。美国社区报几乎存在于每一个村庄、城镇、城市街区,不论是缅因州的周刊,还是北卡罗来纳州的半周刊,再或是加利福尼亚州的小型日报,都普遍拥有一个共同的、不可言喻的、超越单纯利益层面的目标,即服务社区,以树立、培植、增强和鼓励“地域感”等一系列手段建设社区,而本地媒体正是驱动社区建设这列火车前行的原动力。[③]

---

① 赵克、陈凯:《美国社区报实操指南:无以复加的当地化》,南方日报出版社2014年版,第35页。

② 同上书,第34—35页。

③ 陈凯:《走进美国社区报》,南方日报出版社2011年版,第1页。

社区报能广泛存在于美国各地的根本原因在于，它并不是不接地气的理想主义式的公益模范，对于美国报人来说，社区报的首要功能是服务社区，然后才是营利。作为重要的社区机构，美国社区报一直将社区利益和社区建设放在首要位置，与居民保持零距离，注重报道的准确性并敢于承担责任，把聚光灯照射在社区中的每一个普通人身上，日复一日持续地记录居民的点滴成就与荣耀，从而形成了居民之间情感的纽带，使每个居民都能感受到自己是社区中不可或缺的财富、做出的贡献是可以被看见和珍视的。这种信号有利于形成居民的社区归属感，促进公共参与。当居民成为受益人时，他们就会愿意付费订报，有了“眼球”效应，广告商也会跟风而至，从而实现良性循环。如果一份社区报纸以营利为第一目的，根本不考虑社区的公共利益，那意味着报纸和读者之间的和谐关系走到了尽头。

（四）权益维护

美国社区报的功能主要体现为三方面。

第一，舆论监督。美国社会对媒体的期待之一便是帮助公民监督当地的政府，美国社区报可以更直接、更近距离地履行“第四权力”的职责，代表居民时刻监督当地政府运作和当地行政官员的行为。比如，每个公民都可以要求政府做到清廉，社区政府的采购和各类花销都必须清清楚楚地在媒体公示，并向大家交代税费是如何使用的。当地方政府表现得好时，社区报与之的关系便很融洽；反之，当地方政府出现治理问题时，社区报就会行使舆论监督的权利。第二，社区参与。社区报可以帮助居民介入社区事务，搭建公共讨论空间，信息透明和公开有助于公民更积极有效地参与对社区活动和公共事务的讨论；社区报使社区居民通过信息联结起来，居民可以充分发表观点，由此形成的意见对于建设生态社区具有很重要的作用。美国社区报也承担着消息传递的职责，社区报可以深入社区内部，得到社区居民的认可，如果社区需要居民参与公共事务，也会通过社区报向大家传达消息。第三，发声渠道。美国社区报是公民分享意见的公众论坛，它创建了一种“对话的公民文化机制”，通过信息透明、权力制衡、不断调整实现民主治理。对于社区报主编而言，最珍贵的莫过于读者来信。

综上所述，社区报之所以能占据主流地位，是因为美国文化重视个体。美国人要求其所消费的产品能够让自己感觉到被承认、被肯定，体现自我价值而且具有紧密的关联。与城市大报相比，社区报在满足人的基本需求方面表现得更加卓越，比如对社区的认同和归属感、零距离所带来的积极而真切的互动效应、对人际关联的强化等。尤其是在当下，社区报在人文主义新闻中所扮演的角色变得比人们想象得更加重要和影响深远。

四、中国社区报的探索

（一）中国的社区研究

社区研究在中国开始于 20 世纪 30 年代美国芝加哥学派学者帕克来到燕京大学讲学，费孝通等人在这次交流中将“community”译为“社区”。也正是因为这次国际学术交流，当时的中国社区研究深深地打上了芝加哥学派的烙印，即对地域的强调。目前，社区是指聚居在一定地域范围内的人们所组成的社会生活共同体。这一概念弱化了作为社区根本要素的情感，而强调物质形态，所以中国社区建设在初期更多着重物质的硬件建设。当这种建设进入饱和期时，逐渐出现了一些问题，如居民的社区公共事务参与度不足①、积极性和归属感不强②，邻里互动较少，社区的共同体色彩淡化等③。

（二）中国社区报的发展阶段

中国社区报萌芽于 2004 年，但发展较为曲折，大致经历了三个阶段。第一阶段为 2004 年至 2005 年。21 世纪初，都市报的同质化竞争使市场呈现困顿境况，社区新闻逐渐进入报业视野。2004 年 1 月，经国家新闻出版总署批准，《新文化报》更名为《巷报》，中国第一张全面市场化的社区报诞生，开启了中国社区报的发展元年。但由于《巷报》在报纸内容设置、发行方式方面逐渐偏离其差异化定位，虽然打着“社区报”的旗号，却仍按照都市报积累下

① 黄荣英：《我国城市社区参与不足的一种理论解读》，《求索》2010 年第 3 期，第 83—84+39 页。

② 同上。

③ 桂勇、黄荣贵：《城市社区：共同体还是“互不相关的邻里”》，《华中师范大学学报（人文社会科学版）》2006 年第 6 期，第 36—42 页。

来的经验逻辑运行，保持着做大做强的固有观念，继续做综合性报道，因此最终停刊。2005 年，《法制晚报》《新京报》等都市报推出自己的社区新闻版，也无一幸存。

第二阶段为 2007 年至 2009 年。2007 年 3 月，上海第一张获得国家新闻出版总署批准的独立刊号、公开发行的社区周报《新民晚报社区版》正式创刊。但在这一阶段，中国大城市社区报的探索也并不令人满意。社区报可以成功发展的重要前提是居民拥有社区归属感，但在大城市，脱域社区和“睡城”社区比比皆是，在这样的社区很难培养读者忠诚度。[①] 而《新民晚报社区版》与上述《巷报》之间有相似之处，即虽然冠以“社区”之名，却依然以大发行量为卖点，因此尽管它进行了一定的探索，也没有能够进一步发展。前两阶段的试验是在没有理解社区报的实质的情况下开始的，自此之后，中国报业对社区报的态度逐渐趋于保守。

第三阶段为 2009 年至今。经过此前的试错，社区报对社区媒体的盈利能力有了理性的期待，对赢得读者忠诚度和市场认可的困难有了足够的心理准备，逐渐在坎坷发展中摸索出了一条符合传播规律且具有中国特色的独特路径。对社区报相对理性、坚实的探索始于经济发达、社会建设走在全国前列的珠三角一带。2013 年，广州日报报业集团开始开发社区报，利用主报优势对周边市场进行充分挖掘，其最核心的特征是市场化和小城镇化。选择小城镇的原因在于，在小城镇，媒体资源严重缺乏且广告和新闻竞争不太激烈，小城镇地理位置相对独立，而熟人社会的特性使居民具有较强的归属感，人们对地域广告和新闻的需求相对较大。

总体而言，虽然很多报业集团都创立了社区报，但大多仍是顶着“社区报”名义的都市报，其在覆盖范围、报道范围和发行量等方面都以“大”为主。因此，中国社区报仍然处于探索进行时状态。

（三）中国社区报的路径探索

互联网技术的快速发展给美国社区报的生态环境带来了冲击和挑战，线

---

① 李国臣、戴满香：《在中国办社区报——〈珠江时报〉系列社区报“媒体型服务业”的探索》，南方日报出版社 2016 年版，第 16 页。

下用户流失、广告收入下滑、重建读者群体难等是美国社区报亟须解决的关键问题，美国社区报通过超本地化的社区新闻、构建虚拟社区和打造多元化的商业模式等途径释放出了新的活力。[①] 但与美国社区报着重解决的问题不同，中国社区报要解决的可能是社区感建构的问题，即本土化问题。不能简单地套用美国的社区新闻经验，也不能照搬照抄，而要检验和剖析美国社区报的实践经验，通过改进、接受、塑造，最后形成具有中国特色的社区报。目前，中国社区建设的基础尚待增强，居民的社区归属感不强，居民之间的互动不足，居民主动参与社区建设的意识也不够强烈。可以借鉴美国社区报的经验，注重社区报内容的本土化、地方性和关联性；以服务居民为出发点，关注地方新闻，提升居民的参与积极性。[②] 再者，可以通过社区传播促进社区建设，编织人际网络，促进社区居民之间的互动交流；积极利用互联网技术实现跨越式发展，从单一的信息传播转向综合的社区服务，将人际网络和意义网络关联起来，从而构造出真正统一的社区网络。[③]

近年来，中国越来越重视社区建设，普通民众在社会中的角色愈显重要，社会结构呈现向扁平化发展的趋势，与之相配的是信息横向而非垂直的流动，要更多依靠与民众的平等对话。在基层，如果想实现居民自治，需要很多部门有意识地协同培养。社会治理的重心下沉到社区，居民需要知晓身边发生的事。而社区报是当地政府与居民之间沟通的重要渠道，在社区建设中发挥着黏合作用。[④] 因此，社会良性发展需要媒体的辅助，媒体应针对社区的特征和社区建设的需求进行转型，如发行量由多变少，报纸数量由少变多，报道主体和范围以社区内的人和事为主。要在小范围内实现群体间对话的理想状态，让居民可以发声，可以充分表达意见。居民权益得到充分保障，才能够有效地参与社区公共事务。综上，中国社区报的发展路径探索应从表面转向

---

① 王海涛：《变局中的社区报——美国转型实践与中国本土经验》，《中国出版》2019 年第 3 期，第 67—69 页。

② 郑晓迪：《美国社区报运行机制及其启示》，《中国编辑》2019 年第 3 期，第 87—92 页。

③ 王海涛：《变局中的社区报——美国转型实践与中国本土经验》，《中国出版》2019 年第 3 期，第 67—69 页。

④ 郑晓迪：《美国社区报运行机制及其启示》，《中国编辑》2019 年第 3 期，第 87—92 页。

深层，从硬件拓展到软件，不盲目追求利益，在落脚于地域范畴的基础上，注重人际情感关联，拉近与读者的距离，用心服务居民读者，发挥舆论导向作用，提升公共生活建设能力。①

五、结语

美国社区报的首要功能是服务社区，它以构建社区共同体为理念、以高度的地方化新闻内容为目标进行社区新闻的采集和发布，以期实现社区居民与社区新闻的紧密关联，通过信息透明、权力制衡、不断调整实现民主治理和民主协商，充分保障居民的个人权益，促进社区民众对公共事务的关注和讨论，既增强了社区居民的归属感，又有效促进了社区建设和发展，还推动了社区报自身的茁壮成长，成为美国报业的中坚力量。中国的社区及社区报研究起步较晚，且发展曲折，但是可以从自身实践和美国社区报实践中汲取经验和教训，创办具有中国特色的社区报。如应从服务居民出发，注重新闻内容的本土化、地方化和关联性，力争让发行量由多变少，报纸数量由少变多，报道范围由大变小，以关注社区内的人和事为主，为居民提供表达意见的渠道，保障每一个居民的权益，促进社区报与居民和谐共处、信息互通；另外，还要积极利用互联网技术实现社区网络的构建，积极促进社区建设。

思考题

1. 什么是芝加哥社会学派？其主要的研究主张是什么？
2. 西方学者在早期是如何界定“社区”概念的？
3. 燕京社会学派的研究是如何对芝加哥学派的理论进行本土化的？

---

① 任浩：《美国社区报研读启示：让大众在社区听到国家的心跳》，《中国记者》2015 年第 9 期，第 125—126 页。

第四章　基层传播与乡村建设

本章提要

20世纪二三十年代，伴随着五四新文化运动的影响，中西方理论思潮相互激荡。面对世界经济危机对中国的深刻影响，许多知识分子开始关注和转向研究乡村问题，通过政治、经济、社会和文化等层面的乡村建设来思考中国的出路。一些社会学家将西方社会学中的“社区”概念与中国的乡村结合，把乡村发展、乡村现代化作为实现中国社会变革的核心。本章主要梳理以梁漱溟、晏阳初等为代表的民国乡村建设的实践探索，对晏阳初在河北定县的乡村建设实践和梁漱溟在山东邹县的乡村调研案例进行介绍。民国时期乡村建设运动的兴起基于深刻的历史背景，这种以知识分子下沉到乡村、成立专业化的乡村建设队伍来推动乡村发展的模式，生成了乡村建设的中国经验，也是基层传播的重要类型。

20世纪以来，城乡差别、城乡区隔是讨论中国问题的核心框架，乡土成为思考中国的核心议题，是中国作为第三世界国家从传统向现代转型中面临的普遍性问题。1911年的辛亥革命使得中国成为亚洲地区比较早进行现代民主革命的国家。辛亥革命之后，紧接着发生了第一次世界大战，直接催生了十月革命与苏联，第一个社会主义国家的出现对中国产生了重要的影响：

社会思潮开始从学习日本和西方转向认为苏联的发展路径更符合当时的中国国情。1929 年的世界经济危机对中国经济产生了沉重打击。美国的经济危机波及中国，使得当时中国沿海地区出现了第一次乡村产业的凋敝。在这种背景下，一些知识分子开始关注中国乡村，并认为解决中国问题的核心是乡村问题。民国时期的乡村建设运动是中国乡村发展的重要经验。

第一节　乡村建设运动与发展传播学

五四新文化运动之后，现代知识分子开始走向民间、走向乡村。一是进行社会调研，用现代社会科学的方法研究中国社会，如费孝通等社会学家把乡土作为中国社会的缩影；二是以晏阳初、梁漱溟等为代表的乡村建设者通过不同的路径探究乡村现代化的经验，晏阳初倾向用欧美现代化的方法改变中国乡村的“愚贫弱私”，而梁漱溟则倾向用传统中国的自救来回应现代化所带来的破坏性。

20 世纪的历史中有三种不同的对乡村的理解或对乡村道路的探索。第一种是现代化视角下的或者是发展传播学视角下的，其以城市代表现代自由，认为乡村是落后、愚昧、封建的，这样的乡村是“他者”。这是启蒙视角下的乡村。第二种是反现代视角下的乡村，即认为城市是堕落的、异化的，乡村是淳朴的，是诗和远方，是高度自然化的。这一观点主要体现为在文化产业的背景下，大众流行文化所生产出来的乡村景观基本上是高度自然化、浪漫化的景观。第三种是以乡村为主体的乡村景观，即认为乡村不是他者而是一个有人、有社会的空间。这样一种以乡村为视角的乡村景观和中国革命的历史密切相关。

20 世纪二三十年代，中国兴起乡村建设运动，这是一种发端于民间的、由胸怀救国之志的知识分子所领导的、采用非激进的和平手段的社会改良运动。到 20 世纪 30 年代中期，乡村建设运动达到高潮，在山东、山西、河北、河南、江苏、湖北、湖南、广东、广西、云南、四川等 19 个省几十个县的成千个乡、村展开。民国乡村建设运动缘起于民国时期的特殊历史背景。由于晚清政府对农村社会的压榨与破坏,在当时的农村,社会萧条衰败,农业生产方式粗放,农民尚不能解决温饱问题,除却经济的落后,还出现了文盲众多、卫生不良、陋习盛行、公德不修等现象。更为严重的是,20世纪二三十年代,中国农村水旱灾害频发,受灾面积广阔,受灾人口众多,加之国家政治秩序动荡,军阀战乱频繁,匪患遍地,广大农村陆续成为内战的战场和土匪侵扰的对象。

雪上加霜的是,20世纪20年代末的世界经济危机深度影响了在世界经济体系中处于弱势地位的中国。由于中国的进出口结构是以出口农产品和工业原料、进口工业成品为特点,因此外国资本主义的入侵深刻冲击了中国乡村的经济体系,广大的中国农村开始发生变化,自给自足的小农经济开始解体,中国经济逐步被卷入资本主义的市场。在内忧外患的情况下,社会各界开始寻求中国乡村的新出路。

中国乡村建设的历史可以追溯到1904年米鉴三、米迪刚父子在河北定县翟城村创办的"村治"规划:创办高等小学、女子国民学校、女子高等小学,开展民众识字和公民教育。受到西方"地方自治"思潮的影响,清末"新政"颁布了《城镇乡地方自治章程》,它首次触及地方自治议题,相继引发了一系列乡村自治运动,翟城村治、山西村治就是其中的典型案例。这一批村治运动以兴办教育事业、发展村庄经济、改善乡村公共卫生、改良乡风民俗以及共同保卫和灾荒救济为主要内容。1914年,米迪刚从日本留学归国,根据日本地方自治的经验,他提倡进行翟城村治,并认为村级社区的机构足以成为乡村社会的新基础,中国社会改良主义须从村治入手。1915年10月,翟城村自治公所成立,设村长主理自治公所一切事务,设村佐协助村长工作,另设股员若干人及书记一人。庶务股管理教育、保卫、户籍、劝业、慈善、土木、卫生、征兵、记录及其他不属于财务股的一切事务。全村分八个自治区,各设区长一人,掌管区内事务。另外,公举学务委员一人,负责督察村内义务教育的实施。由村长、村佐及各股股员、各区区长组成村会,讨论、议决关于自治的重要事务及村民的一切建议事项。除此之外,米迪刚还创建了中国历史上由民间创办的第一个村民互助合作社"因利协社",服务于乡村经济发展。

20世纪20年代末30年代初,在国民党统治区,乡村建设运动如火如荼。

这一运动主要呈现为两个不同的层面：首先是南京国民政府主导进行的乡村建设。尝试对省级以下的政权进行调整，力图重组农村社会。通过公开考试选拔县长，在区乡一级，通过培训农村治理专才来取代土豪劣绅进行农村社会管理，但遭到了地主阶层的强烈抵制。南京国民政府成立农村复兴委员会，开展农村合作运动，通过调剂农村金融、信用、运销、生产来复兴农村经济，以维持农村的安定以及税收的来源，巩固自己的统治。农村复兴委员会内部设置经济、技术、组织三个组。经济组主要负责农村金融和农产品价格调整；技术组的主要任务是改良农产品，增进生产，并设法满足技术上的种种需要；组织组倡导在农村中建立自治组织，通过开展村民教育、卫生、文化、宣传等工作，培育专门的农村实用人才，为农村建设提供人力资源和技术保障。其次是地方割据时期地方政府主导下的乡村建设。张作霖在东北出于开辟利源、扩充实力的需要，鼓励移民活动，制定移民政策，调动农民的生产热情，为发展农业设置了各种农事机构、农业试验场，开展农产品展评以资观摩，推广先进生产技术，等等。阎锡山在山西推行"六政三事"政策。"六政"是提倡水利、种树、蚕桑、禁烟、剪发、天足，"三事"是种棉、造林、畜牧。桂系军阀李宗仁在广西健全村公所组织，修筑乡村道路，加强农业生产，改良农村风俗，大搞农村清洁卫生，等等。

第二节　乡村建设的试验区

面对国家政治动乱、社会黑暗、经济凋敝的状况，一批受过西方教育、胸怀爱国热情的知识分子，从不同的角度提出了解决农村、农业改革与建设问题的各类措施和理论，以梁漱溟、晏阳初、陶行知、卢作孚等为代表的一批民国知识分子则是这场乡村建设运动的主要领导者，他们也对应着不同的乡村建设模式。

一、晏阳初与河北定县实验

晏阳初，原名兴复，又名遇春，字阳初，四川省巴中市人。1910 年在成都中学毕业,次年考入香港圣保罗书院(香港大学前身),后转入美国耶鲁大学,主修政治经济,1918 年毕业,获学士学位。1919 年入普林斯顿大学研究院,攻历史学,获硕士学位。1920 年晏阳初留美回国后,即开始组织开展平民教育运动。1923 年 8 月,中国平民教育促进会(简称平教会)在北京成立,时任中国国务院总理熊希龄的夫人朱其惠及陶行知、张伯苓、蒋梦麟、张训钦、蔡廷干、周作民、陈宝泉、周贻春 9 人为董事,同时朱其慧为董事长,陶行知任董事会书记,晏阳初任总干事并主持工作。① 晏阳初主持开展了以"平民教育"为核心的一系列改革运动。

1926 年,晏阳初将河北定县农村作为中国基层社会改革和乡村建设的试验区,依据现代社会调查的科学原理、方法和技术,进行系统性的社会科学调查,通过文艺、生计、卫生、公民四方面的教育改革,综合运用学校式、社会式、家庭式三种教育方式,推行了政治、教育、经济、自卫、卫生、礼俗六大建设整体实施的乡村建设方案。1929 年,试验区扩大为整个定县,随后平教会总部也由北平迁往定县。晏阳初认为,要进行研究就需要一个试验场所,定县是一个很好的选择。定县是一个典型的华北城邑,拥有 40 万人口,恰是当时中国人口的千分之一。中国幅员辽阔,当时由 1900 个县组成,如果以县为单位,其中的问题就易于处理了。同时,因为中华民族是一个在文化、生活和组织上统一的民族,所以在一个地区发现有用且可行的规划,一般来说,在其他地区也将是行得通的。

晏阳初认为,中国真正最大之富源不是煤,也不是铁,而是三万万以上不知不觉的农民,要把农民发展起来,培养起来。他们有力量自动地起来改造,改造才能成功;自动地起来建设,建设才会生根;自动地起来运动复兴民族,民族才有真正复兴之日。启发农民的智慧也就是"造人",造人必须有造人的教育。平教会在定县的试验工作的目的就在于:深入民间,根据一般人的生活需要,继续不断地创造新民教育的内容;根据一般人的生活习惯,继续不断地制定新民教育的方法;根据社会的演变,民族的进展,继续不断地创制新

① 熊杰:《晏阳初与中华平民教育促进会》,《中国档案》2021 年第 12 期,第 86—87 页。

民教育的方案。在深入调查的基础上，平教会逐渐认识到，困扰农民的主要问题为“愚贫弱私”四大问题，即“四大疾病”。针对这“四大疾病”，他们鲜明地提出“扫除文盲、再造新民”的口号作为定县试验的纲领。为实现这一目标，要相应地开展“四大教育”，即以文艺教育治愚、以生计教育治贫、以卫生教育治弱、以公民教育治私，与此同时采取“三大方式”，即学校式教育、社会式教育和家庭式教育，从而培养出有知识力、有强健力、有生产力、有团结力的“四有新民”。

改造乡村的前提是认识乡村，晏阳初认为农村建设的工作必须靠具体的方案，而具体的方案必须以事实为依据，因此定县调查就是定县试验的一个重要组成部分。1930 年，定县社会调查工作分为实地调查和资料整理两类。其中，包括六种实地调查：(1)全县各村概况调查，共计调查 382 村；(2)土地分配与农产调查，共计调查 134 村；(3)家庭手工业与工厂调查，共计调查 134 村；(4)乡城与乡村店铺调查；(5)生活费调查，调查 123 户农家一年内各项收入与支出数目；(6)物价调查，包括 34 类、500 种。包括四种资料整理：(1)整理全县各村之概况调查；(2)整理统计城内、三关及中一区之挨户人口调查；(3)编辑整理所搜集的定县秧歌 48 出；(4)继续整理东亭乡村社区内 62 村之资料。[①] 这一阶段的调查涵盖了历史、地理、政治、教育、家族、人口、宗教、风俗、道德、交通运输，以及农产物种类、数量和种子、肥料、果品、森林、畜牧、蚕业、家庭工业、农场大小、佃租制度、农产买卖等乡村生产生活的方方面面。

定县调查收集的资料极多，仅仅整理出版成专著的就有《定县社会概况调查》(李景汉，1933)、《定县秧歌选》(李景汉、张世文，1933)、《定县经济调查一部分报告书》(李景汉、余其心、陈菊人等，1934)、《定县赋税调查报告书》(河北省县政建设研究院，1934)、《定县农村工业调查》(张世文，1936)等。李景汉、张世文等还根据定县调查撰写了《实地社会调查方法》(李景

---

① 参见宋恩荣编：《中国近代思想家文库——晏阳初卷》，中国人民大学出版社 2013 年版，第 96—120 页。

汉,1933)、《农村实地调查经验》(张世文,1932)等具有调查方法总结性质的学术论著。此外,各种期刊上刊载了大量专题性的相关研究报告,如《定县土地调查》《定县农村借贷调查》《定县农村经济现状》《定县人民外出谋生的调查》《定县民众负担之分析》《定县输入各国货物的调查》《翟城模范村村治之成绩》《定县大王褥村人口调查》《定县大西涨村之家庭手工业调查》《五百一十五农村家庭之研究》《定县农村织布工业》《定县农村的木厂》《定县摇会的研究》《河北省定县之田赋》《河北省定县之田房契税》《河北省定县的牙税》《定县的新年娱乐》等。

晏阳初在定县平民教育中推广了七大教育,以教育为基层传播的理念,把外来的、现代性意识推广到了基层乡村。这七大教育分别是:(1)文艺教育,即从文字教育与艺术教育着手,使人民能运用传递智识之工具,促进文化生活,对自然环境及社会生活有相当的欣赏和了解。一方面推广平民文学,包括文字研究、平民文学研究、课本编辑、平民读物编辑、平民科学教育等,另一方面推广戏剧、图画、音乐、广播无线电等艺术科学教育。(2)生计教育,即从农业生产、农村经济、农村工业各方面着手,教授和训练农民生计上的现代知识和技术,以增进其生产,倡导和推进副业的发展,帮助农民组建自助社、合作社、合作社联合会和农民合作银行。(3)公民教育,即培养民众的团结力、公共心,使他们无论在任何团体中,皆能努力成为一个个忠实而有效率的分子。(4)卫生教育:一方面实施卫生教育,使人人为健康的国民,以培养其身心强健的力量;一方面创建农村医药卫生制度,以节省各个农民的医药费用,改进今日医药设备的分配状况,以促成公共卫生环境的改善。(5)学校式教育,即各所学校都针对学生年龄阶段特点,运用了灵活多样的教学方法,为了让农民获得生产和农业技艺,教学方法是按一年中节令时间,安排植物生产、家畜殖育、农村工艺及合作训练的教学次第进行训练的。(6)社会式教育,即在地点、时间、教材、组织各方面,都可随时因地制宜、因人设施,完全根据乡村的生活教育与需要,比学校式教育灵活得多。(7)家庭式教育,即组织各家的家主、主妇、少年闺女、幼童分别集会,研究家庭的实际问题,改良家庭日常生活习惯。

定县乡村平民教育试验率先将平民教育从城市推向了农村，把西方近代社会科学的研究方法引入了我国教育领域，并进一步推动了知识分子投身乡村建设。晏阳初和平教会在定县的社会试验及其取得的宝贵经验，不仅在中国乃至世界教育史上具有重要地位，而且对中国乃至世界上许多发展中国家的农村教育与乡村建设的理论和实践具有重要的影响。

二、梁漱溟与山东邹平县建设

梁漱溟，原名焕鼎，字寿铭，广西桂林人。20世纪二三十年代，梁漱溟在广东、河南、山东均进行过乡村建设的试验，其中以1931年至1937年山东邹平的试验最为成功。晏阳初和梁漱溟都强烈地意识到了农村对于中国社会至关重要的作用，而对农民的教育则是改造中国农村、建立中国现代文明的核心。梁漱溟主张基于中国传统文化复兴的乡村建设。1931年，梁漱溟来到山东省邹平县，创办了山东乡村建设研究院和《乡村建设》半月刊，开始开展乡村建设试验。梁漱溟认为，中国农村日益破败的原因在于中西文化之间的冲突，西方文化的入侵迫使中国人抛弃了自家根本的固有精神，搅乱了社会之间固有的礼俗秩序与组织构造。为了救活旧农村，中国人应当在中国文化的“老根”上培育“新芽”，创造新文化。

与以往在河南的做法不同，梁漱溟用“乡村建设”代替“乡治”，并把工作重点放在研究和试验之上，成立了山东乡村建设研究院。乡村建设中包含两个意思：一因乡村被破坏而有救济乡村之意；二因中国文化要变而有创造新文化之意。梁漱溟认为，西方是个人本位主义社会，是自由竞争、阶级对立的社会，是工业发展、城市发展而农村破产的社会。中国则是伦理本位、职业分立的社会，是人本社会、“礼让”的社会。他将旧社会构造的崩溃归咎为民族自救的向上精神与一味追求西方“粗野”文化的向下趋势之间的矛盾。他认为，中国不能走西方的靠自由、靠法律的路，效仿西方民主宪政的道路走不通，只能依靠中国的固有精神，即“礼俗”。因此，所谓乡村建设，就是要建设新的礼俗，建设新的社会组织构造，即以合为主而非以法为主的社会组织。这个新组织即对中国古人所讲的“乡约”的补充和改造。“乡约”指的是宋朝吕和叔所创造的邻里乡党，其四大纲领为德业相劝、过失相规、礼俗相交、患难相恤，这也是梁漱溟的乡村建设核心理念的来源。梁漱溟的乡村建设的主旨是“团体组织”和“科学技术”：“团体组织”即把分散谋生的农民组织起来，主要形式是组织合作社，“科学技术”即改良农业品种、提倡植树造林等。其总的口号是“大家齐心向上，学好求进步”，“大家齐心向上”是指提倡团体精神，其中，“向上”是指道德礼俗，“求进步”是指生产技术和良好风尚。

梁漱溟在山东邹平县的社会试验主要包括以下几个方面的工作。

一是广泛开展社会调查。从 1932 年到 1935 年，先后进行了 6 次大规模的社会调查活动，内容涉及农村经济、教育、医学疾病、人口、治安等，摸清了邹平县农村社会的情况；编写了《邹平概况调查》《邹平实验县户口调查报告》等系列材料。乡村服务指导处通过专职导师巡回指导、发函、《乡村建设》杂志刊载报道等形式，指导乡村建设工作的开展。

二是利用乡学、村学，开展乡村教育。在梁漱溟的主张影响下，邹平县的整个行政系统实行机关教育化，以教育力量代替行政力量。梁漱溟将邹平县传统的 7 个行政区取消，按地理、习俗等，将全县划分为 14 个乡，乡以下为自然村庄。取消乡镇公所的自治组织，替为乡学、村学，乡学、村学既是教育机关又是行政机关，乡与村的百姓统称为学众，以培养民众新的政治习惯。梁漱溟通过“村学乡学须知”，来要求大家各尽自己的义务，使自己的行为符合伦理情谊。村学中设立儿童部、妇女部、成人部、高级部。高级部多集中由乡学来办。成人部的课程包括识字、懂礼、讲解农业科学知识。为了改进民风民俗，提倡新道德，邹平农村还成立了“乡村改进会”和“忠义社”等群众性的道德组织，清除了那些在个别村或乡的“落后而有害的习俗”，提倡男人打拳、女人放足，提倡男女平等受教育，开展卫生扫除，强调戒私斗、戒染毒等。

三是进行农业改良，发展乡村合作经济。山东乡村建设研究院根据县内的自然经济情况，划南部山区为林业改进区，划北部为棉业改进区，进行农业改良，聘请了专业人员指导凿井，疏浚了杏花沟。县政府颁布了《凿井贷款暂行办法》，对要求凿井而款不足者，予以无息贷款，大兴水利建设。1935 年 7 月，试验县政府成立合作事业指导委员会，以发展乡村合作经济。到 1936 年底，共成立各种合作社307处，包括棉业运销合作社、蚕业合作社、林业合作社、信用合作社等，尤以棉业运销合作社为最佳。全县棉业运销合作社达到156处，社员达到3826人。

四是创办邹平县卫生院，开展乡村卫生事业。山东乡村建设研究院与齐鲁大学医学院合作，划邹平县为公共卫生试验区，建立卫生院，训练农村卫生员；并在各乡建诊疗所，1936年改为卫生所，负责治疗疾病、预防接种、学校卫生和卫生教育。卫生院和卫生所承担的主要工作为：疾病诊疗、妇婴卫生、学校卫生、传染病防治和卫生教育。医院办院方针是"诊疗与卫生并重"，除免费为群众治病外，医院还做了大量的社会卫生工作。如为了向群众宣传卫生知识，医院特设陈列室一间，摆列有关卫生的挂图、模型等，以便参观；不管是病人来院就诊，还是医生出诊，在治疗疾病的同时，医护人员都会细细地向病者解说患病的原因以及预防的方法等。除此之外，卫生院还在1934年10月举行了卫生运动展览大会，展览大会包括总务、展览、讲演、编辑、电影、戏剧、国术（指武术）等小组。

五是举办展览会，推广农业科学技术。山东乡村建设研究院在每年秋后会征集各种优质农产品，举办展览会，展示、推广新良种及新技术。共举办了3次农产品展览会。第一次于1931年11月5日至8日举办，地点在山东乡村建设研究院内，共展出田艺、农艺、家庭工业、农具、畜产品等展品2800余种，参观人数为46 060。第二次于1932年10月25日至27日举办，展品征集范围扩大到山东旧济南道属26县及河南部分地区，展品6000余种，参观人数超过57 000。第三次于1933年秋后举办。展览会期间，有专人给农民们讲解了"病虫害讲义""农业改良浸种法""土壤改良"等。

另外，卢作孚还推行了以开办实业为核心的乡村建设活动。1926年，卢作孚在重庆创办民生实业股份有限公司。翌年，他主持四川省江、巴、璧、合四县特组峡防团务局，同时着手进行以巴县北碚乡为中心的乡村建设试验。卢作孚认为，中国应当被建设成为一个现代国家，而国家的现代化需要以乡村现代化为基础。乡村现代化是现代生产方式和现代生活方式的统一，现代生产方式即开办大工业，用工业解决一切生产问题、政治建设和文化建设问题，现代生活方式即破除中国旧文化。卢作孚在《四川嘉陵江三峡的乡村运动》一文中对乡村建设进行了规划。在经济方面，开办矿业工厂以及农场、果园、森林、牧场等农牧业，建设发电厂、炼焦厂、造纸厂等工业，还有轻便铁道、汽车路以及电话、电报、邮政等乡村交通和通信事业。在文化方面，发展实用的生物研究、理化研究、农林研究、医药研究、社会科学研究等研究事业，发展实验小学校、职业中学校、完全大学校和图书馆、博物馆、运动场等教育事业。

总结来看，民国乡村建设运动呈现出以下特点：(1)知识分子引领。乡村建设运动与知识分子的积极带领和推动有着密切关系，而且许多民国乡建派的活动家大多具有留洋经历，如晏阳初、陶行知等曾留学于美国，受到西方地方自治思想的影响，并尝试将其与中国农村基层实际相结合。(2)注重发展教育。晏阳初强调乡村建设从本源上看就是以复兴农村为途径，最终救济民族，而实现这一目标的关键在于对人的改造，因此乡村建设的重要工作就是改造人的大脑，发展教育，开办学校，培育本地人才。(3)重建农村组织。现代组织建设也是乡村建设运动的重要方面。梁漱溟认为，近代以来中西竞争之中国失败的原因之一就是缺乏团体组织，卢作孚也直接宣扬要通过创造现代的物质建设和社会组织，最终实现国家的现代化。此后，农村组织建设以及平民教育的思想在中国共产党早期基层治理中也得到了体现。

第三节　案例分析：基层传播与公共卫生宣传

基层传播与公共卫生宣传[①]

——以解放战争时期晋冀鲁豫根据地为例

一、序言

2020年暴发的新型冠状病毒肺炎疫情，是一场全球性公共卫生危机。

---

① 详见张慧瑜：《基层传播与公共卫生宣传——以解放战争时期晋冀鲁豫根据地为例》，载北京大学新闻与传播学院编：《多元语境下的健康传播》，北京大学出版社2022年版，第187—208页。

中国在疫情防控上取得了举世瞩目的成绩，其中比较重要的原因之一是，中国采取了联防联控、群防群治的举措，尤其是做好了社区防疫和基层防控的工作。这种深入基层的治理方法，是中国政治和社会管理的特殊经验，既与自上而下的行政化的基层管理制度相关，又与作为执政党密切联系群众的工作方法即群众路线有关。尽管在市场化改革中，原有的高度组织化的单位制逐渐向商品化的社区制转型，但行政化的基层管理依然是中国社会治理的重要组成部分，并且借助驻村干部、送文艺下乡、送科技下乡、送医下乡、脱贫攻坚等制度化的手段，缩小了城乡二元格局之间的差距，让基层也能分享更多文化、医疗、教育、发展等公共资源。这种朝向基层的制度逻辑来自 20 世纪 20 年代以来中国共产党所进行的根据地建设经验，正是通过对基层的动员和社会改造，中国革命、社会发展可以聚集起人民的力量。本文从“基层传播”的概念出发，研究解放战争时期晋冀鲁豫根据地的公共卫生宣传，以晋冀鲁豫根据地机关报《人民日报》中关于卫生、防疫、医疗制度的报道为主，探究在贫瘠、落后的农村地区进行公共卫生宣传的中国经验。公共卫生工作不只涉及健康、医疗、救助，也与社会治理、现代化发展等问题相关，尤其是，中国等第三世界国家需要建立一套适合农村地区的低成本、高覆盖的公共卫生制度。这些在战争状态下形成的公共卫生措施，既为穷苦百姓提供了基础的医疗保障，又缓解了农村缺医少药的状况，这些历史有助于理解新中国成立以来的公共卫生制度，也是健康传播的中国经验。

二、基层传播的概念

基层传播是指发生在基层空间里的传播行为，是在 20 世纪中国政治、社会变革过程中形成的新闻传播理念。基层传播借助基层化的媒介进行基层动员和社会建设，如黑板报、宣传栏、壁报、标语、歌咏比赛、广场舞、爱国卫生运动、垃圾分类宣传等都属于基层传播的范畴。一方面，这个概念可以把 20 世纪发生过的新闻经验描述出来，尤其是在像中国这种第三世界（发展中）国家，其中传播媒介更加主动地参与经济、社会建设，扮演着发展传播学的功能；另一方面，基层传播也可以用来研究和分析当下时代建构社区文化和乡村文化建设的经验，如县级融媒体改革、网络基层空间治理、乡村文化振兴等。基层传播的历史经验起源于中国共产党在根据地时期对农村、偏远地区的战争动员和文化社会建设。在物质匮乏、技术落后的背景下，根据地采用"就地取材"，如刷标语、黑板报、油印小报等方式，通过基层化媒介来深入基层，对文化水平不高的群众进行宣传和教育工作，让普通群众不仅成为基层媒介的阅读者，也成为媒介生产的参与者。正是这些扎根于基层单位的文化传播手段使得非现代化的、非都市的群众主体在战争中完成了文化启蒙，从愚昧的、落后的状态变成理性的、有行动力的主体。①

在西方传播学中，社区传播研究社区空间的传播现象，如美国社区文化中的社区报传统，社区本身是西方社会学研究的基本单位。"基层传播"与"社区传播"有相似之处，其区别在于，这两个概念来自不同的历史脉络："社区"与西方发达国家的现代经验有关，"基层"则是中国现当代历史中形成的概念，联系着第三世界（发展中）国家的经验。在中国古代文献中，基层主要是指亭台、楼阁等建筑的底层。在20世纪二三十年代，基层用在社会学和政治学中，指一个组织的底层，如政党的基层组织或者乡村的基层政治等。1927年，毛泽东在江西三湾村改编了秋收起义中失败的军队，实行"支部建在连上"的组织机制，自此深入基层、管理基层就成为中国共产党在历史发展中形成的传统，也根本改变了封建社会"皇权不下县"的状态。从根据地到新中国成立，"下基层""服务基层"成为官方话语的重要组成部分，"密切联系群众""从群众中来，到群众中去"的群众路线被作为基层工作的基本方法。

在中国近现代历史上，一般把1927—1949年描述为中国革命的根据地时期。从1927年上井冈山开辟第一块根据地开始，中央苏区（中央革命根据地）的苏维埃实践经过战略转移、被迫"长征"，在抗战前夕落脚陕北，建立陕甘宁根据地，再到抗日战争时期开辟晋察冀、晋冀鲁豫等华北根据地，最终在解放战争时期以根据地为核心取得全国胜利。面对城市的、现代化的敌人，根据地通过机动灵活的游击战和深入的群众运动，实现了敌人由强变弱、我

---

① 张慧瑜：《触摸二十世纪的基层传播文化经验线索》，《社会科学报》2020年2月13日，第6版。

方由弱变强的转化。[①] 根据地不局限于占领固定的空间，而是在流动和机动中完成了实力的保存和力量的积聚，这是一种去空间化的、反空间化的政治、社会实践。根据地是发展游击战的基础，没有根据地，只有军事上的游击战，是无法以弱胜强的，而根据地的巩固又需要依靠社会改革和文化动员，才能深入基层和组织群众。根据地斗争的特征在于：第一，根据地是流动的和机动的空间，根据敌我力量的对比，根据地的边界处于一种流动的状态中；第二，根据地将游击战争和社会建设并重，在组织军事斗争的同时，组织民众进行社会建设；第三，各根据地的权力高度分散，充分发扬了不同根据地的本土特征，它们与中央的关系是统一的，又是分权的。在根据地建设过程中，以报纸为代表的党媒发挥着重要的基层传播的功能。

抗日战争时期，晋冀鲁豫抗日根据地是与晋察冀抗日根据地、陕甘宁抗日根据地并列的三大边区之一。1937 年抗日战争全面爆发之后，中共中央北方局、八路军总部命令八路军 129 师到太行山地区，在冀鲁豫平原开拓了晋冀鲁豫抗日根据地，其大致地理位置是津浦路以西，石德路、正太路以南，同蒲路以东，陇海路以北，形成了横跨河北、山西、山东、河南、江苏五省的抗日根据地。[②] 面对外部强大的敌人，通过游击战、群众运动的方式创建根据地，让敌后根据地这一高度流动的临时空间成为保存实力、发展生产的地方，就需要文化宣传来启蒙、动员广大群众成为根据地建设的主体。

1946 年 5 月 15 日，晋冀鲁豫抗日根据地机关报《人民日报》创刊，截至 1948 年 6 月 14 日停刊，共出版 746 期。1948 年 5 月 9 日，随着解放战争的进行，晋察冀抗日根据地和晋冀鲁豫抗日根据地合并，成立华北局和华北军区。晋察冀的《晋察冀日报》并入晋冀鲁豫的《人民日报》，《人民日报》成为华北局机关报，承担中共中央机关报的职能。1949 年 3 月，《人民日报》跟随党中央进入北京，正式升级为中共中央的机关报。研究者一般把 1946—1948 年的《人民日报》称为“晋冀鲁豫《人民日报》”，作为一份服务于根据地时期

---

① 孙歌：《根据地哲学与历史结构意识——竹内好的毛泽东论》，社会科学文献出版社 2014 年版，第 228—255 页。

② 齐武：《晋冀鲁豫边区史》，当代中国出版社 1995 年版，第 1 页。

的党报,它带有鲜明的时代特色。党报与商业化报纸对新闻的理解不同,对新闻的一般理解有两种:一种是新近发生的事情,一种是对新闻的深度报道或挖掘新闻背后的故事;前者是消息,后者是特稿或深度报道。《人民日报》中大量的稿件,用今天的新闻标准来看,似乎不像是一般的新闻报道。但在当时的历史背景下,这些"不是新闻的新闻"——主要是关于村庄的工作经验、群众运动、纺织运动、组织春耕、冬学运动、技术推广等方面的报道——却构成了当年中国共产党新闻事业的主要形态。这些报道不是"新"发生的事件,而是与根据地的"新政权"的地方治理、农业生产、工业生产相关的"新"实践,目的是把目前的大政方针、生产建设的方法、模范事迹等与基层干部、老百姓分享。这种对地方经验、在地经验的重视,与红军时期开始的扎根基层、动员群众的传统是一致的。在这个意义上,晋冀鲁豫《人民日报》有点像平台化媒体,把不同的地方经验呈现出来,让新闻媒体参与、介入社会治理,这也是一种有中国特色的发展传播学。

从晋冀鲁豫《人民日报》的报道中,可以看到很多用于基层传播的媒介形式,比如黑板报、壁报、门板报、幻灯片等,这些都是基层化的媒体。正如每个教室后面都有一块黑板,这块黑板就是与班级生活密切相关的基层媒体,如果黑板被放在教室外面,就变成了宣传栏,很多农村的村口或者村中心也有宣传栏,这些都是最简便的基层媒体。晋冀鲁豫抗日根据地还发明了一种"门板报":"门板报就是每到宿营地,便竖一块门板在部队集结场所,收到稿子,经审阅修改,不管是三角四方破皱纸张,只要写了就贴上去。因为要求低,能写就写,不会写可画画。现实性强,通常昨天的事今天早饭时就可在门板报上看见。"①门板本来是固定在门框上的木板,在华北农村地区非常常见,在战争状态下,门板被拆卸下来,用作行军床或者担架的木板,而门板报则让门板成为可以移动的媒体,既方便携带,又非常实用。这就是在游击战争中创造出来的一种流动的"自媒体",媒体的介质就地取材,节约了成本。根据地时期还有很多流动话剧演出队,承担着动员、宣传职能,如"活报剧"

① 康健:《前线部队的新创造——门板报》,晋冀鲁豫《人民日报》1947年4月29日,第4版。

是一种跨媒介实验，用戏剧来演“活”的报纸，把新闻变成了没有阅读能力的老百姓也能看懂的戏剧。另外，宣传工作对于游击战非常重要。红军建立“支部建在连上”的制度之后，每个基层单位都有宣传员，宣传也不只是专职宣传员的职责，每一个干部、每一个士兵都是宣传员。比如有一篇报道是，担架队借住在百姓家里，通过给老乡打扫卫生、把水缸挑满水等行为获得了群众认可，这些都是群众工作，也是宣传工作。

在以农村为主的根据地办报纸，报纸如何发行以及老百姓如何读懂报纸就成为重要的问题。除了借助代办所、乡邮站、报站等农村通信网，《人民日报》还依靠其他组织化的方式深入村庄和连队。晋冀鲁豫军区副司令员滕代远所写的《人民日报是人民的报纸　纪念人民日报一周年》一文中指出：“进一步发挥人民日报的领导作用和帮助其克服实际的困难，是全区党政军民共同的责任和义务。我觉得第一个问题是如何让我们的人民日报普遍深入各个区域，深入村庄和连队，由于交通困难，报纸及时传递至各个辽远的地区是困难的，唯一的办法是有效的将人民日报的稿件组织到各地方报纸上去；第二是组织人民，特别是干部普遍阅读和学习人民日报，共产党员，人民解放军的指战员阅读和学习党的机关报，并将报纸向群众宣传乃是无条件应该作到的。各级领导干部应经常检查这一工作的执行，这是领导者本身的责任和义务；第三是组织广大群众为人民日报写稿，经常反映人民当前斗争中的业迹和典型。也要有系统的暴露反动敌人的罪恶。这也要求领导者及领导机关，首先动手和亲自动手，我们应该表扬和学习营长李文波同志写作的精神。”①这里提到了三种《人民日报》的发行方式：一是把《人民日报》的稿件转载到各地方报纸，来扩大阅读面，这需要充分发挥地方报纸以及基层媒介的功能，也就是在基层创办报纸、宣传栏等传播手段，是一项重要工作；二是组织干部和指战员通过读报、开会的方式向群众宣传、解释《人民日报》，这也是一种群众了解报纸的方式；三是组织干部和人民群众为报纸写稿，通过写稿，一方

① 滕代远：《人民日报是人民的报纸　纪念人民日报一周年》，晋冀鲁豫《人民日报》1947 年 5 月 15 日，第 1 版。

面把基层的、在地的经验呈现出来,供其他地方学习和参考,另一方面写稿本身提升了自身介入社会事务的能力。这些都是在农村地区用组织化和群众路线的方式,来提升报纸发行量和扩大阅读面的有效路径。

从这里可以看出,基层传播具有三种社会功能:一是媒体工作服务于社会生产,工农业生产技术和经验的交流通过媒体来实现;二是在基层工作中重视媒体的作用,充分利用黑板报、标语和宣传栏,在基层建立各种形式的"自媒体";三是强调群众参与基层媒体和宣传活动,群众是基层媒体内容的生产主体,具体表现方式为基层通讯员、群众写稿等。上述基层传播在根据地治理中的实践,就是"基层传播"这个概念的历史来源。20 世纪 90 年代随着中层理论的兴起,根据地研究也从革命史、现代化史主导的范式转向了社会史和文化史,对基层治理、文化建设、经济等问题进行了深入的讨论,其中,医疗、防疫、卫生也受到重视,有了一些相关研究。本文从基层传播的角度研究公共卫生宣传的一些特色,主要基于以下几个原因。第一,宣传是一种社会治理,卫生、防疫也是社会治理的一部分;第二,公共卫生与生产宣传结合起来,形成了以劳动者、生产伦理为主的传播制度;第三,流动诊治、流动诊所/医院、卫生巡疗队等制度不仅是基层医疗新机制,同时也是移动的宣传队;第四,在医药制度方面,提倡自力更生,充分挖掘了中医的资源。另外,宣传、诊治和药材在重视专业化的医务工作者的基础上,都坚持了群众路线,开展了群众动员。这些也都是有中国特色的健康传播的历史经验。

三、公共卫生宣传与社会治理

近代以来,现代卫生理念跟随西方传教士进入中国,与卫生相关的一系列关于健康、身体、科学、医学等现代性话语也开始影响传统中国。"卫生"不只是指医学、疾病等病理学的概念,也是一套现代性的治理术和现代价值,在这个过程中形成了中医与西医、国学与西学等一系列中西二元价值对立的理念。民国时期,西医/现代医学成为国家现代化建设的组成部分。20 世纪二三十年代,在乡村建设运动中,除了文化扫盲之外,现代卫生理念成为改造乡村的重要内容。与之相平行,井冈山、苏区等红军根据地也把医疗作为军事后勤和地方治理的组成部分，一是战争救治的需要，二是为了把包括卫生在内的现代观念传播到落后的农村地区。在残酷的游击战争中，红军也建立了随部队流动的医院和药厂，抗日战争时期出现了两种医疗卫生制度：一是建立流动医院，而不是固定医院，尤其是在国际友人白求恩的帮助之下建立了适合战争状态的游击医疗制度；二是通过群众路线充分发挥老百姓的力量，把伤病员分散在老百姓家里进行医疗救护，以及动员百姓组成担架队，帮助运送伤员。这些都成为根据地时期最为常见的医疗卫生制度。本文研究晋冀鲁豫抗日根据地《人民日报》中的公共卫生宣传，涉及三个问题：一是把公共卫生宣传与社会生产结合起来；二是流动诊疗所满足了基层群众在地就医的需要；三是药物生产采用就地取材的方式，节约了医疗成本。这些制度机制既能满足老百姓的基础医疗保障需要，又节约了现代医疗制度成本（管理成本和就医成本）。

（一）内嵌于生产的公共卫生宣传

毛泽东在与《晋绥日报》编辑人员的谈话中说道："报纸的作用和力量，就在它能使党的纲领路线，方针政策，工作任务和工作方法，最迅速最广泛地同群众见面。"[①]也就是说，党报的基本功能是成为党与群众沟通的平台，是把党的纲领、方针政策向群众传达的中介。在根据地时期，除了军事斗争、政治斗争，在社会和经济领域，生产是核心问题，因此党报高度重视生产问题，出现了为了生产、服务于生产的生产宣传。

"生产宣传"来自晋冀鲁豫《人民日报》中的一篇报道——《有声有色的北流村的生产宣传》报道了北流村促进大生产所采用的多重宣传手段。这是一篇典型报道，其"典型"意味包含两个层面：一是把个案、地方经验树立为典型，登报就是一种对典型的表扬和认可；二是借助报纸来推广一种模范经验，供其他地方来学习。树立典型以及对典型的宣传是党报介入社会治理的重要方式。这篇报道提到了三种生产宣传的媒介——大众黑板报、广播筒和综合文娱演出。

---

① 毛泽东：《对晋绥日报编辑人员的谈话》，《新闻实践》1997年第9期，第9页。

第一是大众黑板报，“大众黑板报在北流真正做到了群众办报。全村三块黑板报，两天换一次，稿子还登不完。许多工作是通过大众黑板的表扬和报导而活跃起来的”①。黑板报是根据地时期在农村发明出来的一种基层宣传媒介，一方面把承载教学功能的黑板转变为具有传播功能的黑板“报”，另一方面把教室内部的黑板转移到室外的墙上，成为群众阅读的平面媒体。②黑板报的特点有三个：一是制作简单、成本便宜；二是深入基层内部，成为普通群众触手可及的基层媒体；三是群众成为作者，黑板报是实现群众办报的中介。

第二是广播筒。广播筒也是一种简易的广播媒介，相比于报纸、黑板报等以文字为主体的传播方式，广播的优势是可以用声音、口语这种更通俗的方式实现传播。群众把黑板报和广播筒结合了起来，“凡是登出的稿子，都要由广播筒广播一次使不识字的人也能不出户而知天下事”③。同时，广播筒还能迅速指导生产活动。“就象在四月底一夜落雨二、三指，第二天群众还有等待继续落‘透雨’的思想，这时生产委员会，便抓住王文记趁垧赶种的活事实，广播台号召群众趁垧种棉。大家一听广播种棉，纷纷扛犁拿耔，完成了五百余亩的棉花下种。随时广播成绩，表扬模范，效力也特别大。赵记良大队经过广播，全队感到光荣，生产劲头提高，自动召开小组长联席会，研究如何更进一步推动生产。”④

除上述两种媒介之外，还有综合文娱演出，也就是群众参与的文艺演出活动。这些演出活动通常与村里的生产运动相结合，以戏曲、短剧、快板等人民群众喜闻乐见的艺术形式出现。“一般的十天一次，结合着村里生产运动的短期计划和总结，用广场的歌舞短剧快板等形式出现。内容大都是从本村

① 尚枫、江河、东魁：《有声有色的北流村的生产宣传》，晋冀鲁豫《人民日报》1947 年 6 月 8 日，第 4 版。

② 田中初：《黑板报："全党办报、群众办报"的一种实现方式——以中国革命根据地实践为视界》，《新闻与传播研究》2008 年第 4 期，第 38—39 页；李文：《群众办报思想的重要实践基础——黑板报》，《新闻知识》2008 年第 3 期，第 64—66 页。

③ 常江河：《黑板报与广播台　农村来信之二》，晋冀鲁豫《人民日报》1947 年 8 月 15 日，第 4 版。

④ 尚枫、江河、东魁：《有声有色的北流村的生产宣传》，晋冀鲁豫《人民日报》1947 年 6 月 8 日，第 4 版。

生产运动中的各个侧面，收集典型的模范人物，模范事迹编成短剧、快板、花戏等，由小学生和一部分青年男女，登台作简单表演。小学生在课外游戏时间准备，青年男女也是闲时自编自唱，象最近编演的‘旱种小花戏’和‘突击下种的对话歌舞’，因为中心明确，短小活泼，都博得群众好评。”①传统艺术形式与广播这种“新媒体”结合起来，形成了综合文娱类广播节目，不仅极大丰富了广播内容和群众的娱乐生活，而且充分调动了农民的劳动积极性，“上报纸”“滚圪筒”“登登场”②成了老百姓引以为自豪的光荣事件。这种丰富多彩的宣传文艺活动依靠的是群众的宣传组织，如“宣联会”，这使得宣传、文化在落后、贫瘠的农村也能开展、发展起来；同时依靠的也是动员群众和组织群众进行“自事自编，自唱自乐”的自助式文化创作与参与机制。

公共卫生宣传也与百姓的生产活动结合了起来，把卫生、医疗的理念融入生产宣传。在 1947 年 4 月 15 日的《人民日报》中有这样一篇报道《黎城东关骡马大会　群众买了四百牲口》。这一篇新闻是关于“黎城东关旧历二月初十的骡马大会，以时事教育为重心，树立人财两旺发家致富的思想，通过这次大会，调剂了农具”。从这篇报道中可以看出，在“骡马大会”中设了“生产、卫生二馆”：“小学教员结合医生共同进行宣传，各高初小剧团、鼓词队共九个单位以小花戏、广场剧、扭秧歌进行宣传，四百五十张传单，顿时抢完了。群众挤拥到卫生馆，猛看见画着斗大的五大害虫——蝇、蚊、虱、蚤、臭虫——和疟痢等几十种传染病图，一个个都注视着追问到底：养小孩怎样接生，怎样才能防止病的传染。生产馆内最显著的有两轮大纺车，刘仲景的纺织小型合作，靳玉良的植棉经验，杨仲和的种靛技术，一个五十多岁的老汉，看到种棉图时抢着说：‘怨不得咱去年没捉住苗儿，原来咱去年种的有点太深了，后来出来几根也没有去打杈，秋天花圪桃就没有开好，今年咱可得照那靳玉良的

① 尚枫、江河、东魁：《有声有色的北流村的生产宣传》，晋冀鲁豫《人民日报》1947 年 6 月 8 日，第 4 版。

② “上报纸”“滚圪筒”分别指个人事迹被报纸、广播当成典型报道并传颂，“登登场”指当中表演娱乐节目。根据《有声有色的北流村的生产宣传》报道，这些媒介形式在北流村产生了广泛而深刻的影响，形成了“上报最光荣”“人人都愿滚圪筒”“各个都想登登场”的积极氛围。

种花办法去执行哩!'妇女们看到大纺车,就亲自抽纺一纺,一个老太婆说:'这车一天就纺一斤多花,俺回去也叫木匠给做一个。'"①

骡马大会是北方地区农村经常出现的牲畜交流大会,骡子、马也是北方农村重要的牲畜。从这篇报道中可以看出两种媒介使用的转化。第一种是"旧瓶装新酒",借用骡马大会作为乡村牲畜交易的形式,植入生产和卫生的理念,借机推广先进的纺织技术和卫生观念,使得骡马大会这个"旧瓶"装入了新的内容。第二种是"中西合璧",生产馆、卫生馆是一种起源于西方工业时代的展览会的传统,借举办展览会来呈现西方最新的科学、工业技术,带有西方中心和殖民主义的色彩,这种新的展览形式被挪用到农村的骡马大会,从而实现了把西方的形式与中国的传统结合起来的效果,不仅让群众了解了五大害虫的危害、接生、预防传染病等公共卫生知识,而且推广了纺织合作、植棉经验、种靛技术等生产理念。这种公共卫生推广是一种内嵌于农业生产的宣传策略,借用骡马大会的旧形式,贴合了农村的实际情况。

骡马大会不仅可以进行生产、卫生宣传,也能够进行文化交流。有一篇报道是新华书店利用骡马大会来开设"流动书店",用这种方式推销新的图书和知识。"华北新华书店为扩大读者群,利用……骡马大会,派人担去书籍文具开设流动书店,得到群众热烈欢迎,翻身农民争购通俗读物,儿童们买课本、纸笔等。总计两次售出十万余元的书籍。最近该店正准备参加涉县……骡马大会,特为流动书店制备粗布棚,画广告画。该店今后将继续以流动书店方式推销书志,将出版的新书迅速送到读者手里。"②

(二)流动诊疗所:流动的医疗卫生制度

1946年6月14日晋冀鲁豫《人民日报》中一篇题为《加拿大助华总会代表抵邯 盛赞边区卫生建设》的报道描绘了边区医疗卫生状况:"一日分别访问边区卫生局流动诊疗所,天主堂眼科诊疗所及福利托儿所,当日下午由

① 济川、怀良、文显、时顺:《黎城东关骡马大会 群众买了四百牲口》,晋冀鲁豫《人民日报》1947年4月15日,第2版。

② 一山:《新华书店设流动书店》,晋冀鲁豫《人民日报》1947年3月28日,第2版。

边区卫生局朱琏局长陪同前往参观邢台边区国际和平医院总院，暨天主教堂与耶稣教堂附设医院，威县公立医院，临清边区国际和平医院分院等共历时四天。”①从这篇报道中可以看到，边区医疗卫生工作受到了海外的援华支持，在根据地有这样几种医疗机构：受海外资助建立的国际和平医院、天主教堂等宗教力量的附属医院、公立医院和流动诊疗所。总会代表认为，根据地在物质贫乏的情况下，依然做出了很大的成绩：“边区在如此困难的物质条件下，医药卫生工作作出这样大的成绩，衷心表示钦佩。他说，在临清参观国际和平医院时，亲自访问、检查过五六十个伤病员，人人都是精神愉快，面色红润，说明营养很好。他发现这五六十个伤病员中，没有一个人生过褥疮，他十分惊讶，认为这是边区医务工作作得有成绩的说明。”②之所以会取得成绩，是因为根据地所推行的公共卫生制度。其中，比较有特色的就是流动诊疗所，它满足了基层群众在地就医的需要。

《今日的“丛台”　记边区卫生局流诊所》报道了邯郸地区解放后建立流诊所的情况。这篇报道从“丛台”的变化入手，通过“丛台”这一封建时代的贵族遗迹的古今变化对比，即从被日本占领后供日军将领享乐的“丛台公园”到变成“救人活命的圣地”，也就是边区卫生局和流动诊疗所，来论述古老的“丛台”获得了新生。流诊所是一种临时成立的卫生机构，一方面看门诊，另一方面也出诊。“卫生局流诊所迁来邯郸‘丛台’，才不到两个月，却在群众中留下不少的佳话。北门里有个木匠叫胡祥，三月间突然得重病，几乎死去，家里又很穷，急得他年老的母亲整天啼哭，这事被流诊所的医生知道了，自动上门，义务地替他治疗了一个多月，这个木匠现在已不仅能吃饭走动，还能作些轻微的劳作。另外一个油精厂工人，老婆‘羊水’（衣包水）破后一昼一夜，还不能分娩，产妇和家人都焦急得不得了，但又毫无办法，后来听说公家有个流诊所，连忙派人去‘丛台’求助，结果他们得到满意的答复，赵医生连夜赶去，而且直至深夜，卫生局朱局长和刘科长，听说确系难产，又冒

① 《加拿大助华总会代表抵邯　盛赞边区卫生建设》，晋冀鲁豫《人民日报》1946 年 6 月 14 日，第 2 版。

② 同上。

着大雪从‘丛台’赶到西南庄（那是三月下雪最大的一夜），直至产妇安全地分娩后才走，过后每天还派人去替产妇与婴儿洗涤，待产妇完全安全时为止。虽然是这样，流诊所却拒绝接受这个工人的分文药费。”[①]

从这篇报道中可以看出，流诊所是一种流动的诊疗所，有这样几个特征：一是为群众提供送医上门的服务，不是病人到医院，而是医生到病人家中看病；二是费用比较低或者免费治疗，让穷人也能看得起病；三是流诊所还承担着基层防疫的职能，“他们在防疫工作上，四月份与大众医院等合作，替市区及市郊群众（多是小孩）施种牛痘，共四千二百余人。经他们训练种痘手术，发给痘苗给小学教员回去种的，还没有计算在内”[②]。这种流诊所就是一种基层的卫生所，承担着为基层群众提供基本的医疗、卫生服务的职能。流诊所的创新机制在于“流动”。医院、诊所是一种固定的看病、治疗的空间，也是西方现代医学的产物，这是一种适合城市的，并在能承担看病成本的前提下设立的医疗制度。对于农村或者落后地区，这种高成本（建医院、看病等成本）的医疗机制并不适用。在这种背景下，为了满足农村和欠发达地区的医疗需求，机动灵活的流诊所是一种既节约成本，又能满足医疗服务的创新机制。这在很大程度上来自根据地时期的流动医院的尝试。1938 年 9 月，国际友人白求恩在晋察冀根据地建立了一所模范医院，它有正规的手术室、换药室、药房、化验室，还有一台高倍显微镜。病区设在几个大院里，有接待室、值班室。[③] 但是，很快这所医院就在日军的扫荡中被烧毁了，白求恩也意识到，机动灵活的流动医院和流动手术室更适合战争的状态。因此，白求恩编写了《游击战争中师野战医院的组织和技术》一书，分别对卫生工作如何组织，医院建设、机构设置、换药及外科手术如何开展（占全书一半内容），术后如何康复、手术室工作、换药方法，怎样制造使用器械以及一些常见内科病（疟疾、流行性感冒、痢疾、腹泻）的治疗进行了介绍[④]，总结了在敌后游击战中进行

---

① 《今日的“丛台”　记边区卫生局流诊所》，晋冀鲁豫《人民日报》1946 年 5 月 16 日，第 2 版。

② 同上。

③ 冀国钧、张业胜编：《诺尔曼 · 白求恩在中国》，中国协和医科大学出版社 2007 年版，第 49 页。

④ 同上书，第 65 页。

医疗救治的经验。

卫生宣传重视对医生典型和模范的树立，如秦祥云、李克让[①]等。秦祥云(1896—1962)是一名壶关当地名医，以模范医生的身份成为壶关县议员。他推动该县61名医生、56家药店加入了各区村的医药合作社，集中力量为群众治疗疾病。“每当时疫流行，秦先生即组织临时医疗队，分赴各村工作。该县政府以秦先生奔走劳碌，特赠给骡子一头。”[②]这种由模范牵头，以合作社方式整合医疗资源、以流动医疗的方式解决看病难的问题的做法，并不是特例。安泽模范医生李克让等四十二人亦是以旧有的医药合作社为基础，既成立医生参战服务站，又成立参战服务巡疗队，每天自动去找着给病人看病。这种模式为后来的“赤脚医生”在全国的推广提供了参考。新中国成立之后，对于偏远地区、农村、牧区，这种流诊所依然是一种重要的为基层群众服务的医疗制度，其优势在于：一是可以实现医疗资源从城市向乡村转移；二是病人就近救治，甚至医生“自动上门”；三是成本低。这种制度得以成立的前提是，医务工作者成为流动的主体，他们不只是掌握医疗知识的专家，也是实现医疗资源从城市向农村进行“逆向流动”的主体，这只有在人民立场、下基层等特殊的医疗制度下才能实现。

（三）就地取材的药物生产方式

1931年毛主席视察医院，当贺诚同志汇报药品器材仍然缺少时，毛主席说：“这些都要自己动手，解决困难。”在毛主席的支持下，苏区自力更生地办起了中国工农红军医药卫生器材厂，生产急需的药品器材。1934年毛主席在《我们的经济政策》一文中说：“自己织布，自己制药和自己制糖，也是目前环境中不可忽视的。”[③]在这里，毛主席分析了伤病的原因，谈到了药品缺乏的困难，指出在当时苏区物资极端匮乏的情况下，解决困难的办法是依靠自身。这种依靠自身的就地取材方式就是要减少对外界的依赖，立足根据地生

① 《模范医生李克让　奔走前线为群众治病讲解时事》，晋冀鲁豫《人民日报》1946年10月26日，第2版。

② 《简讯》，晋冀鲁豫《人民日报》1946年10月15日，第2版。

③ 参见毛泽东：《我们的经济政策》，载《毛泽东选集》第1卷，人民出版社1991年版。

存环境,发挥自身的造血功能,并在此后逐渐形成了根据地自身药物事业的传统。新中国成立之前的根据地时期,为了实现药材的生产自给,不少医院和卫生队建立了制剂室和采药队。我军最早的制药厂是1931年在井冈山地区创办的中国工农红军医药卫生器材厂。1939年1月,在陕甘宁边区赤水县清水源李家村,李维祯等同志创建了八路军制药厂(八路军卫生材料厂,即现在西安制药厂的前身)。1943年,在山东省胶东牙前县(现牟平区)后垂柳村创建了华东军区的新华制药厂,第一任厂长由胶东军区卫生部材料科副科长刘浪兼任。

在革命战争时期,解放区的医药生产面临药材缺乏、制药设备简陋、敌人的干扰与封锁等困难。尤其是敌人的干扰与封锁,这使得进入根据地的医疗资源远远不足。对于解放区而言,医疗资源关系到解放区战力的恢复能力与人民的健康状态,关系到生产力与生存状态。这种情况也决定了,解放区的医药生产要紧密结合需求:需要什么就生产什么,解决有无问题。这种解决更多是功能层面的解决:一是充分利用民间资源,收集各种民间验方,配置成各种中药;二是自己设计药品器材,利用当时有限的资源研发了许多药品和器材,而非使用更为科学的西药。之所以这么做,一方面是因为当时不具备建立现代西药工业体系的能力,另一方面是因为资源严重匮乏,只能因地制宜,充分利用当地资源,利用当地有利条件来克服困难,创造出生产药材的基本条件。同时,资源的潜力开发也遵循着某种战时共产主义的逻辑,要适应战争环境组织军事化生产,也就是:生产是为了战争的需要,生产的组织管理也必须服从战争环境的要求,一切军事化。工人既是生产者,也是战士;常常一方面生产,一方面作战,遇到扫荡就参与战斗。

战争的严峻局面使得生产药材与培养人才同步进行:学生也是工人,一面学习,一面参加生产;工人也是学生,一面生产,一面学习文化、学习制药技术。这为新中国成立后发展制药工业培养了一批领导力量。革命战区的医药生产是在医药工业极端不发达的情况下起步,适应了当时中共解放区生存发展的需要。更为重要的是,它形成了培养人才的体制。八路军制药厂还开办了制药训练班,计划训练两年,毕业27人,但因急需用人,学员于1940年4

月提前毕业，分赴华北、晋北、晋西南等地区，为各解放区筹办制药厂补充了技术人员。1941—1945年，药科学校成立，培养了三期学员，毕业近80人。除此之外，也培养了干部，储备了一批领导干部和技术干部，例如李维祯、马崇兴、吴补渊、胡嘉漠（留法化学博士）、郭晓霆等。① 在这个过程中，中国医疗体系自力更生的传统逐渐形成，我军各级卫生单位在战争时期这种自力更生，利用当地资源生产自救、创新生产关系、克服药材困难的优良传统，一直保持到了今天。“文化大革命”期间，药厂停产，各医院药房迅速组建小药厂，生产各种急需药剂，保证了必不可少的军需民用，这就是继承与发扬自力更生优良传统最好的见证。

四、群众路线与公共卫生宣传：一种有中国特色的健康传播经验

在中国漫长的革命过程中，形成了将群众路线与公共卫生宣传相结合、有中国特色的健康传播经验。这种形成于革命根据地时期的健康传播经验通过群众路线，将更为广泛的广大民众吸纳成为医疗体系服务的对象。面对数量如此巨大的服务对象，根据地在资源极端匮乏的情况下形成了普惠式的根据地卫生工作传统。

根据地的卫生工作主要由三个部分组成。一是培养专业的医护人员，包括吸收城市医务知识分子、国际友人参与根据地的医护工作，重视专业知识分子的作用。利用专业医务知识分子培训了大量卫生人员，建立了医务技术干部和卫生机构制度，除了专业性，还突出了为人民服务、下基层的面向，弥补了基层现代化的不足，培育了逆向流动的医务工作者，就像流诊所一样，在流动中完成对百姓的救治工作。二是建立机构化的医疗制度，扩大了覆盖面，如新中国成立后建立了四级医疗、防疫制度，使得农村、偏远地区也有了基础性的医疗、防疫设施。乡村有卫生站，县城有医院，并且均包括机构化和公立化的形式。三是筹集药品器材，一方面想尽办法去敌占区购买，另一方面结合中医、药材，土法炮制、自力更生，在不断实践之中提高医疗水平。在

① 金进：《革命战争时期解放区的医药生产》，《中国药学杂志》1986年第3期，第167—169页。

这种背景之下，基层医疗工作不仅非常重要，而且形成了两种基层医疗经验。其一是吸收在地的医护人员，完成了基层、村庄内部的医疗卫生防护的自给自足，如“赤脚医生”制度被认为低成本、高覆盖，是符合第三世界经验的公共卫生制度。其二是把公共卫生工作与群众工作结合起来：一方面，卫生宣传、防疫工作通过群众运动、群众动员的方式，让群众掌握现代卫生理念，包括用标语、宣传栏等方式，深入基层宣传公共卫生理念，对于非现代、落后的乡村来说，这种群众运动式的公共卫生普及可以迅速地实现效果；另一方面，卫生防疫工作也是群众运动的中介，群众运动在公共防疫、打扫卫生的过程中，完成了公共性的赋权和公共意识的培养。

正是在这种背景下，新中国成功消灭了血吸虫病，这是防疫专家与群众联防联治的产物。① 卫生防疫与群众路线结合变成了群众路线的一部分，尤其是医疗卫生方式。正是基于这种立足中国社会发展实际、坚持走群众路线的基层公共卫生与健康传播的经验，中国有了人民生活水平的逐步提升，并在这次新冠疫情中经受住了考验。从有中国特色的健康传播经验的历史发掘来看，其无疑提供了一个从社会发展视角来了解健康传播问题的视角，让人们重新发现了第三世界的维度，从而立足第三世界的现实而非想象来思考“整体健康”。②

思考题

1. 民国初期乡村建设运动兴起的原因是什么？
2. 晏阳初在河北定县乡村建设的实践对你有怎样的启示？
3. 梁漱溟、晏阳初的乡村建设与中国今天的乡村振兴战略相比于有什么异同？

---

① 易莲媛：《“送瘟神”与新中国公共卫生事业》，《读书》2020 年第 10 期，第 3—10 页；易莲媛：《“群众科学”与新中国技术政治研究述评》，《开放时代》2019 年第 5 期，第 63—75 页。

② 王维佳：《社会发展视角下的健康传播——重访 20 世纪“第三世界”的历史经验》，《兰州大学学报（社会科学版）》2020 年第 2 期，第 58—67 页。

第五章　基层传播与国际工业合作社

本章提要

中国的工业合作社模式出现于抗日战争时期，工业合作社尝试建立一种生产自救、工业自救的生产模式。本章以20世纪30—40年代的国际工业合作社运动为例，呈现抗日战争时期国际友人参与中国工业自救的历史经验。这是一段涉及工业组织、工业教育和工业民主等领域的社会实验。

在20世纪中国的基层发展研究中，乡村建设、乡村合作化运动是涉及比较多的领域，相比之下，对工业发展和工业合作化的关注却比较少。这一方面与中国的社会学研究较为关注乡土中国有关，另一方面也与工业生产经常处于不可见和不可感知的状态有关。20世纪30—40年代，在抗战救国的背景下，一批秉持着合作、民主理念的国际友人提出、参与了建立国际工业合作社的运动。工业合作社尝试用一种生产自救、工业自救的生产模式，通过改造经济民主的方式，实现合作互助和互惠，是一种典型的社会型企业，即不为资本和资本家服务，而为社会和社区服务。带有乌托邦色彩的工业合作生产模式是一种涉及工业组织、工业教育和工业民主等领域的社会实验。工业合作社模式为第三世界国家实现生产自主、工业民主化发展提供了珍贵的历史经验。

第一节　抗日战争与国际工业合作社运动

日本侵略者首先侵占了中国的大城市，其中最为发达的现代大城市就是上海和北京，之后沿着重要铁路干线继续侵占沿线城市。当时，上海是中国工业化十分发达的大城市，日军侵占上海乃至沿线一带意味着，近代以来整个中国东部的工业生产的线路遭到破坏，经济重心被迫从沿海向内地转移、撤退，从发达的沿海被殖民化的空间进入广大的中国腹地，进入中国乡村，进入中国最偏远的地区。此时，中国所面临的最严峻的问题就是要另辟蹊径，开展工业自救。中国共产党开始进行抗战动员，提出用工业合作化的方式来推进西部地区的工业发展。抗战时期，中国日常的工业用品基本都是西方的舶来品，自行车被称为“洋车子”，火柴被称为“洋火”，中国当时尚无法生产、无法制造这一类产品。战争爆发后，外国工业品减少，洋纱、洋布很难进入中国，这也为民族工业提供了发展的机会。而采用合作化的方式，组织有生产技能的手工业者聚集在一起进行工业生产，也是当时一种特殊的救亡图存途径。

工业合作社的一大特色是有大量国际友人的参与。“国际友人”是20世纪中国历史当中的一个新现象，具有特殊的所指，并非指对中国友好的外国人，而是指信仰共产主义的，并且切实参与中国社会革命的外国人。与中国工业合作社关系最为紧密的国际友人就是路易·艾黎和乔治·何克，路易·艾黎是新西兰人，乔治·何克是英国人；埃德加·斯诺和斯诺夫人海伦·斯诺也起到了重要作用。这些国际友人与中国共产党的接触多由宋庆龄促成。宋庆龄在民国时期占据一个很特殊的政治位置，她是孙中山的夫人，在国民党当中有很大的影响力，同时又和共产党有密切的关系。国际友人一方面可以进行政治文化的宣传，比如埃德加·斯诺撰写了《红星照耀中国》，另一方面也能提供实际的援助，比如白求恩等提供了医疗帮助、林迈可提供了无线电建设帮助等。

1937年7月7日，日本侵略者发动全面侵华战争。11月12日，中国最大的工业城市上海沦陷，抗战所需的工业物资运输被迫中断，中国70%的工业陷入瘫痪，工厂停产，80万工人失业。1937年底，海伦·斯诺、埃德加·斯诺和路易·艾黎等在中国的国际友人萌发了创办工业合作社的想法，他们撰写相关研究报告，尝试通过英国驻华大使来说服当时的国民政府上层官员，并获得了国民政府的大力支持。与此同时，从事根据地建设的毛泽东、周恩来也支持这种工业合作、工业自救的理念。1938年，在汉口，中国工业合作协会（简称“工合”）成立，宋美龄任名誉理事长。周恩来建议，最好是以一个民间协会的方式来运作工业合作社，不要带有过多的政治色彩。

路易·艾黎是一位非常有影响力的国际友人。他是新西兰人，1927年来到中国，为中国人民的解放和建设事业奋斗了整整60年。刚到上海时，主要在上海公租界消防处任职，在这个过程中目睹了上海租界里中国工人的受压迫状况。与此同时，路易·艾黎也进入了以宋庆龄为核心的进步知识分子圈子，受到共产主义的影响。30年代，路易·艾黎积极参加了在上海的国际性马列主义学习小组，并在国际上撰写了大量宣传中国人民抗日斗争的文章。1938年8月5日，路易·艾黎被聘为“工合”的技术顾问，兼代理“工合”总干事。路易·艾黎受到了美国工业城市底特律的福特工业学校的影响，福特工业学校的本质是一个工业技术学校，主要培训技术工人，帮助他们提高专业水平。

抗日战争时期，工业合作社运动成为失业工人和难民进行生产自救、支援抗战过程中兴起的一股独特的经济力量。工业合作社主要就是以路易·艾黎为领导核心、由国际友人助推形成的一种合作方式。在缺乏外援、外国资本乃至进口产品的情况下，主要依靠民间力量，中国各地县区建立了3万多个手工业和小型工业生产合作社，这既帮助政府节省了资源，也顺带解决了工人失业的问题，他们主要生产最日常的工业产品，如肥皂、衣服等。在工业合作社里，大家一起工作，既互助，也合作，而不实行等级化的管理。路易·艾黎在其自传中提到，合作社的建立应当至少有7个基本成员，每个成员都需要努力生产以偿还贷款。每个成员都有工厂的股权，但是占比不能高于20%。工厂内部会定期举行民主会议，讨论工厂问题和相关决议，工人的工时和工资都由合作社成员共同讨论决定，合作社的口号为“我为人人，人人为我”。[①] 这些构成了工业合作社基本的民主管理和运作机制。

由此，路易·艾黎迅速集合了一批有才干的年轻人，1938 年 8 月，在汉口建立起了中国工业合作协会，当月在陕西省宝鸡市成立了全国第一个区办事处——中国工业合作协会西北区办事处，由卢广锦任第一任书记。当时，陇海铁路西通宝鸡，使得宝鸡成了连接东西部、抗战前线和抗战后方的枢纽。在国民政府开发西部、支援前线的背景下，宝鸡的工业合作社飞速发展。卢广锦推动宝鸡成立了第一个工业合作组织：十几个打铁的工人组成了铁匠合作社，他们一起购买原料，一起推销产品，避免彼此竞争，联合向银行贷款，得到了社会各界的资助。卢广锦组织失业工人和有一技之长的难民进行登记，将他们纳入工业合作社，为他们提供就业机会。同时，他不断在当地进行工业合作社的宣传，不到两个星期，就相继组建了 10 多个合作社。此后，许多小厂的设备被集中到了宝鸡的蔡家坡。三个月后，生产鞋、食品、棉纱、毛毯、毛巾等生活品和军需品的合作社一应俱全。到 1940 年初，工作人员已经由 2 人增加到 372 人。到 1940 年底，工业合作社达到 531 个，社员共计 12 133 人。

从 1939 年下半年起，抗战前线陆续提出大量军毯的需求，但由于原料及运输成本高昂、利润空间小，因此国民党不愿承制，在此情况下，“工合”毫不犹豫地承接了这项合同，并分配给了盛产羊毛的西北区，同时向全国发出了“百万军毯”运动的号召。当生产技术存在问题时，就集中一切人力、物力边做、边改进。整个西北区生产者以军毯生产为核心团结起来，改进业务，过程中还融入了妇女生产，围绕工厂建立起了医院、食堂、招待所、话剧团等附属机构。1939 年，斯诺在访问延安的时候，参观了工业合作社的工厂。这些工厂主要从事军需生产，比如棉衣、军帽，实现了部分工业产品的自给自足，改变了根据地时期工业产品的生产模式。工业合作生产的好处在于，不需要外来大额资金的投资，只需要在机器和建筑方面的少量土地和不动产投资，免

① 〔新西兰〕艾黎著，路易·艾黎研究室编译：《艾黎自传》，甘肃人民出版社 1987 年版，第 98 页。

费或只须支付很少的租金，可以利用简单的、由工人自己生产的机器和工具以降低生产成本。产品通过合作社的方式为当地村民所消费，不存在滞销的问题。这种模式反映了合作社要镶嵌在社区里面，它的产品本身是为社区服务的，不需要销往很远的地方。合作社强调，全体工作人员自愿接受同边区政府其他机构一样的生活待遇，不问资历和能力，一律为每月 5 元的最低工资。这是一种经济民主的尝试，从某种意义上讲，工业合作运动带有社会主义色彩。

以宝鸡市为中心的西北工业合作社支持了全国的抗战。当时西北工业区生产了许多军需产品，包括头盔、棉衣、棉鞋、皮带、纱布等共 40 余种，同时生产了多种生活用品，繁荣了西北经济。这些合作社生产的生活用品满足了大后方人民群众的生活需求，同时产品不用经过长途运输，成本低廉，也提高了工业合作社的收益。工业合作社在成立初期定下了“安辑流亡，生产自救”的目标，安顿了许多难民和失业者，包括伤残军人等，解决了他们的生活和就业问题，起到了稳定社会、改善民生的重要作用。

国际工业合作社运动有三个主要作用：(1)生产自救；(2)经济民主的尝试；(3)建立反法西斯战线。作为一种带有乌托邦色彩的工业生产尝试，它试图建立一种通过改造经济民主的方式，实现合作的互助和互惠，是一种典型的社会企业，即不是为资本和资本家服务，而是为整个社会服务。1941 年之后，这种模式受到国民政府的提防和打压，最终在 1942 年之后走向了衰落。工业合作社运动没落的原因除了国民政府外，还和 1941 年 12 月日本发动太平洋战争有关。日本加紧对中国进行人员、物资、资本的掠夺和经济封锁，使得工业合作社运动很受影响。工业合作社运动虽然衰落了，路易·艾黎却一直留在中国，他终生没有结婚，收养了很多中国孤儿。工业合作社的发展为新中国成立后工业发展的模式奠定了基础，提供了借鉴。

乔治·何克是英国人，是山丹培黎学校的校长，习近平总书记 2015 年去英国访问的时候还专门提到了伟大的英国人民的儿子乔治·何克。2017 年，习近平总书记在给中国工合国际委员会的一封信中写道：“在此，谨向你们致以衷心的祝贺和诚挚的问候！今年是伟大的国际主义战士、中国人民的老朋友、工业合作运动重要发起人、培黎学校创始人路易·艾黎诞辰120周年。艾黎与中国人民风雨同舟，在华工作生活60年，为中国人民和新西兰人民架起了友谊之桥。他和宋庆龄、斯诺等发起成立的工合国际（中国工合国际委员会），为支援中国革命和社会主义建设作出了重要贡献。‘十年树木，百年树人。’北京培黎职业学院以‘手脑并用，创造分析’为校训，心系国家、艰苦奋斗，传承发扬老校长艾黎和何克倡导的职业教育思想，为中国社会主义现代化建设精心培养了大批人才。希望你们发扬传承艾老‘努力干，一起干’的工合精神，积极开展国际文化交流，谱写国际友谊新篇章，为促进世界和平与发展、构建人类命运共同体作出新的贡献。”[①]北京培黎职业学院的校训就是“努力干一起干”，这也是“工业合作”（working together）的一种理念。现在，中国工合国际委员会主席是柯马凯，他的母亲是伊莎白·柯鲁克。2019年，习近平颁发给伊莎白·柯鲁克中华人民共和国“友谊”勋章。她也是北京外国语学院（今北京外国语大学）的外语老师和最重要的英语教育专家之一。

第二节　工业合作与民主化管理

工业合作社与现代资本主义工业生产体系不同的地方在于其民主化管理。这主要体现在两个方面：一是在工厂内部管理中实行一种民主化的管理，其管理者并非高度职业化的、精英化的经理人；二是在工厂内部实行经济民主。

工业合作社是一种小型工厂，规模有限，在所有权的意义上，每个工业合作社成员都拥有相对平等的权利，这种平等的民主意识被贯彻到工业合作社的管理当中，因此它叫“合作社”而非“工厂”。合作社的理念就是“我为人人，人人为我”，这也是海伦·斯诺反复强调的：中国民主化的基石应该以

① 《习近平总书记给中国工合国际委员会、北京培黎职业学院的回信》，2017年4月21日，http://www.wenming.cn/ldhd/xjp/xjpjh/201712/t20171231_4544884.shtml? from=singlemessage，2023年1月1日访问。

工业合作社为原型和范例，每个社员都不是工厂的雇佣劳动者，而是合作社的主人。

合作社具有可参考的管理规范。首先，每个合作社至少需要七个社员，每个社员至少拥有自己的一股，而最多不得超过资本总额的20%。任何情况下，每个社员都只能投一次票。每个工业合作社的社员都有自行决定自己工作时间和报酬的权利，其主席由社员中选出并成为领班。要开例会，由所有社员参与讨论各项计划和问题，对于任何社员的失误，应由全体社员进行批评和裁决。社员可以退股，但只能得到他持有一股的名义价值。开除社员的社籍须经全体社员会议中大多数社员的投票同意。

这些工业合作社均建在偏远的乡村地区，是内置和镶嵌于乡村社会的一种工业生产模式，与工人、农民的生活息息相关，能够迅速向大众传播、普及民主观念。要在农村建立工业合作社，须先考虑选址、选厂，之后培养工人骨干、培养技术人员，将工人组织起来形成一个合作工厂，这是一件复杂的事情。合作社成立后，还需要教导工人如何组织在一起、如何开会、如何研究当地的市场等，这些其实都是非常细致和重要的现代管理和生产的内容。

经济民主是工业合作社最主要的特点。经济民主首先涉及收益平等，在典型的资本主义社会中，人们特别强调政治领域的形式民主，但不会强调企业内部的平等和民主问题，即经济民主。在资本主义社会中，企业像军队一样，是高度等级化的社会组织。在企业内部，并非人人都有投票权，刚刚进入企业的员工处于底层，需要听从上级的安排，上级需要听从总监的安排，总监需要服从总经理，企业是一种高度等级化的、金字塔式的管理机构。从1938年到1941年，是工业合作社运动的辉煌时期，大概在16个省发展建立了2000多个合作社。

在工业合作社运动中，合作社突破了农业合作社这一固有的藩篱，形成了更适应城市的工业合作社，直接带动了15万工人就业。中国工业合作社运动是在抗日战争的大背景下，中国人民和国际友人共同智慧的结晶，对当时中国工业的发展起到了重要的支撑作用，对日后中国的工业发展建设产生了深远的影响。

第三节　案例分析：山丹培黎学校的教学模式与基层传播

山丹培黎学校的教学模式与基层传播①

1938 年发起工业合作社运动时，路易·艾黎、周恩来、史沫特莱、卡尔逊等人在武汉拍下合影。新西兰人路易·艾黎便是工业合作社运动的主要推动者之一，同时也是一所半工半读的新型学校——山丹培黎工艺学校的创办人。学校之所以取名为“培黎”：一是因为艾黎要纪念他的美国朋友培黎，培黎 19 世纪末来到中国，曾在金陵大学任教授，并积极参与创办科技学校和工人夜校，为中国培养了许多科技人才；二是因为要阐明培黎工艺学校的宗旨——为中国的黎明培育新人。②

一、山丹培黎学校的创建背景

“工合”是中国工业合作协会的简称，它的兴盛与世界人民在第二次世界大战前及第二次世界大战中的反法西斯斗争密切相关。1938 年 8 月 5 日，“工合”在武汉正式成立，旋即发起组织了一场以生产自救和支援前线为直接目标的运动，鉴于其在经济恢复和社会整合上的可观成就，学界视其为“经济国防线”中的一个重要链条；但从中国抗战接近结束的 1943 年开始，“工合”的活动迅速地衰落下去。伴随“工合”兴起的工合技术培训和技术教育，实际上构成了中国近代史上一次有组织的技术和产业转移运动，而“工合”在技术培训和教育领域的努力，也成为工合精神在新环境中留存和光大的重要载体③。

---

① 本案例来自“基层传播理论与方法”课程作业，作者为北京大学新闻与传播学院硕士研究生单亚楠，这里做了一定修订。

② 刘国忠：《培黎与艾黎》，《国际人才交流》2020 年第 5 期，第 58—61 页。

③ 曾西平：《从技术转移的角度看工合兴衰》，《科学文化评论》2013 年第 5 期，第 105—112 页。

中国工业合作社运动的主要推动者是路易·艾黎与斯诺夫妇。1927年，艾黎便已抵达中国，并在中国担任消防队长、工厂督察长等职务。在早期的工作中，他接触了包括宋庆龄在内的进步人士，还参与组织了一个马克思主义读书小组，并经常利用职务之便为上海的中国共产党党员提供帮助。斯诺夫妇则在写作《红星照耀中国》的过程中与中国共产党相关同志建立了深厚友谊。抗战爆发后，面对失业工人、伤残士兵的惨状，以及日本侵略者对中国大片地区进行掠夺与破坏的严峻形势，他们决定采取行动，建立工业合作社，以期挽救中国濒临崩溃的经济。

1914年，美国学者、教育家培黎在金陵大学创办农科，此后又在江苏南京和安徽等地购买土地、开辟农场，并在学校附近开办农事试验园作为教学基地。在农科教学中，培黎推行半工半读的制度，就中国农业面临的困难问题做研究，把农业教学和实际生产紧密结合起来，努力造就实用人才。1920年，在得知许多在美留学的中国学生几乎没有进入工厂实习的机会、无法得到实际的工业生产技术锻炼时，培黎到处游说，以为中国学生争取实习机会，并在亨利·福特的支持下，开办了具有半工半读性质的研究生院，专门为中国培养工科技术人才。① 这些受过严格训练的学生在回国后，大都成为当时中国工程界的著名工程师。在抗战中，他们中的大多数人都为工业合作社运动做出了贡献。培黎的贡献，也为后来艾黎在工业合作社运动中建立基层技术教育组织提供了模式借鉴和人才力量。

工业合作社运动在中国发展起来后，在农村和民众中均已产生良好影响，它能改善国民生活，调剂农村物资，也就容易接近民众。在广大民众的支持与信任下，“工合小学”“工合训练班”“社员工人学校”“培黎学校”等基层教育机构纷纷在乡村建立起来。它们都直接或间接推动了国民教育，并帮助许多民众系统掌握了工业技能，从而促进了经济恢复。

---

① 卢广绵等编:《回忆中国工合运动》,中国文史出版社1996年版,第91—92页。

二、山丹培黎学校的创立与发展

1940 年起,工业合作社便开始在全国各地试办技术培训学校,并将其命名为“培黎学校”。在各地试办的培黎学校中,陕西凤县双石铺培黎学校在英国青年乔治·何克的领导下得到快速发展。后受时局的影响,该校 1944 年迁至甘肃山丹,1953 年迁至兰州;1985 年,在路易·艾黎提议下恢复重建。从培黎学校毕业的学生,可以参加“工合”的相关工作,可以到专业对口的合作社当社员;合作社的社员也可以到培黎学校进行深造。基于这些人事关系和业务往来,培黎学校和“工合”自然而然地联为一体。

在课程规定方面,培黎学校的学习年限为两年到三年,除学习基本课程外,学校还附设有各种工厂,学生需要按时在工厂从事实际生产劳动,锻炼自身技能。1943 年,培黎学校的学生人数从 100 人左右增加到 200 多人。1944 年至 1945 年,学校迁至河西走廊山丹时,学生人数也增加到三四百人,附设具有相当规模的工厂六七个,包括机器厂、皮革厂、毛纺织厂、造纸厂、瓷器厂等。山丹培黎学校一直维持到 1951 年前后,培育中等技术人才达六七百人,为日后中国工业的发展储备了大量人才。

在课程设置方面,培训课程包括工业合作的历史和理论、实习、工艺学、国家形势、写作等,后又增加了中文进修课、地理、会计、实用机械、制图、机修、测量、科学种田与工业关系的原理、英语、冶金学、合作原理等课程。这些专业课程与实习实践的结合,为中国工农业的持续发展储备了大量的技术人才。[①] 培黎学校校歌歌词这样概括了学校的办学宗旨和特点,“我们生活/我们学习/我们生活学习在培黎/纺织制革/钢铁机器/工业技术都具备/求知生产不相离/毋自暴/毋自弃/亲爱精诚齐心合力/发扬合作精神/为新中国奠定工业建设的石基”。

在招生对象方面,培黎学校招收的学生大多是合作社的徒工或逃难的工农子弟。培黎学校不但为这些苦难的年轻人提供了学习技术的机会,还为他

① 卢广绵等编:《回忆中国工合运动》,中国文史出版社 1996 年版,第 75—78 页。

们提供了工作实践的机会，让其真正拥有了安身立命之本，既可以维持自己的生活，也可以为国家的发展做出贡献。

在教育体制方面，借鉴培黎在南京金陵大学的办学经验，山丹培黎学校也采用半工半读的教育形式，以促进学生智力、体力的双重发展。学校根据学生年龄大小、进校时间长短，把他们分成若干班级，一半上午上课、下午在生产实习组实习，另一半则相反。[①] 同时，当地还建成了以培黎学校为中心的工业生产和生活体系，从而学校在实现自给的同时，还能为当地提供产品和医疗服务，为在地民众带来先进的工农业生产技术。

在实习工作方面，为了实现理论与实践相结合的办学目标，山丹培黎学校设立了专门的实习工作科目，让学生在专业实习中获得实际技术经验。这些科目的车间包括精纺、织布、印染、造纸、机器复印、制革、缝纫、玻璃制造及工具制造等，类目丰富，实现了对全方位技术人才的培养。学生每天一半时间用来上课，另一半时间则在工厂实习，还另有专门时间用来唱歌和娱乐。[②] 值得强调的是，其中有不少实习科目由刚毕业的学生主持，实现了代代传承的良性循环。

三、山丹培黎学校的教学模式与基层传播

（一）学习的主体——兼具工人和学生双重身份

从培黎学校半工半读的教育体制、理论与实践相结合的办学主旨可以得知，在山丹培黎学校进行学习的主体兼具工人和学生的双重身份，他们在对基本的技术理论进行学习的同时，兼顾工业生产工作，做到了生产与教育两不误。另外，这种学习和生产的过程也增强了基层空间的联系，培黎学校在实现自给的同时，也为当地提供了工业产品和医疗服务，这就是一个非常典型的案例。工业合作社运动的开展为中国农村带来了复苏生机，因此农村的广大民众非常支持，并愿意将符合条件的孩子送入培黎学校学习。培黎学校

① 卢广绵等编：《回忆中国工合运动》，中国文史出版社 1996 年版，第 252—253 页。

② 同上书，第 123—125 页。

教学工作的开展不但培养了相关人才，还为当地提供了丰富的物资，这再一次加强了基层民众对培黎学校及工业合作社运动的感情。基层空间中各方的联系就此加强。此外，培黎学校本身也积极服务于基层建设，进行一种把生产镶嵌于教育的基层技术教育。培黎学校的学子无一不是愿意为工业合作社事业献身的进步青年，他们在战争时期和中华人民共和国成立后，均活跃在各条战线上，发挥了一定的积极作用。

（二）学习的场所——学习空间与生产工作空间相结合

培黎学校的学生每天在学校的教室、车间里进行学习、工作，一半时间上课，另一半时间则到工厂实习。但是，这里的学习和工作、上课和生产并不是完全割裂与分离的。在山丹培黎学校，学习空间和生产工作空间得以全方位地结合，学习和生产工作齐头并进。实践课在工厂车间里进行，学生一方面进行了技能的学习，另一方面也做出了生产工作的实质性成果，这种空间的转换与多重功能的叠加让学习主体得到了更强烈的身份印证，他们既是学生又是工人，既有理论学习的任务在身，又要负担起劳动生产的必要职责。

（三）学习的方式——理论与实践相结合

在山丹培黎学校，艾黎实践并发展了他的工合教育思想，提出了“手脑并用，创造分析”的教育教学宗旨。学校采取半工半读的办学方式，授课方式也丰富多样，老师不仅在课堂上讲授专业理论和技术知识，也结合实际操作开展现场教学、互动教学。老师与学生同吃同住，同在工地、车组劳动。这种产教结合的方式让学生既能将所学理论用于实际操作，又能直接从事生产，有力解决了物资匮乏的问题。同时，山丹培黎学校这种教育与生产相结合的教学模式和学习方式，让学习主体也拥有了学习和生产的双重职能，在“学习的主体”部分也提及了这一点。在学习方式和学习主体多重属性的共同推进下，一方面，培黎学校的教育工作利用文化知识的学习，加强了基层空间的构建，通过思想与灵魂的沟通，增强了基层空间内各个主体的互动性和有机性；另一方面，学校教育主导下的工业生产成果也有效地增加了经济收益、丰富了生产资料，从而教育也具备了社会化和生产化的特征。

（四）学习的目的——技术教育与思想教育相结合

培黎学校的基层技术教育为中国的工业发展和经济建设大业培养和训练了一批有用人才，他们不仅是当时工业合作社运动的中坚力量，也在日后的经济建设中发挥了重要作用。同时，培黎学校也积极开展相关的政治学习和思想意识提升工作，进行工合教育、民主教育和抗日救国教育，向学生们传播爱国思想，使学生们树立了为争取抗战胜利而生产的明确目标。在日常的开会、学习和实践中，培黎学校的学生巩固了爱民族、报效国家的坚定信念。他们了解了工业合作社民主组织的生产方式，认识到合作社不是为了个人发财、享福，而是为了充实军需民用，所以这些生产线上的战士也成为推进中国民主政治实施的有力分子①。抗日战争期间，培黎学校内就成立了共青团区队部为地下工作者做掩护。总结来看，在培黎学校，知识技术学习帮助学生逐渐成长为现代的、理性的个体；思想政治学习和时事教育则进一步帮助学生成为有阶级意识、政治意识的人，实现了意识形态的再造。发展和维护这种具有双重教育功能的基层组织，正是基层建设的重要内容。培黎学校通过将技术知识学习与思想政治学习相结合的方式，对民众进行启蒙，这样的基层文化建设在组织动员群众的过程中起到了重要作用。

四、山丹培黎学校的后续发展与启示

山丹培黎学校在抗战期间培养了大量工业人才，之后西北和东北地区的玉门、大庆等企业中都有培黎学校的毕业生从事技术性的工作。中华人民共和国成立后不久，培黎学校由人民政府教育部门接管，后来交石油部领导，并由山丹县迁到兰州市十里店，改名为兰州石油技工学校。截至 2020 年，北京培黎职业学院、兰州城市学院（由原兰州石油技工学校与其他院校合并成立）和培黎职业学院（甘肃省山丹培黎学校），都以艾黎理论联系实际、手脑并用、创造分析的教育思想为指导，努力探索如何培养服务社会的各

① 卢广绵等编:《回忆中国工合运动》，中国文史出版社 1996 年版，第 25—26 页。

类人才。[1]

对山丹培黎学校的教学模式进行分析可以发现，在这个基层教育组织里，无论是学习的主体、学习的空间、学习的方式还是学习的目的的属性，都不是单一的，而是复合的，具有多重身份的学习者、具备多种功能的空间、理论与实践相结合的教学方式、技术知识和思想意识同步提升的教学目的，都在帮助这一基层组织中的个体关系不断变得更加紧密，个体的有机性也在这样的交流中被激发出来。在切实的实践与体验中进行思想教育，相较于单纯的呼号和宣教更具临场感，个体的主人翁意识和责任感也在其中得以真正的觉醒。相比于现今一些学校或工作组织内单纯通过会议等形式进行的思想意识影响，培黎学校的实践显然更显成效。因此，基层组织中的思想意识培养也应积极借鉴过往的经验，更多地通过复合型的知识学习、思想教育引导广大群众自主产生责任意识，而非单纯的宣教。

思考题

1. 请简要介绍“国际友人”路易·艾黎对中国抗战的主要贡献。
2. 宝鸡为什么会成为中国第一座工业合作城市？
3. 工业合作社最主要的特点是什么？
4. 山丹培黎学校的教育理念和教育方式有哪些特色？

① 张秀娟：《路易·艾黎的山丹情》，《百年潮》2020 年第 5 期，第 82—89 页。

第六章　基层传播与根据地建设

本章提要

根据地是中国共产党在革命时期的社会基本形式，由于战争的不确定性，根据地空间一直处于流动的状态。流动的根据地体现了一种空间的辩证法，根据地空间的网状灵活结构和收放自如的韧性适应了当时持久战的战略需要。根据地建设主要包括“一文一武”两个主要方面，“文”的一面是社会建设与文化建设，“武”的一面是游击战与运动战，其目标在于积聚力量，实现“农村包围城市”“武装夺取政权”的革命目标。在根据地建设中，基层传播发挥着重要作用，在生产宣传、战争动员、社会改造等领域，尤其是通过文艺启蒙、思想教育，知识分子与群众相结合，参与了根据地的各项实践。

土地革命是根据地社会建设与文化建设的核心内容，在本质上是一场变更经济关系与社会结构的政治革命。土地革命（土地改革/土改）的顺利推行与政治上采取党支部领导的政策有着密不可分的关系，它与民国乡建派面临相似的问题，但二者采取的措施有明显区别：第一，根据地处于独立的军事割据状态，以武装斗争作为土地革命的保障；第二，根据地的土地改革致力于彻底改变农村的经济与社会结构。群众路线是根据地建设的制度经验，中国共产党通过各种基层传播手段来动员群众参与经济建设、民主政治建设与武装斗争。

第一节　流动的根据地：时间与空间的辩证法

一、时间与空间的辩证法

在现代性研究中，时间、历史是重要的维度。法国哲学家福柯指出，之前的现代理论中有一种“空间贬值”的现象，“空间在以往被当作是僵死的、刻板的、非辩证的和静止的东西。相反，时间却是丰富的、多产的、有生命力的、辩证的”[①]。这种时间压抑空间的现象来源于19世纪对现代资本主义历史的进步论认识，正如马克思在《共产党宣言》中指出的，“一切坚固的东西都烟消云散了”[②]，呈现了现代性对传统、空间的冲击和改造，以及一种历史进步的线性时间观；而波德莱尔的名言“现代性就是短暂、流变、偶然事件；它是艺术的一半，另一半则是永恒与不变”，也把现代理解为一种时间的流逝。与这些对时间的现代性的认识不同，20世纪六七十年代出现了空间理论转向。一方面，这与结构主义的共时研究以及晚期资本主义的浮现有关；另一方面，这种转向也联系着第三世界民族解放运动，改变了殖民主义时代的“空间-地理”格局。

这种社会学、文化批判领域的空间理论转向大概可分为四种空间的思考路径。一是法国马克思主义哲学家和社会学家列斐伏尔的“空间生产”，他从马克思主义的角度解读空间与资本主义城市之间的关系[③]。空间生产有两个特征：第一是政治性，即空间生产是维持剥削统治的工具性空间，具有强制

---

① 〔美〕爱德华·W. 苏贾：《后现代地理学——重申批判社会理论中的空间》，王文斌译，商务印书馆2004年版，第10页。

② 〔美〕马歇尔·伯曼：《一切坚固的东西都烟消云散了——现代性体验》，徐大健、张辑译，商务印书馆2003年版，第15页。

③ 〔法〕亨利·列斐伏尔：《空间与政治（第二版）》，李春译，上海人民出版社2015年版，第17—33页。

性、等级性、区隔性、控制性；第二是经济性，即空间生产是追求利润的手段。他从城市的发展史角度，回应空间的扩张、分割与差异，这正是资本主义从城市到国家，再到全球的扩张过程，其中包括对土地的使用和争夺。列斐伏尔的理论回应了晚期资本主义消费时代日常生活中的空间异化与权力支配的方式。①

二是美国马克思主义地理学家大卫·哈维用空间地理学来改写马克思主义。大卫·哈维认为，时间变成一种对空间的扩张和压缩，并以此建立了资本增值、殖民扩张与地理空间之间的内在关系。他的空间批判理论中有两个核心概念。一是"时空压缩"，指的是跨越空间的时间缩短（例如现代交通工具的高速化），使时间空间化；空间变成地球村，可以通过空间消灭时间，实现全球化。二是"时间-空间修复"，即可以通过延迟时间和地理扩张，来缓解资本主义危机和资本过度积累。"资本积累向来就是一个深刻的地理事件。如果没有内在于地理扩张、空间重组和不平衡地理发展的多种可能性，资本主义很早以前就不能发挥其政治经济系统的功能了。"②

三是加拿大传播思想家哈罗德·伊尼斯的《传播的偏向》。他指出，传媒基于时间性与空间性，区分为时间偏向的媒介和空间偏向的媒介。前者属于质地较重、耐久性较强的媒介，这种传播媒介能够克服时间的流逝，被长时间保存下来，但不容易实现远距离运输；后者则是质地较轻、容易运送的媒介，可以克服空间的限制，实现远距离运送，但难以被长久保存。偏向空间的媒介是一种大众的、政治的、文化的、普通的媒介，强调传播的世俗化、现代化和公平化，有利于传播科学文化知识。③

四是英国社会学家齐格蒙特·鲍曼的《流动的现代性》。他在书中用流

---

① 参见〔法〕亨利·列斐伏尔：《日常生活批判（全3册）》，叶齐茂、倪晓晖译，社会科学文献出版社2018年版。

② 〔美〕大卫·哈维：《希望的空间》，胡大平译，南京大学出版社2006年版，第23页。

③ 〔加拿大〕哈罗德·伊尼斯：《传播的偏向》，何道宽译，中国人民大学出版社2003年版，第71—99页。

动的、液体状的现代性，来批判凝固的、空间的、区隔的现代性。[①] 在这种批判背后，冷战时代曾用自由、流动的西方现代性，来反思固定的、组织化的苏联式的社会主义现代性。时间的流动和空间的固化是矛盾的：空间是一种占领、占据和填充的状态，空间的固化是把空间固定化，用权力来凝固空间的状态；而流动是一种打破这种凝固性的力量，一方面可以破坏旧的空间（传统、前现代的力量），另一方面可以把不同质的空间变成同质化的现代空间，如全球化时代资本主义的流动性扩张。

这些空间理论把自然化的空间转变为社会化的、历史化的空间，也是一种被福柯意义上的权力所填充的空间秩序。从这个角度来看，空间现代性的认识背后是一种现代的、殖民的权力观，是对空间的占有、占领和主权化。这种空间扩张代表着15世纪以来海外殖民扩张的历史，以及资本主义从西欧向其他区域蔓延的历史，这是一种空间的现代化和殖民化。与此同时，空间的占领和时间的弥散，意味着铁路、通信等交通、通信手段成为权力传输的网络和渠道。在这种空间理论的背景之下，中国的根据地恰好是一种用空间的流动性来改变现代、殖民的空间秩序，使弱势状态的反抗者可以临时建立自己的空间，完成社会改造和力量的积累的实践。这种"弱者的反抗"把空间流动化、液态化，在流动与运动过程中召唤主体性，并实现重新组织化与对社会关系/生产关系的再造。在这种对社会关系与生产关系的再造过程中，"流动的空间"的根据地实践用空间的流动性来换取生存的时间，并通过这种运动的方式，将空间再次政治化，形成了诸如"红色区域"与"白区"、"解放区"与"国统区"等空间的区分。在这种空间的流动中，时间与空间形成了某种辩证法：空间的流动增加了生存时间与机会，而这种生存时机反过来又促成了根据地空间的扩大，以及中国革命过程中革命力量的壮大。"空间的流动"成为"弱者的武器"[②]，即空间的流动性被用于反抗、反思现代的、固定化的殖民空间，并在这个过程中形成了面向未来的新政治空间。

---

① 〔英〕齐格蒙特·鲍曼：《流动的现代性》，欧阳景根译，中国人民大学出版社2017年版，第23—43页。

② 参见〔美〕詹姆斯·C. 斯科特：《弱者的武器》，郑广怀、张敏、何江穗译，译林出版社2007年版。

空间理论把空间政治描述为一种将空间现代化、殖民化的过程，空间意味着一种占领、占据，空间政治是对空间的吞噬和统治，是一种产权的边界、主权的界限和领土的归属。齐格蒙特·鲍曼所描述的“流动的现代性”也是一种用流动性来掠夺空间、打破空间壁垒的过程，背后暗含一种自上而下的空间秩序和权力填充的逻辑。但空间分布的不均质、不均衡使得空间内部充满了裂隙和褶皱，所以空间并非固定的、固体化的。20世纪中国革命历史中出现的根据地空间就是这样一种“流动的空间”，弱者、弱势力量通过创造空间的流动性，来回应现代空间和殖民空间的挑战。由于建立在西方殖民主义发展及其历史逻辑基础上的现代空间与殖民空间占据了统治地位，力量对比悬殊，因此弱势力量也只能以更为灵活的“游击战”的方式来回击。它们用空间的流动性来动摇主流空间的相对稳定性，并通过不断制造危机来撼动相应的空间秩序。这种空间的流动性体现在两个方面：一是弱势力量运用空间的腾挪转移来换取时间，不断地寻找空间的缝隙和薄弱环节；二是弱势力量往往会临时占据一个空间，对空间进行社会和文化改造，让贫民、女性和老人等困弱者成为空间的主体。中国的根据地实践把空间的游击状态与空间的社会改造充分结合了起来。这种空间的流动性并不是历史上出现过的“流寇式”的逃窜，而是一种对新秩序与新政治的播种、传播与动员的现代政治实践。在这个空间政治的实践过程中，中国共产党将旧的社会秩序打碎，并进行社会改造，建立了新的社会秩序。即便旧秩序卷土重来，新空间中政治实践的结果与新主体也被保留了下来，就是革命的“群众基础”和“组织基础”。这正是根据地流动性之中的“根”，也是其相对稳定的部分。

二、农村根据地的兴起与发展

按照中国共产党党史中的划分，根据地的历史以1927年井冈山革命根据地的建立为起点，随着1949年中华人民共和国的成立而结束。在这22年的历史中，中国共产党贯彻“农村包围城市”的路线，在根据地空间中积累了大量独属于中国革命的实践经验。与列斐伏尔等人所描述的空间概念不同，根据地是一种去空间化的空间，一种液体化的、非固化的空间，其中存在一种空间的游击性。

在历史上，一般把1927年到1949年描述为中国革命的根据地时期。1927年，在大革命失败、城市革命遭遇挫折后，以毛泽东为代表的共产党人开辟了工农武装割据、“农村包围城市，武装夺取政权”的中国革命道路。这22年的根据地建设大致分为三个历史时期。一是1927年到1937年，土地革命时期的根据地，包括井冈山革命根据地、中央革命根据地、湘鄂西革命根据地、鄂豫皖革命根据地、闽浙赣革命根据地、湘鄂赣革命根据地、左右江革命根据地和滇黔桂边游击区、海陆丰和东江革命根据地、琼崖革命根据地、湘赣革命根据地、闽东闽南闽中革命根据地、通海如泰革命根据地、湘鄂川黔革命根据地、川陕革命根据地、鄂豫陕革命根据地、西北革命根据地、南方三年游击战争根据地等。二是1937年到1945年，全面抗日战争时期的根据地，包括陕甘宁抗日根据地、晋察冀抗日根据地、晋冀鲁豫抗日根据地、晋绥抗日根据地、山东抗日根据地、苏北抗日根据地、苏中抗日根据地、苏南抗日根据地、淮北抗日根据地、淮南抗日根据地、皖江抗日根据地、浙东抗日根据地、广东抗日根据地、琼崖抗日根据地、鄂豫皖湘赣抗日根据地、河南抗日根据地、闽浙赣抗日游击区、东北抗日游击区等。三是1945年到1949年时期的根据地，包括陕甘宁边区、晋察冀边区、晋冀鲁豫边区、苏皖边区、山东根据地、晋绥边区、中原解放区、东北革命根据地等。其中，全面抗日战争时期共有19块民主根据地，总面积超过100万平方千米，人口约1亿，遍布全国的19个省区。

毛泽东对根据地存在的原因，及其与占主导地位的空间秩序和实践之间的辩证关系进行了政治分析，他认为，根据地空间是帝国主义间接统治中国及帝国主义代理人军阀割据的产物。在1928年10月5日发布的《中国的红色政权为什么能够存在?》中，毛泽东指出，红色政权能够长期存在，“它的发生不能在任何帝国主义的国家，也不能在任何帝国主义直接统治的殖民地，必然是在帝国主义间接统治的经济落后的半殖民地的中国”[①]，只有在这种

① 《毛泽东选集》第1卷，人民出版社1991年版，第49页。

非同质化的、非政权完全统一的政治空间中，才有“一小块或若干小块”的空间缝隙。在1930年1月5日，回应林彪等红军将领的悲观情绪的一封信《星星之火，可以燎原》中，毛泽东认为，“如果认清了中国是一个许多帝国主义国家互相争夺的半殖民地，则一，就会明白全世界何以只有中国有这种统治阶级内部互相长期混战的怪事”①。根据地是中国半殖民地、半封建社会的独特经验，是帝国主义时代空间上的薄弱环节②。

在“敌强我弱”的总体格局下，根据地不是寻求占领固定的空间，而是寻求在流动中实现敌我强弱关系的转化。经历井冈山根据地时期的斗争后，毛泽东总结了游击战与根据地建设的经验：“大要说来是：‘分兵以发动群众，集中以应付敌人。’‘敌进我退，敌驻我扰，敌疲我打，敌退我追。’‘固定区域的割据，用波浪式的推进政策。强敌跟追，用盘旋式的打圈子政策。’‘很短的时间，很好的方法，发动很大的群众。’这种战术正如打网，要随时打开，又要随时收拢。打开以争取群众，收拢以应付敌人。三年以来，都是用的这种战术。”③这种“打网”的战术，就是进攻时集中主力、进攻后迅速分散，避免阵地战，力求在运动中歼灭敌人的有生力量，从而实现敌人由强变弱、自己由弱变强的目标。与国民党内战时是如此，和武器更为先进、现代的日军斗争时也是如此。④ 根据地空间的流动性和灵活性体现了一种空间的辩证法，也就是毛泽东1947年撤出延安时的战略总结，“存地失人，人地皆失，存人失地，人地皆存”。要巩固根据地，又必须依靠社会改革和文化动员，深入基层和组织群众。

一方面，这种空间的流动性，体现为当敌人强攻或扫荡时，革命军队带着群众转移。1934年10月，在第五次反“围剿”失败后，红军被迫进行二万五千里长征。这是一种用流动的空间换取时间的战略转移，红军在军阀割据的

---

① 《毛泽东选集》第1卷，人民出版社1991年版，第98页。

② 汪晖：《世纪的诞生：中国革命与政治的逻辑》，生活·读书·新知三联书店2020年版，第30—42页。

③ 《毛泽东选集》第1卷，人民出版社1991年版，第104页。

④ 孙歌：《根据地哲学与历史结构意识》，载汪晖、王中忱主编：《区域》第3辑，社会科学文献出版社2014年版，第228—255页。

夹缝中腾挪转移,寻找生存的契机。与此同时,空间的流动也呈现为宣传和动员的过程,“长征是历史纪录上的第一次,长征是宣言书,长征是宣传队,长征是播种机”①。另一方面,这种空间的流动性也体现为敌人撤退之后,八路军带着转移的老百姓和物资再回到根据地。因此,根据地空间就像水一样,当敌人强力打来时,革命军队与群众就四散漫开;在敌人撤退到城市、城镇后,他们又回流到原地。正是这种空间的辩证法,使得革命军队非但不占领具体的空间,反而让空间变成了弹性的、具有流动性的场所。

根据地时期的实践使中国共产党实现了脱胎换骨的转变,一个以马克思主义、列宁主义为理论纲要的政党,变成了将理论与中国经验相结合的政党。笔者用“流动的空间”来描述根据地的空间政治(游击战),用“流动的艺术”来描述根据地建设中的文化艺术实践,用“流动的媒介”来描述根据地的通讯、报纸等媒介形态,用“流动的主体”来描述专业知识分子的主体状态。其中都涉及一系列特殊的社会制度、社会主体的锻造和运作机制,这是 20 世纪历史中以中国为代表的第三世界追求现代化的独特道路和经验。

作为一种特殊的政治、经济、文化空间,根据地具有三个基本特征。一是,行政区划不稳定,相比于占领中心城市、铁路线的日军或国民党军队来说,根据地的有效统治区域处于变动之中。二是,物质极端匮乏,技术、资本都十分稀缺,因此根据地政权需要通过组织与动员基层社会的方式来为政治和军事斗争提供保障。三是,权力高度分散和地方化,难以建立自上而下的行政权力。由于更高级别的政权被敌对势力所占领,在根据地通常只能建立最低一级的基层政权,因此根据地无法占领固定的空间,而只能采取诱敌深入的方式,实现敌人由强变弱、自己由弱变强。所谓“地在人失,人地皆失;地失人在,人地皆得”,根据地空间的流动性和灵活性体现了一种空间的辩证法。当然,这种空间的流动本身是被迫的,主要原因是当时敌我双方的政治力量对比悬殊。根据地是发展游击战的基础,如果只有军事上的游击战却没有建立根据地空间,就无法取得胜利,而要巩固根据地,组织者必须依靠社会

---

① 《毛泽东选集》第 1 卷,人民出版社 1991 年版,第 149—150 页。

改革、文化动员等手段深入基层、联系群众。

总体而言，根据地分为三种主要类型。第一种是相对稳定的大后方，如全面抗日战争时期的陕甘宁根据地，这是在西安事变后国共一致对外的局势下所形成的特殊状态。第二种是与敌人斗争的前线地带，如全面抗日战争时期的晋察冀根据地、晋冀鲁豫根据地。这两个根据地位于平原地带，虽然直面前线严峻的斗争环境，但同时也具有靠近大城市的优势，能够团结更多的知识分子与技术工人。第三种是敌后区域，如中共在抗战中的华北日军占领区、在解放战争时期的国统区后方开展游击战，同时进行地下根据地的建设。

三、无线电、游击战与流动的根据地

1927 年大革命失败后，转向地下斗争的中国共产党开始发展无线电事业。1930 年 1 月，在上海的党中央与远在香港的中共南方局建立了无线电通信，这是共产党历史上“一次划时代的通信革命”。20 世纪 30 年代，红军使用无线电这一现代通信技术，为游击战、运动战提供了现代战争的媒介基础，使得分散的、去空间化的根据地变成了具有弹性和流动性的空间。19 世纪中后期，电磁波和无线电的发明使得人类摆脱了物理时空的限制，实现了远距离即时信息传播，进入脱域化信息传播的时代。无线电的出现不仅改变了人们传递信息的模式，而且给交通（航海）、商业（证券交易）、新闻（报纸、广播）等领域带来了根本性的变化。在第一次世界大战中，无线电成为海战的关键。第二次世界大战期间，无线电被广泛应用于军事和广播战、情报战中，成为战争胜利的核心要素之一。近代以来，无线电通信作为重要的通信技术手段，被掌握在帝国主义列强、清朝政府、北洋军阀和国民党等政治势力手中。

中国共产党 1927 年上井冈山开辟第一个革命根据地，到中央苏区的苏维埃实践，经过战略转移、被迫“长征”，抗战前夕落脚在陕北，建立陕甘宁根据地，再到抗日战争时期开辟晋察冀、晋冀鲁豫等华北根据地，最终在解放战争时期以根据地为核心取得全国胜利。可以说，根据地成为中国共产党进行武装斗争和社会革命的空间。面对强大的敌人，中国共产党领导建设根据地时不是占领固定的空间，而是避敌锋芒、发挥自己的优势，使得根据地空间像水一样具有流动性。1927 年，在“八七”会议之后，中国共产党建立了中央直达各省、各省直达各县、各县直达各乡的全国交通网，这些交通网主要依靠地下交通员和武装交通员等人力来传递消息、情报和宣传品。为了提高传输信息的效率，中共中央尝试通过两个途径来发展无线电通信：一是向共产国际申请帮助，以训练无线电通信技术人员；二是在上海秘密培训党的通信技术人员。1928 年，中共第六次全国代表大会在莫斯科召开，周恩来向共产国际寻求帮助，希望通过“国际无线电训练班”培养无线电通信技术人才。1929 年，在中共中央特科负责人周恩来的领导下，通信科长李强、张沈川等组装了收报机、发报机，在上海建立了第一座秘密电台；1930 年 1 月，中共中央在香港九龙开辟了第二座秘密电台。

相比于在大城市，处于“地下”状态的中共中央借助共产国际的力量来发展无线电，在偏远农村，中央苏区红军主要靠自己的力量创建无线电通信。1930 年之前，中央苏区红军依靠交通员、传令兵和地下交通站来联络各分局、各根据地。1930 年之后，红军领导人开始意识到无线电通信的重要性。在 1930 年第一次反“围剿”中，中央苏区取得龙冈战斗的胜利，红军缴获了国军第 18 师的无线电台一部，由于当时战士缺乏对电台的认识，因此把发报机、马达、充电池、蓄电池等都当作敌产砸毁，这部发报机被毁坏的电台只能收报，被称为“半部电台”。为了避免红军战士继续破坏电台，1930 年 8 月，毛泽东和朱德在对红一方面军发布的攻打长沙的“命令”中，要求红军不得破坏铁道、桥梁、火车、电线、无线电等交通设备，还专门颁发了《保护与收集无线电、有线电战利品的通令》。由于两个团的联络不畅通，这次攻打长沙的战斗失利，这更促使毛泽东等红军领导意识到了无线电技术在现代战争中的关键作用。1931 年龙冈战斗后，在江西省宁都县东韶地区对国民党军的追击战中，红军在痛击谭道源师时又缴获了一部电台，战士将这部电台完好无损地送到了设于宁都小布的红一方面军总部。这样，红一方面军有了自己的电台，并开始着手创建无线电通信队。

红军早期的无线电通信工作是在经济落后的农村、在敌人严密封锁的情况下逐步发展起来的。朱德曾告诉红军早期的无线电技术人员，要“先把工作搞起来。不要看红军现在没有电台，无论大小武器装备，凡是白军有的，红军也会有的；没有的，敌人会给我们送来。没有人，我们可以训练，也还会陆续有人从白军中来。革命事业是会从无到有、从小到大发展起来的”①。这种“从无到有”“从小到大”，正是包括无线电在内的中国革命各项事业发展的普遍经验。1931 年 2 月，红军总政委毛泽东同志在中国工农红军第一期无线电通信训练班开学仪式上，用“鲁班石”的传说向学员们解释了无线电通信工作的重要性。一座即将落成的石桥中央还剩一块空缺，找不到合适的石头进行填补。这时，路过此地的鲁班先生打造出一块不大不小正合适的石头，实现了桥梁的成功落成。这块“不大不小正合适的石头”就是“鲁班石”。毛泽东强调，无线电通信工作正如“鲁班石”一样，是军事战斗不可或缺的重要组成，是沟通联络的关键。

中央苏区在无线电领域的培养技术人员和获取设备上主要采取三种方式。一是，从国军中俘虏、改造无线电技术人员。例如，1930 年，龙岗大捷俘虏了 16 名无线电人员，经过对起义和被俘的通信技术人员进行政治思想教育工作，10 名愿意留下来参加红军，包括后来在红军通信发展史中做出重要贡献的王诤、刘寅等人。他们成为红军无线电方面最早的技术专家和领导，用缴获的“半部电台”抄收了国民党中央社发布的新闻电讯，从此开始了红一方面军的无线电通信工作。从敌人那里缴获装备和改造俘虏成为红军发展无线电的重要模式。二是，开办无线电培训班。1931 年 1 月 28 日，毛泽东、朱德联名签发了《选调学生学无线电的命令》，要求各军选派政治素质好、文化程度高的红军战士参加无线电技术的学习培训。1931 年 2 月，红军第一期无线电训练班在江西宁都小布的陈家土楼正式开班，随后，红一方面军总司令部成立了无线电队，先负责侦听情报和抄收新闻，后来发展到通信联络。1931 年 11 月，红一方面军无线电训练班改组为中国工农红军无线电学校。三是，主

① 曾春生：《隐蔽战线上的密战》，《红岩春秋》2021 年第 1 期，第 56—60 页。

要通过缴获和自己组装两种方式获取无线电设备。单纯依靠缴获无线电设备无法可持续地满足红军的通信工作需求,红军还重视发扬自力更生的精神,积极自购、自制和自产器材设备。1932 年第四次反“围剿”结束后,中央苏区建立了一所无线电材料厂,用已有的器材、零件进行无线电维修和组装。

无线电队伍的组建发挥了四项功能。一是截获敌情,及时调整战术部署。在中央苏区第二次反“围剿”中,无线电发挥了重要作用。王诤用第一次反“围剿”中缴获的敌人电台获知国军要进驻东固,红军提前占领了东固岭的有利地形,取得了第二次反“围剿”的首战胜利,歼灭国军第 28 师和第 47 师一个旅的大部,缴获一部 100 瓦大电台,俘虏第 28 师全部无线电人员。二是收听国军时事新闻,及时获得外部消息。由于地处偏僻,再加上敌人封锁,苏区无法及时获得国内外消息,利用缴获的无线电收报机抄收国民党“中央社”的新闻电讯稿,就成了红军与外界沟通、了解外界情况的唯一便捷途径,这些抄收的电讯新闻被毛泽东称为“没有纸的报纸”。三是用无线电加强部队与部队、前方与后方之间的沟通和协同作战,增强根据地与党中央之间的信息联系。在不到一年的时间里,红军缴获敌人 8 部电台,成立了 6 个无线电大队,建立了无线电侦察台和无线电指挥网。1931 年 9 月下旬,用这台 100 瓦的电台,江西苏区的中央局与在上海的党中央第一次取得了无线电通信,从此,党中央和中央苏区之间架起了一座空中电波桥梁。四是发布无线电新闻,创办通讯社。中央苏区出现了电讯新闻、广播新闻。1931 年 11 月 7 日,红色中华通讯社在中华工农兵苏维埃第一次全国代表大会开幕当天宣布成立,广播代号为“CSR”(Chinese Soviet Radio)。直到解放战争时期,红军还采用无线电的方式抄录国内外新闻。

无线电对于红军来说不仅是通信工具,也是实现游击战的媒介学基础和前提。毛泽东高度重视无线电工作,称无线电通信是“科学的千里眼顺风耳”。他在红一方面军开办无线电培训班的讲话中指出:“红军今后要大发展,这里要点火种,那里也要点火种,一块块被敌人分割的革命根据地,要靠你们在空中架起的桥梁连接起来。做任何工作,都应该知道它的重要性,你们是科学的千里眼顺风耳,你们所做的通信工作,可以帮助我们调动军队,做到随时撒得开，又收得拢。”[①]这段话呈现了无线电传播的三个典型特征：一是，“空中架起的桥梁”指的是无线电依靠电磁波来进行远距离传输，与依靠人力进行的地下交通、赤色邮政等方式不同，无线电是一种去物质化、去主体化的传播媒介；二是，“科学的千里眼顺风耳”说明，无线电能够实现信息远距离传输，传播速度快、效率高；三是，“可以帮助我们调动军队，做到随时撒得开，又收得拢”则说明，无线电通信与游击战的战法密切相关，如果没有无线电指挥，就无法实现“撒得开”和“收得拢”。因此，无线电把彼此分割的根据地连接起来，使得机动灵活的游击战成为可能。

如果说根据地具有水的弹性和柔韧性，那么根据地并不是漫无目的、四散逃离的水，而是具有机动性、有张有弛的水，这需要把根据地空间从无秩序的水变成一张伸缩自如、纲举目张的网。网的特征是可以随时撒开，又能随时聚拢。要把根据地“织”成收缩自如的“网”，就需要依靠无线电这一现代信息交流的媒介。如果没有无线电通信，“网”无法打开，也不能快速聚拢。无线电可以使高度分散、彼此分割的根据地内部以及根据地与根据地之间实现信息的快速传递，根据地虽然在政治、军事上看起来弱势，但借助无线电媒介具有了水一样的网状弹性和韧劲。

红军无线电通信网络的建立使得红军与党中央、中央军委之间的联系，中央苏区与周围苏区之间的联系以及各方面军总部与所属各军团（军）之间的联系更加密切和快捷。因此，党中央、中央军委对全国红军的领导更加健全，红军也更能在统一的战略意图之下互相呼应、密切配合行动。20 世纪 30 年代，红军开始运用无线电进行军事上的游击战，而此时正是红军从游击战向运动战过渡的关键时期。面对 1930 年国民党对中央苏区的第一次“围剿”，毛泽东开始改变井冈山时期的游击战方法，实行“以游击战为主向以运动战为主转变”的军事战略，在第一次反“围剿”中，把正规性的运动战与游击性的游击战结合了起来。如果说游击战是参战规模较小、以连排为基础的

① 何洪利：《永不消逝的电波——红色电讯史话》，《中国老区建设》2021 年第 9 期，第 9 页。

袭扰，那么运动战则是参战规模中等、以团营为主的战斗。井冈山时期，面对小规模敌人的骚扰，游击战的核心是“敌进我退，敌驻我扰，敌疲我打，敌退我追”。1930 年中原大战结束后，蒋介石调集了 10 万国军向中央苏区发动大规模“围剿”。面对“敌强我弱”的局面，红军采用了“大步进退，诱敌深入，集中兵力，各个击破，运动战中歼敌人”的运动战方针。游击战战斗具有机动性，需要在战场上灵活穿梭、寻找战机，而运动战则是对敌人分割包围，集中优势兵力消灭敌人，这些都需要及时获取情报，并对部队做出调整和部署。红军掌握无线电技术有助于完成从游击战向运动战的转型。

在中央苏区红军的历次反“围剿”斗争中以及第五次反“围剿”失败后红军被迫进行长征的过程中，无线电通信都发挥了关键作用。比如，在第三次反“围剿”中，王诤、刘寅等研究了国民党电台用的番号和通报简语，因而红军能及时、准确地获取国民党军队进攻、调动的情报。在长征中，四渡赤水依靠无线电通信及时获得军事情报，取得了胜利。因此，毛泽东曾高度评价：“由于无线电的存在，纵使我们在农村环境中，但我们在政治上却不是孤立的，我们和全国全世界的政治活动的关系是很密切的，同时，纵使革命在各个农村是被分割的，而经过无线电，也就能形成集中指导了。”①可以说，以无线电为媒介基础，游击战变成了一种高度机动灵活的运动战。正是无线电通信的建设与应用，对促进革命斗争形势的发展、夺取革命战争的胜利，起到了极为重要的作用。

中国的根据地实践就是把空间的游击状态与空间的社会改造充分结合起来。这种空间流动性并不是历史上的“流寇式”的逃窜，而是一种新秩序与新政治播种、扩大影响的现代政治实践。这个空间政治的实践过程将旧的社会秩序打碎，并进行社会改造，建立了新的社会秩序。即便旧秩序会卷土重来，但是新空间政治的实践结果与新的主体被保留下来，形成了“群众基础”与“组织基础”。根据地空间的流动性体现为一种空间的辩证法，也就是

---

① 陈伯达：《关于十年内战》，人民出版社 1953 年版，第 49 页。

1947 年毛泽东率领中共中央撤出延安时的战略，“存地失人，人地皆失，存人失地，人地皆存”。正是这种空间的辩证法，使得八路军非但不占领具体的空间，反而让空间变成弹性的、具有流动性的场所，而这种弹性的、流动性的空间得以成立的媒介学前提是无线电的出现和使用。

第二节 流动的媒介，流动的文艺

根据地是一个流动的空间，逆向流动的知识分子成为带来进步思想与知识的重要主体，而根据地政府则需要通过基层的宣传和动员活动使群众真正吸收现代性的因素。在这一背景之下，根据地时期，各种大众文化艺术活动都承担起了基层传播媒介的职能，服务于在军事层面开展游击战、在政权建设层面开展社会革命的需求。根据地空间内存在的无线电、报纸、话剧及板报等群众文艺形式共同构成了一种现代化的网络。这一网状结构中存在不同的网格、不同的支线，这一组织形式能够使流动中的根据地具有行动上的组织性和目的性。根据地空间的流动性指导着根据地的一切媒介与文化实践，流动的媒介对流动的主体进行动员与教育，形成了一种流动的政治格局。根据地的政策处于不断调整的状态，只有长久而持续地宣传，才能真正实现根据地空间的现代化进程。因此，激发群众的文化参与热情、持续调动群众的积极性显得尤为重要。前文提到，无线电这一通信媒介使根据地之间得以形成灵活有序的网状结构，而报纸也在根据地的群众宣传工作中承担着重要的基层传播媒介职能。同时，话剧也是根据地时期极为重要的一种文化宣传媒介。话剧工作者不断深入各个村庄进行演出，将根据地的最新政策与工作精神融入话剧内容，以表演的形式与基层老百姓进行沟通，从而将现代性的文化理念深植入根据地群众。话剧是一种传统的艺术形式，需要在剧场空间中进行演出。由于农村没有固定剧场，因此根据地时期，话剧团采用搭帐篷、临时舞台等形式来进行流动的演出。除此之外，根据地时期的重要媒介与文艺形式还包括邮政、电影、戏剧等，其中涉及多种流动的主体，如乡村邮递员、电影放映员、文艺工作者，等等。

一、乡村邮递员

晋冀鲁豫根据地时期的《人民日报》1947年5月15日刊发的《人民日报》一周年纪念文章提到，该报主要面临三个问题。第一个问题是如何让《人民日报》普遍深入各个区域，深入村庄和连队。由于交通困难，报纸及时传递至各个辽远的地区是困难的，唯一的办法是有效地将《人民日报》的稿件组织到各地方报纸中。第二个问题是要组织人民，特别是干部普遍阅读和学习《人民日报》，共产党员、人民解放军的指战员阅读和学习党的机关报，并将报纸向群众宣传，乃是应该无条件做到的。各级领导干部应经常检查这一工作的执行，这是领导者本身的责任和义务所在。第三个问题是要组织广大群众为《人民日报》写稿，以经常反映人民当前斗争中的业绩和典型，系统地暴露反动敌人的罪恶。这要求领导者及领导机关首先动手和亲自动手。[①]《人民日报》作为基层传播媒介开展了三个方面的宣传与动员工作：(1)创办农村通信网，包括代办所、乡邮站、报站等基层通信机构；(2)组织"读报小组"，鼓励群众广泛参与阅读；(3)号召群众成为基层通讯员进行内容生产，并注重掌握一定的新闻专业主义技能。从新闻采写到报纸投递的每一个环节，都需要发动群众、与群众运动相结合。根据地时期的《人民日报》是中国共产党用基层传播手段构建有机性的基层社会的一场重要实践。

为了服务于根据地的战争和政务需要，党政军各组织部门于1937年至1940年前后自行设置了交通系统：一套是在边区政府内的交通科；一套是边区日报社的发行科；另外两套是中共地方党委军队的交通通信组织。此时组织混乱，人员冗余。1940年，冀太联办交通总局在《新华日报》办事处的基础上成立，下设交通科和发行科：交通科负责党政军的内部通信；发行科负责党报的发行。这意味着，战时通信路线与根据地建设路线并肩发展。交通科与发行科不仅有功能层面上的区分，而且两者的邮路规划也完全不同。对于一

① 滕代远：《〈人民日报〉是人民的报纸——纪念〈人民日报〉一周年》，晋冀鲁豫《人民日报》1947年5月15日，第1版。

般的私营报刊如《申报》而言，将发行网设到重要城市即可，因为城市中的读者、消费者才是报刊的主要服务对象。但对于乡村的群众而言，他们识字不多，并未被私营报刊视为市场上的目标受众。对于市场化报纸而言，往往是先有读者需求，后有迎合读者需求的报纸；但邮发合一的发行路线体现出来的是，党报的发行主动将原先被市场排斥在外的群众整合了起来，同时通过集体读报、识字教育等方式主动塑造了中共革命所需要的新人。可以看到的是，发行到乡村的邮发路线对于邮政系统来说并非为了盈利，甚至建立乡邮路线要耗费更多的物资人员力量。因此，邮发系统中的乡邮路线建立的过程，已远远超出了企业自身的运营逻辑，而与革命战争、根据地建设的整体思路息息相关。也正是“群众路线怎搞起，到去依靠邮政局”中所说的“群众路线”对邮政局的革命政治需求，才造成了邮政局细布到乡村的样态。

乡邮投递的主要方式包括：(1)县局邮工之县干线(到区、代办所、大村镇及沿路所经村庄)；(2)大干线邮工沿线投递(只限路过村庄)；(3)代办所(利用集市捎转邮件)；(4)群众力量(区至村主要力量，如青壮年、老少班、小学生等)。前两部分都专业从事邮政工作，班期稳定，路线科学，但其运输的重点在于干线运输，乡邮投递仅是干线上顺带的工作。然而，由于交通站的编制较少、财政紧张，交通总局需要充分发挥群众力量来填补发行上的漏洞。乡邮线上的群众力量具体分为四种形式。第一，以等价交换的方式组织战勤青壮年，以按分记工或者固定工资的形式折算乡邮交通员的劳动。在全区青壮年中固定 3 人至 5 人为乡邮交通员，每日送信所误之工，采取按里计分、按分顶工的办法，折成工资米，由沿路村庄及本村之青壮年公摊。其中亦有发放固定工资的做法。第二，半劳力形式的义务邮工也构成了一部分投递力量。由于冀鲁豫 6 分区青壮年支前，不能送信，因此许多不在战勤之老少班内的固定人员充当了义务邮工，专门负责送信。第三，报站发动小学生。由本校交通委员领导，将各小学生编成小组，分路出发送至附近村小学，再由小学沿村转送至本学区直至最后的小学。第四，新型代办所。由各区村翻身农民中选出，除办理一般业务之外，还负责跑送周围村庄，代办所职员以为人民服务为主要工作目的，有很高的政治积极性。

这一群众参与工作的形式也引发了关于调用群众力量的合理性的辩论。当时,在情报与支差工作任务上追求“抗战勤务人人有责”,群众义务转递使缩减交通员编制成为可能,由此所节省的人力财力,同样也要用于群众身上。所以,当时有人认为,让群众义务转递,不付代价,这不是人情问题,而是政治意义上应当的措置。前文提到,中共邮发合一系统的独特之处在于,它能够深入被资本、权力所忽视的乡村地区,构建起属于人民的基层传播网络,使读报成为人民认识革命、进入历史的重要渠道。于是,维系乡邮的发行路线也是党要求人民完成的任务,而人民为了中共革命的政治目标,自发投入了乡邮发行这一革命的中间环节。

二、流动电影放映

根据地时期,农村的现代媒介非常不发达,报纸因其表达载体是抽象的文字而受限,由此出现了一种重要的话剧形态——活报剧。活报剧即用话剧的身体语言把报纸上的新闻演出来,让报纸“活”起来,在效果上和读报小组是相似的。而当时,电影行业非常弱势,农村的经济与地理条件无法支撑起电影工业的发展,只能小规模放映一些以纪录片为主的影片。因此,戏剧成为当时最核心的媒介,话剧这一文艺形式被赋予了许多宣传方面的新功能。从北京、上海等大城市逆向流入的文艺工作者以及青年学生并不是把城市里的剧目照搬到农村,而是在演出之前,先了解当地村庄的状况,再结合当时当地的工作重点迅速创作新的剧本,比如与土改、春耕等话题有关的戏剧,并进行演出。所以,对于农民来说,舞台上演的就是自身的故事、自己的生活。当时的话剧工作要求文艺工作者深入基层,像人类学家一样对基层进行调研,然后再迅速创作新的剧本并演上舞台。因此,当时的话剧演员不仅要掌握政策和表演技能,也要掌握与农民打交道、进行基层调研并进行剧本撰写的能力。根据地的电影工作和近年来的农村电影公益放映活动是完全不一样的。后者是一种扶贫式、慈善式的工作,将城市中流行的电影作品带到乡村,在内容上其实往往和农村生活没有关系。

华北电影队是在解放战争时期成立的一支电影放映队,与著名的延安电影团有着较为紧密的联系。解放战争时期，东北电影制片厂赠予华北根据地一批电影设备，并为其调配了一批电影技术人员，因而华北成立了一支电影队。由于当时的根据地还处在战争状态，无法建立固定的电影制片厂，因此华北电影队只能将所有的电影拍摄设备和洗印设备放在一辆马车上，方便在乡村之间移动。因为在农村公路很少，所以马车是比汽车更实用的选择。由此，华北电影队又被誉为“一辆马车上的电影制片厂”，它可以随时移动、装卸设备，并且在流动过程中完成电影生产。同时，洗印工作也面临农村声音嘈杂影响录音、水质较差影响技术过程等问题，这都依靠摄影师、录音师等技术人员就地取材得以解决。这支电影队在华北时拍了三部纪录电影，包括对党的七届二中全会的纪录。随着革命进程的推进，华北电影队跟随党中央进驻北京，其核心人员也成为后来北京电影制片厂的奠基人员。华北电影队队长汪洋曾担任抗敌演艺队的副队长，他在从事话剧工作时期发明了一辆流动的大马车，可以装载所有的道具，从而解决了农村舞台的道具、布景问题。华北电影队是一个流动的电影制片厂，其前身是一顶流动的话剧帐篷，这种流动的想象仍然来自话剧的实践。中华人民共和国成立初期最为核心的电影导演和电影演员都是话剧演员出身，可以说，中国电影艺术与话剧艺术之间有着密不可分的关系。

三、逆向流动的文艺工作者

“正月闹社火”是起源于黄土高原陇东地区的一种节庆表演活动，包含耍狮子、跑旱船、舞龙灯、打腰鼓、扭秧歌、踩高跷等多种形式，具体内容则反映了劳动、爱情、反抗封建礼教等主题，具有很强的观赏性。在文娱活动匮乏的农村地区，社火表演极大地满足了农民对于文化娱乐的需求，但在组织和内容上带有明显的封建色彩。陕甘宁边区的文艺工作承担着宣传革命思想、发动群众、动员生产、解放妇女、宣传抗日等任务，但要面对的现实是农民不识字、消息闭塞。斯诺在《红星照耀中国》一书中提到，红军战士向斯诺抱怨，陕北农民没有南方农民进步，其实就是由于思想长期封闭落后。针对这一情况，识字扫盲是必需的，但需要较长时间。而歌谣、戏曲等文娱形式的准入门槛低、情感搭载力强，更能被广泛而有效地传播，并且让民间艺人在创作上有自主性和参与感。

1942 年，毛泽东的《在延安文艺座谈会上的讲话》提到，“文艺作品在根据地的接受者，是工农兵以及革命的干部”，“既然文艺工作的对象是工农兵及其干部，就发生一个了解他们熟悉他们的问题”，“什么是我们的问题的中心呢？我以为，我们的问题基本上是一个为群众的问题和一个如何为群众的问题”，这为开展文艺工作定下了总基调和总方向。为了解陇东社火的旧有形式，更好地发动和组织新社火活动，1945 年，延安地委宣传部的艺术组在庆阳县召开了社火头大会，讨论如何大规模开展新社火运动的问题，并制定了四条改造原则。第一，对旧社火的改造只能逐步进行，不能用速决的方式。第二，要想淘汰掉某一种旧形式，必须要有群众爱好的新内容来代替，直接彻底取消的办法是不可取的。第三，对于改造旧社火与发展新社火，示范工作很重要。第四，在组织方面，要吸收和团结一些进步的、思想先进的积极分子，在队伍里大力发扬民主精神，与边区政府紧密联系在一起。总体来说，社火头大会制定的改造原则及其在内容、组织上的具体措施不仅切合中共的文艺指导思想，也具有很强的现实针对性，还充分考虑了“群众文艺”中“群众”在创作、表演、自主性、自愿性方面的重要问题。

这场红红火火的社火改造中涌现出许多优秀的社火表演团队和领头人，比如南仓社火队和铁赵社火队。南仓社火队是陇东解放区唯一的农民演出队，其演出题材广泛、内容真实，创作了大量具有影响力的群众文艺作品。比如，动员人民群众投身抗日救国、反特除奸、保卫边区伟大斗争的《新三根》《反特务》《保卫边区》等；表现军民大生产运动的《新开荒》《大生产》《桂姐纺线》等；歌颂边区政府、领袖和人民子弟兵的《送郎参军》《边区政府好》等；宣传移风易俗和边区文化生活的《放脚》《读书识字》等。在中国共产党的领导下，领头人刘志仁从内容、形式和组织管理三方面对传统社火进行了改造：第一，在内容上，他根据乡民的现实生活，结合边区政策进行创作；同时，对党的政策和边区红歌的唱词做了转化，使其通俗易懂，便于当地群众接受。第二，在形式上，红军长征为边区创造了秧歌（经过改造成为“新秧歌”）这一艺术形式，唱舞（秧歌和跑故事）结合；对一些传统曲调进行了改良，使之与内容贴合；同时，探索了群众参与的方式，比如群众齐唱。第三，在组织管理方面，由农民自己组成社火队：对内提倡民主，发扬团结互助精神；建立选举制度；对演出进行组织分工；召开检讨会；制定请假制度。这种生动活泼的文艺表演也因此成为边区政府与乡村进行连接的重要渠道之一，新秧歌获得乡民的广泛赞扬和认可，影响了他们的行为观念，树立起了社会新风。

20 世纪三四十年代，陇东地区的社火作为一种“群众文艺”，和政治宣传与基层动员紧密结合，承担着特定时期的政治与文化功能，即动员群众自我娱乐、自我表现、自我教育。它本身是关于群众的，同时也是为群众和新民主主义革命事业而创作的。1944 年，时任陕甘宁边区政府教育厅厅长的周扬在《表现新的群众的时代》中提道：秧歌本来是农民固有的一种艺术，农村条件下的产物。新秧歌虽然是农民的艺术，但却是解放了的、开始集体化了的新农民的艺术，新的秧歌必须表现新的群众的时代。……新的秧歌已经成了既为工农兵所欣赏，而又为他们所参加、创造的真正的群众艺术行动。不只其内容的生产与群众的现实相关、表演向群众开放并要求群众参与和互动，而且从人的方面理解，演出者本身是作为流动的媒介存在的。这里，他们的创作和表演不只生产文艺的内容，也产生政治的动员，他们的行为本身就是一种对革命、对斗争的宣传和展演。演出者的媒介的流动性也使得他们能够随处、随时利用这种流动的身份进行动员，因此其形式也是多样化的。

四、从水到网：基层传播信息交流的网络化

基层和基层传播的历史来源于中国共产党的根据地实践，基层也带有根据地的空间属性。根据地是一种流动的空间。根据地处于敌人政治、军事权力的缝隙地带，正如根据地的命名经常是几个省或地区的简称组合，如陕甘宁根据地、晋察冀根据地、晋冀鲁豫根据地等，这意味着根据地在外部压力的夹缝中求生存，处于不稳定的空间，其边界随着敌人的进攻和骚扰而变化。在“敌强我弱”的总体格局下，根据地不是寻求占领固定的空间，而是寻求在

流动中实现敌人由强变弱、自我由弱变强的变化，也就是避敌锋芒、发挥自己的优势。因此，根据地是一种像水一样具有高度流动性的空间状态。水具有柔软性和持续性，当坚硬的东西打过来时，就四散逃离，当坚硬的东西撤退后，水又流回来。水以柔克刚、避免硬碰硬，是弱者的智慧和弱者的辩证法。根据地也具有这种水的属性，当敌人强势进攻时，就四散逃开，当敌人回撤时，再聚拢回来，看起来很弱势，却无法被真正消灭。这种水的特性就反映为军事上的游击战。经历了井冈山根据地的斗争时期，毛泽东总结了“敌进我退，敌驻我扰，敌疲我打，敌退我追”的游击战与根据地建设的经验，指出“这种战术正如打网，要随时打开，又要随时收拢。打开以争取群众，收拢以应付敌人。三年以来，都是用的这种战术”①。这种“打网”的战术就是，进攻时集中主力，进攻后迅速分散，避免阵地战，力求在运动中歼灭敌人的有生力量。与国民党内战时如此，和武器更为先进、现代的日军斗争时也如此。

用水来比喻根据地是想强调，根据地不是固定化的空间，而是流动性的空间。“水”在中国传统政治中是“民”的象征，所谓“民为贵，社稷次之，君为轻”(《孟子》)、“水则载舟，水则覆舟”(《荀子》)，而在中国共产党的政治话语中，人民群众是汪洋大海，用的也是“水”的意象，这种人民观来自毛泽东的人民战争思想。网的特征是可以随时撒开，又能随时聚拢，这也就是组织人民、动员群众的工作。在这个意义上，中国共产党是把“水”织成“网”的政治力量，依靠社会组织和文化宣传，把人民群众变成具有联动性和组织化的网。其中，最有效的把“水”变成“网”的机制之一就是基层传播。基层传播使得高度分散、彼此分割的根据地之间以及根据地内部实现了信息、物资和人员的流通。

基层传播的社会组织形态是两种制度的结合：一是自上而下的以政党为核心的行政制度，二是扁平化的、以群众路线为核心的基层制度。这种“一元化领导”和群众路线的辩证统一就是基层传播的制度基础。随着互联网、平

---

① 《毛泽东选集》第1卷，人民出版社1991年版，第104页。

台社会的出现，人们把互联网作为信息连接和传递的典范，可以通过终端或中介，实现跨区域的互联互通。其实，在互联网之前，电视网、广播网、邮政网同样具有“网络”的性质，是“没有互联网的互联网”。具体表现为：一是依靠政党政治的组织来搭建信息网络，有一级行政机构，就有一级交通站，从而实现网络自上而下的全覆盖。这种制度一直延续到中华人民共和国成立之后，广播网、电影发行网、电视网等都依靠这种行政化的信息网络，既覆盖了城市，又深入了乡村，直到4G时代、5G时代，仍须依靠国家力量来实现信息网络的普及。二是信息传输过程塑造了两类政治主体：(1)为人民服务的邮递员；(2)在基层承担信息传递职责的人民群众。这是专业化的技术知识分子与群众路线结合的产物，从而信息传输不只是信息的抵达，而且包含对信息的宣传、解释和社会治理功能。这些研究都为在互通互联的网络时代，重新反思技术与政治、宣传与治理等问题提供了历史的维度和鲜活的中国经验。

第三节　案例分析：根据地的“门板报”实践

基层传播的社会功能与晋冀鲁豫根据地的“门板报”实践①

近些年，平台社会、平台化媒体成为传播研究和媒介研究的热门话题，以移动互联网为基础、以智能手机为终端，平台媒体成为移动互联网时代最重要的传播形态。一般而言，平台化媒体具有四个典型特征：一是用户生产内容，如自媒体、UP主等都是内容提供者；二是互动性和社交化，点赞、发“弹幕”或把信息发布在朋友圈、微信群、贴吧等虚拟空间，互动本身就具有社交功能；三是受众分众化，算法强化了信息发布和分享的圈层化，大众文化、公共文化变成彼此分层、隔绝的分众文化和圈层文化；四是媒介平台化，平台化

① 本案例来自张慧瑜：《流动的“自媒体”与基层传播的社会功能——以晋冀鲁豫根据地的“门板报”实践为案例》，《现代传播（中国传媒大学学报）》2023年第5期，第37—43页，这里做了一定修改。

媒体成为信息传播的核心，平台一旦成功搭建就具有垄断性和排他性。这些对平台媒体的理解往往建立在传统媒体与平台媒体的二元对立之上，相比于传统媒体（如报纸、广电、电影等）的单向度、精英化和专业主义，平台化媒体更具有生产者与消费者的互动性和社交化传播的特征。这种基于媒介传播形态的角度对新旧媒体的理解有一定道理，突出了新旧媒体的差异，但也带来一些简单化和去历史化的问题。一是过于媒介技术主义，移动互联网在技术上解决了用户生产内容、消费者自主传播的问题，并不意味着用户、消费者在媒介使用上完全掌握了主动性，算法推荐反而带来了更明显的“信息茧房”效应。二是虽然传统媒体受媒介技术限制属于单向度的媒体，但从历史上看传统媒体并非没有做过媒体交互性和平台化的尝试。在这个意义上，需要重新引入媒介社会学、新闻社会学的视角，以此更加辩证地理解传统媒体与平台化媒体的关系。

我们回看中国根据地新闻史，以解放战争时期晋冀鲁豫根据地的“门板报”为例，呈现在物质匮乏、技术落后的背景下，跟随部队流动的“就地取材”的门板报参与基层传播的历史经验，探究普通战士办门板报的过程，以及这块深入每一个连队的“自媒体”如何使基层空间媒介化，从内容生产到阅读反馈，完成对基层官兵的动员、社交和组织工作。笔者借此案例尝试澄清四点：一是，门板报及其媒介实践突破了数字媒体与传统媒体的隔阂，传统媒体中也存在数字时代的媒介经验，如“用户生产内容”并不只是互联网时代的产物，门板报就曾成为基层战士的“自媒体”；二是，中国现代化过程中也形成了基层传播介入基层治理的经验，门板报就是把基层空间媒介化的典型案例；三是，基层传播的特征之一是把“不是媒介的媒介”变成媒介，正如门板本来是起到遮蔽和阻挡功能，但在战争状态下，易于获得的门板就被“借用”为服务于基层传播的媒介；四是，我们要对媒介技术与社会之间的关系进行再反思，与技术决定论/技术主义者把技术本身当作媒介效应不同，社会关系和媒介组织方式也可以改造媒介技术，改变技术的社会属性，媒介技术与社会应用之间是一种相互重塑的关系。

一、从固定的黑板报到流动的门板报

1947年4月29日，晋冀鲁豫《人民日报》同时刊发了三篇关于门板报的报道[①]，分别是《激励人民战士的新英雄主义　毅字部队创造门板报》（第1版）、《门板报活跃了毅字部》（第4版）、《前线部队的新创造——门板报》（第4版）。这三篇新闻集中报道了毅字部队用门板报进行基层宣传的经验，展现了门板报的形态、效果和具体做法，供其他连队效仿。这篇文章组成了关于毅字部队的典型报道，一方面有对创造门板报的毅字部队进行表扬的作用，因为登报、上报本身是一种精神鼓励，另一方面希望其他部队也能学习毅字部队创办门板报的经验。典型报道作为一种“不是新闻的新闻”[②]，不是报道新近发生的事情，而是从生产、生活中发掘、总结“典型”案例，用“典型”的正面示范性和负面警示性来推动社会改造。这种以介绍地方经验为主体的典型报道是党报党刊中常见的题材，反映了党报党刊的基本功能，即以新闻媒介参与政治和社会治理。

《前线部队的新创造——门板报》这样描述门板报：“门板报就是每到宿营地，便竖一块门板在部队集结场所，收到稿子，经审阅修改，不管是三角四方破皱纸张，只要写了就贴上去。因为要求低，能写就写，不会写可画画。现

---

① 晋冀鲁豫抗日根据地是抗日战争时期中国共产党领导的敌后抗日根据地，是位于同蒲路以东，津浦路以西，陇海路以北，正太、石德路以南的广大地区，包括太行、太岳、冀鲁豫、冀南4个区。全区拥有县城105座，面积60万平方千米，人口2550万。1937年至1938年，刘伯承、徐向前、邓小平率129师进入山西前线，以太行山为依托，创建了太行山根据地，与山西“抗敌决死队”一道，开辟了太岳根据地。陈再道、宋任穷部进入冀南，开辟了冀南根据地。1937—1944年，共与敌战斗3万余次，歼灭日伪军19万余人，巩固和扩大了根据地。1946年5月15日，晋冀鲁豫根据地的机关报《人民日报》创刊，截至1948年6月14日停刊，共出版746期，此后与《晋察冀日报》合并，成为华北根据地和党中央的机关报；后来《人民日报》跟随党中央进北京，成为中共中央的机关报。1946—1948年，作为根据地机关报的《人民日报》一般被称为晋冀鲁豫《人民日报》。本文所研究的门板报就来自这个时期的《人民日报》。

② 党报党刊中有很多报道不是对新闻事件的呈现，而是涉及党和国家的政策、地方治理经验等，我把这些新闻题材命名为“不是新闻的新闻”，虽然它们报道的不是新近发生的事件，但这些对不同领域、行业的生产经验、治理经验的深入报道，是媒体介入社会治理的体现。典型报道就属于这种“不是新闻的新闻”，用塑造典型的方式来参与社会治理。

实性强，通常昨天的事今天早饭就可在门板报上看见。”[①]门板本来是固定在门框上的木板，是华北农村地区经常采用的一种门具，在战争状态下，门板被卸下来，用作行军床或者抬担架的木板。门板报则开发了门板的另一种用途。在部队行军打仗时，各连队随身携带一块门板，当部队休息时，门板被竖起来变成一张“报纸”的展板，战士们可以把自己写的新闻稿贴在上面，既能学习识字，又能相互提意见。“战士们每天晚上，自由的集合一起，相互找好，行军时则在进房子之后，大家边烫脚边找好，战斗下来，找好结合检讨会，每个战士、干部每天都从一天的行动中找出成绩，大家同意就记到记好本上，并由班里识字人写成（或画书）稿子，贴到支部出版的门板报上表扬（有时也有批评）。”[②]从这里可以看出门板报的新闻属性：第一，“谁来写”。门板报的写作主体多元，每个战士、干部和能写、会画的群众都可以参与。第二，“写什么”。门板报主要呈现三种内容：一是在战斗、行军中出现的英雄模范故事，二是传递如打胜仗等的战争消息，三是对干部、战士提的批评意见。第三，“为谁写”。读者和作者一样，也是连队内部的干部和士兵。第四，“通过什么写”。门板报就是利用门板这种最方便得到的平台。一块小小的门板，就可以在连队内部建立一种具有信息传播、社会交流功能的公共媒体。

相比于现代大众媒介，门板报这种具有根据地特色的“流动媒介”，在传播机制上有一些特殊之处。第一是物质基础。门板本来属于不承担传播功能的非媒介，但是被“再媒介化”后却成为能够发布信息的“布告栏”，由此被挖掘出新的媒介属性和被赋予多元的传播价值。作为门板报物质基础的门板成本低廉，是北方农村地区常见的材料，易于就地取材。第二是组织基础。门板报依靠基层连队的党支部的组织形态，在变成宣传工作的手段后，随之成为新闻意义上的“编辑部”。第三是“时效性”。门板报每天都可以写、每天都可以发布，晚上的门板报就能及时反映近期的内容，“门板报多是每天一

---

① 康健：《前线部队的新创造——门板报》，晋冀鲁豫《人民日报》1947 年 4 月 29 日，第 4 版。

② 同上。

期,昨日的事和当天的事马上都能得到反映”[①]。第四是“流动性”。门板报方便携带,可以随时移动,是根据地时期可移动的“自媒体”,“门板报放的位置也不固定:开饭时就把门板报抬到饭厅里,游戏时就抬到操场上,行军时不能用门板,就把报分散贴在一些同志的背包上,边走边看,作战时就把门板报抬到战壕里,只要一有机会,战士们就都聚集在门板报的前面,各班争先读自己的报”[②]。门板报虽然简陋,但却带有互联网时代自媒体的传播特征,一块门板就像一个 BBS,既是连队的“公共媒体”,也是群众自己参与内容生产的“自媒体”,而战士是发帖人[稿子确实需要“帖”(贴)在门板上],也是帖子的阅读者。门板报的可移动性使其成为能够自由移动的“自媒体”,就像现代化的手机、个人电脑一样。

晋冀鲁豫根据地把门板报作为基层连队的宣传手段,与中国共产党深入基层的宣传政策有关。中国共产党 1927 年之前主要在城市进行革命宣传活动,1927 年从城市被迫转向农村,以毛泽东为代表的共产党人开始走“农村包围城市”“武装夺取政权”的革命道路。除了军事上的游击战之外,还对根据地进行了社会和文化建设。与城市不同,农村根据地是非现代、非大众的区域,缺乏现代大众媒介,也没有能够使用现代媒介的受众。这就需要发明、创造一种适合农村的宣传策略。在农村进行的革命宣传有这样几个特点:一是要充分使用各种媒介,如标语、口号;二是要利用群众戏剧、大众音乐等文艺手段;三是要召开群众大会等会议。面对非现代化的、落后的农民,基层传播的作用一方面在于采取各种方式进行扫盲、识字教育,另一方面在于把现代、革命的理念传播给农民。其中,被改造成为黑板报的黑板就是最有代表性的基层传播媒介,这是一种把“不是媒介的媒介”媒介化的宣传策略。黑板本来是 19 世纪末期从西方引进的教学用具,是现代教室中服务于教学的启蒙工具。出现在教室后面的黑板报改变了黑板单纯作为教育工具的功能,而黑板报被放在教室外面,就变成了宣传栏。在 20 世纪 40 年代的晋绥地

---

① 勇进:《激励人民战士的新英雄主义　毅字部队创造门板报》,晋冀鲁豫《人民日报》1947 年 4 月 29 日,第 1 版。

② 张晋德:《华北人民解放军中的文化活动》,《人民日报》1949 年 3 月 15 日,第 4 版。

区，黑板报成为共产党基层宣传的方式，被大力推广。黑板报作为服务于基层的自媒体，有两种社会功能。第一，把外部的新闻、消息传递到基层内部，如国家大事、党的政策被以“转载”的方式抄录在黑板上。这种“转载”建立在两个历史背景基础上：一是报纸等媒介无法下沉到基层，转载的方式可以使得信息传递到基层，也就是说在可以通过广播、电视等技术的方式下沉到基层之前，转载是实现信息下沉的廉价方式；二是当时读书、识字率低，新闻、政策被抄录到黑板上，就变成了供群众“学习”的内容，黑板报可以完成对信息的传播。第二，黑板报是实现基层公共化、社会化的媒介平台，其主体内容反映了班级和基层生活。

在这个意义上，门板报可以说是一种移动的黑板报，是对黑板报的一种创新和改造，固定在墙上的黑板因之变成可以流动的“自媒体”，以适应连队行军打仗的特点。类似的服务于基层的媒体还有很多，如前沿阵地的火线报、战壕报、枪杆诗等。这种把基层非媒介媒介化的方式是一种基层传播的经验。基层传播是指发生在基层空间里的传播行为，是在20世纪中国政治、社会变革过程中形成的新闻传播理念。借助基层化的媒介，共产党可以进行基层动员和社会建设，如黑板报、宣传栏、歌咏比赛、广场舞、公共卫生教育、垃圾分类宣传等都属于基层传播。相比于西方的社区传播，基层传播更符合中国本土的实践。一方面，基层治理、基层建设是中国行政管理的有机组成部分；另一方面，文化、传播是基层治理的中介和形式，尤其是在像中国这种第三世界、发展中国家，传播媒介须更加主动地参与经济、社会领域的建设。基层传播的形成源于根据地时期对农村、偏远地区的战争动员和文化建设。就地取材，充分利用所在地区的材料，如墙壁、门板等，是一种低成本、低技术，但行之有效的宣传和动员手段。

二、门板报的组织机制与写稿的根据地

这种“战士写、战士读”的门板报的运行需要“编辑部”来组织。“它的编辑部，一般都是以连队支部为核心组成的；政指当报社主任，掌握报纸中心内容及全盘工作，文干当编辑委员，负责张贴登记稿子，督促写稿与收稿，领导

通讯员；支部宣委当广播委员，负责阅读，修改稿子，及时评论每班、排及个人稿子的好坏。全连队的战士群众，都是它的通讯员和读者。”①从门板报的编辑部与基层党支部的重叠中可以看出，门板报具有特殊的组织传播和政治传播的媒介属性。传统意义上，组织传播是指某个组织凭借组织和系统的力量所进行的有领导、有秩序、有目的的信息传播活动，其最大特征就是凭借组织自身的系统进行传播。② 在门板报的组织系统中，门板报编辑部的组织框架与党支部重叠，政治指导员、文职干部、宣传委员同时兼任门板报的工作，他们是组织、鼓励战士写稿和阅读的基层工作者。政治传播是指政治共同体的政治信息的扩散、接受、认同、内化等有机系统的运行过程，是政治共同体内与政治共同体间的政治信息的流动过程。③ 中国共产党作为列宁式政党有两个基本特征：一是高度组织化，也就是纪律性；二是高度宣传化，宣传是政党及其党员的基本任务之一，这也是“全党办报”理论的来源。基层党支部是列宁式政党的组织建设方式。一方面，用党组织来重构基层空间，政党得以深入基层；另一方面，以基层党组织为基础，自下而上形成一个垂直的树状的网络结构，以此实现政治信息的纵向流动。列宁在创办《火星报》时提出：“报纸不仅是集体的宣传员和集体的鼓动员，而且是集体的组织者。”④由此看来，在“组织传播”和“政治传播”的概念诞生之前，共产党已经以其政治实践形成了一套独属自己的对传播媒介的组织、政治话语体系建构与治理机制。

门板报作为基层传播的媒介，是两种政治制度的结果。一是支部建在连上的政治制度。如果连队没有支部，也不会出现服务于政治的门板报。1927年秋收起义失败之后，毛泽东带领起义部队转战井冈山，在江西省永新县三湾村进行了改编，提出了“支部建在连上”的党领导军队的基本政治制度，建

---

① 本报资料室整理：《加强部队战斗力的门板报》，晋冀鲁豫《人民日报》1947年3月23日，第2版。

② 魏永征：《关于组织传播》，《新闻大学》1997年第3期，第31—34页。

③ 荆学民、苏颖：《中国政治传播研究的学术路径与现实维度》，《中国社会科学》2014年第2期，第79—95页。

④ 魏永征：《关于组织传播》，《新闻大学》1997年第3期，第31—34页。

立了“连支部、营委、团委、军委”四级党的领导机关，用党组织来建构军队的组织系统，形成了军事指挥官和政治指导员的双重领导机制。依靠基层组织，党由下而上对士兵、基层进行管理和动员。二是政治组织的方法。《加强部队战斗力的门板报》报道特别指出，办门板报依靠的是组织工作的方法，“门板报要想办起来，必须有细致的组织工作，艰苦耐心的去发动群众组织群众，把群众组织到门板报运动中来”①。

“细致的组织工作”和“艰苦耐心的去发动群众组织群众”是组织工作的基本方法。“细致的”和“艰苦耐心的”描述的都是组织工作的方法和策略，它不是自上而下命令式的，也不是管理式的，而是一种说服工作，这是一种政治工作的治理术——使人的心理从外在的强迫变成一种内化的认同。与西方学术话语体系下的“组织”概念——西方的“组织”话语偏向对政府、企业、军队等实体部门机构的诠释——不同，根据地时期共产党的“组织”话语中包含两层意义：第一层是名词，组织是指中国共产党的政党组织和支部组织；第二层是动词，组织是指共产党如何撮合群众变成一个集体和基层。此外，与传统的组织传播理论所认为的组织传播的动力来源于组织本身自上而下的强制力②的观念不同，在共产党的门板报宣传实践中，“细致”和“耐心”是一种政治工作的方法，不只是规章制度、操作手册，而且是一种说服、感化和教育，这也彰显了共产党“从群众中来，到群众中去”式的双向组织传播路径。这种柔性的组织传播包括三个层次。第一，这是一种面对面的工作方法，其中有两个主体：一是干部、政治工作者，二是群众；干部耐心做群众的工作。第二，这不是强制性的规训与惩罚、命令与执行，而是一种由双向互动产生的由衷认同和接受。第三，这是一种群众路线的基本方法，群众动员、群众运动成功的秘密就在于感化和说服。

就像其他基层工作一样，门板报也用“细致的组织工作”来动员和组织群众参与。这种细致性体现在两方面：第一是耐心地说服和教育。比如，“红

① 《加强部队战斗力的门板报》，晋冀鲁豫《人民日报》1947 年 5 月 23 日，第 2 版。

② 魏永征：《关于组织传播》，《新闻大学》1997 年第 3 期，第 31—34 页。

字部队某营文干王荣堂同志，为了建立门板报，下尽苦功。他发动战士、卫生员、伙夫写稿时，有的说不识字，有的说文化水平低，他说想说啥就说啥，干什么写什么，你做饭写做饭，你出操写出操，行军就写行军。不识字，不能拿笔的，他就替他们写，写好后就对着大家念。不几天把报纸闹得红火起来”①。“干什么写什么”是根据地时期进行的群众写作教育中的常见规范。对于群众写作来说，自己的生活和工作成为写作的首要题材，这不只是为初学者解决写作题材的问题，而且是把自己的生活对象化，并赋予其意义的过程。也就是说，“干什么写什么”本来是一种带有个人自传、自述和日记性质的书写类型，群众写作因其写作主体的特殊性而使这种自叙式的写作转变为一种公共写作和公共表达。这种“干什么写什么”的写作规范具有三重意义：一是把自己的工作和生活对象化，写作的过程也是意义生成的过程，这是一种文化规训；二是写自己，也就意味着，写作这种媒介方式成为写作者的“自媒体”，是把写作主体从读者/受众变成作者的过程；三是先干后写，意味着写作在行动之后，先有行动，后有写作，写作是行动的“镜像”。

第二是精细化的、情感化的工作，即细致入微地动员战士参与门板报工作。比如，关于门板报“怎样才能办起来”，有七条工作建议。其中，第七条是：“一定要读报，使报纸发生实效，引起群众兴趣。一位理发师写了一篇稿子，文化干事忘了读，他很生气的说：‘我不写了，文化干事不读我的，我写的不好吧！’文化干事马上向他陪（赔）错，他才高兴。”②这种面对面的说服工作是一种细致的情感动员，把动之以情、晓之以理作为政治认同的基础③，同时也印证了共产党的组织传播过程中存在双重主体或者说双重本位，即“组织本位+受众本位”。门板报和党报党刊虽同属于共产党的组织宣传类型，但是其组织传播特点却各不同。党报党刊偏向“组织本位”，由专业的记者和编辑严格遵守党性原则，进行专业化的新闻生产和自上而下的单向化的传播，新

① 《加强部队战斗力的门板报》，晋冀鲁豫《人民日报》1947年5月23日，第2版。

② 同上。

③ “情感转向”成为近些年文化研究的热门概念，强调非理性的情感成为政治认同、社会认同的基础，而在根据地时期，情感教育是一种常用的动员手段和治理技术。

闻一旦被发布后就脱离了组织的视域，很难在传播效果层面接收到受众反馈。但门板报则是“组织本位”和“受众本位”相结合的“有机体”。一方面，门板报本身就具有极强的政治属性，多用于宣传党的方针、政策、路线等事宜，所以在传播主体、传播目的、传播内容上都具有极强的组织系统的纪律性和宣传性色彩，凸显出其“组织本位”特征；另一方面，门板报有较为固定的传播受众，一般是通过同一块门板阅读信息的群众，传播范围有边界，仅限于可见可得的群体，所以受众能够随时随地、及时有效地向门板报的“编辑部”反馈自己的意见，从而达到双向沟通、自主认同的效果，呈现出其“受众本位”特征。

从门板报中可以看出，这种耐心、细致的工作的目的是动员战士写稿，使其通过写稿获得主体感。门板报可以鼓励士兵写稿，让士兵变成基层通讯员、变成有主体性的战士。群众从被动的阅读者，变成主动的写稿者，是参与基层事务的主体，通过写稿完成了主体化。门板报的特点是写完就能发表，解决了发表的难题。门板报不像墙报那么整齐和美观，可使战士获得发表的渠道，“这些稿子无论句子怎么不通，无论错别字怎么多，无论内容怎么简单，门板报都不拒绝刊登，因此门板报从过去一切形式平凡的墙报中冲出来，获得了最广泛的群众性”①。通过写稿，战士把门板报当作了“写稿的根据地”②，称门板报为“自媒体”借用了互联网时代“用户生产内容”的概念，而对于当时参与门板报行动的战士来说，门板报也是一种“写稿的根据地”，“根据地”强调的是一种自主性，就是任何战士都可以在门板报上发表作品。这种通过写作获得的主体感产生了三重社会效应：一是写作改造了主体，让落后的、愚昧的群众变成了能够言说/书写的现代主体；二是写作改造了大众媒介，使得单向传播的报纸变成了具有参与感和互动性的双向媒体；三是写作改造了基层社会，以写作为媒介的基层传播塑造了基层组织内部的社会性和有机性。

---

① 吴象：《门板报与记好学好运动》，晋冀鲁豫《人民日报》1947 年 6 月 5 日，第 4 版。

② 同上。

门板报成为根据地时期基层党支部的宣传手段，这是一种以宣传为媒介的组织传播实践。这种组织传播体现了共产党在组织和团结群众方面除特殊政治工作方法外，还有深层次的情感动员。这种情感动员不是说教、灌输，而是一种“耐心细致”的思想政治工作和意识形态劝服，体现为谈心、说服、开动员会、解开思想疙瘩等技术手段，以及解放、民主、自由、独立等话语。因此，门板报的功能不只是传递消息，而且是介入基层治理。借助门板报组织化、系统化、基层化、自主化、双向化地鼓励战士、群众写稿，既是群众参与生产新闻的方式，也是群众对政治宣传和思想教育潜移默化吸收和主动被改造的过程。在这个意义上，创办基层媒体、以基层媒体为中介进行政治宣传活动本身就是政治实践的组成部分。这种战争中形成的流动的门板报把门板这一非媒体媒介化，在连队内部形成了公共化、社会化的空间。

三、门板报的社会功能：记好学好运动与数字化管理

门板报成为深入连队内部的基层媒体，实现了对基层连队的媒介化，使连队拥有了物美价廉的“自媒体”，是一种典型的基层传播形态。相关报道之所以把门板报树立为一种宣传典型，是因为门板报作为一种有效的政治宣传手段和新的政治工作方法，推动了当时基层连队正在进行的“记好学好”运动。“门板报的作用，不仅在于传播消息，鼓励士气，更重要的是在于发现好处，发扬正气，推动工作。”[①]门板不再是一个沉默的木制物品，而变成了一张传播消息和思想交流的“报纸”，“用这样的门板报来联系群众，来发扬群众的积极性和创造性，这不只是一个报纸的问题，而且是一个新的好的领导方法”[②]。

门板报参与基层治理，实现了三个社会功能。一是处理干部与群众之间的关系。“开始是干部带头领导找好，写稿子表扬战士，后来战士们互相表扬起来，又去表扬干部，愈经常大家愈积极，工作愈起劲。干部觉得战士太好

---

① 勇进：《门板报活跃了毅字部》，晋冀鲁豫《人民日报》1947 年 4 月 29 日，第 4 版。

② 勇进：《激励人民战士的新英雄主义　毅字部队创造门板报》，晋冀鲁豫《人民日报》1947 年 4 月 29 日，第 1 版。

了，以前没有积极分子是自己领导不好。战士们也觉得干部们太好了，有些困难应该体谅。”[①]门板报改善了干部与群众之间的关系，使之从领导与被领导，变成相互表扬、监督的关系。可以说，门板报这一基层媒介手段融洽了干部与群众之间、士兵与士兵之间的关系，“官表扬兵，兵表扬兵，兵表扬官的群众性的表扬方法，使部队换了一个样子”[②]，达到了塑造军民团结的政治共同体的效用。

二是处理少数与多数之间的关系。评选英雄模范以及召开群英会、表扬英雄模范是塑造典型的宣传模式，但这种模式只把少数人塑造为英雄模范，并不一定会带动群众的积极性和创造性，甚至会导致少数人的脱节。“表扬英雄模范是一种最好的教育与批评，可以激发群众的正气、积极性与创造性，然而英雄模范总只少数。如果英雄模范不善于照顾群众的水平，就很难把群众全部都带领起来，相反的，也许会遭到落后分子的讽刺。门板报与记好学好运动开展后，不仅英雄模范能得到表扬，广大的中间分子也能得到表扬，愿意进步的落后分子也能得到表扬。多数人都被表扬了，这就造成了一种找好、学好的风气，造成了一种伟大的群众力量。”[③]所以，门板报是一种群众路线和群众运动的媒介，而群众路线是中国共产党的政治路线，也是基层工作的方法，其核心是发动群众、动员群众，让群众参与管理，调动群众的积极性。“记好的人数常常在百分之七十以上。记了好谁都羡慕高兴，但是没有眼红忌妒。因为任何人都不须眼红忌妒，记好的标准远不如当英雄模范的条件那样高，任何人都有充分的机会。”[④]对于部队来说，群众就是士兵，部队的战斗力就是群众路线的效果。如果说评选英雄模范是培养骨干和先进分子，那么门板报就是对中间分子的鼓励和表扬。因此，门板报体现了提倡新英雄主义，反对个人英雄。

三是介入基层治理。门板报的社会功能是服务于解放战争时期开展的

① 吴象：《门板报与记好学好运动》，晋冀鲁豫《人民日报》1947 年 6 月 5 日，第 4 版。
② 康健：《前线部队的新创造——门板报》，晋冀鲁豫《人民日报》1947 年 4 月 29 日，第 4 版。
③ 吴象：《门板报与记好学好运动》，晋冀鲁豫《人民日报》1947 年 6 月 5 日，第 4 版。
④ 同上。

战士记功运动，这种记功运动是解放战争时期出现、获得大规模推广的政治工作方法。对功劳的评选和认定都需要通过门板报这种基层媒介来实现。1946 年，解放战争刚刚开始，很多战士要求发功劳奖。新四军下基层的政治工作者、木刻家赖少其[①]敏锐地发现，记功运动可以极大地提升战士的积极性，于是他针对立功、记功的经验写了一篇报告《立功作为政治工作》，并受到上级的重视。这种立功运动随之在解放军部队中广泛开展起来。赖少其因积极总结和参与领导立功运动而被评为解放战争的“一等功臣”。正是这种深入个体的量化管理方式，提升了每一个战士的战斗积极性。立功运动的出现既来源于群众的首创精神，又与赖少其这种下基层的政治工作者有关，是政治工作与群众路线相结合的产物。

门板报作为基层媒介参与了对立功运动的宣传，对战斗中立功的战士和事迹用新闻报道的方式进行表扬。为了配合记好运动，门板报还把好人好事换算成分数，作为一种对个人的口碑与信用的评价。这种记好运动就像一种数字化、量化的人力资源管理方式，与互联网时代平台化媒体中的点赞、评论、转发等方式相似，只是评价的标准不同。这种量化管理的方式被运用在根据地很多实践中，目的在于激发每个人在团队协作中的价值。“记好的内容，包括着行军、作战、练武、群众工作等的点滴优点。一般是根据任务与上级号召。好的大小，根据群众的评定，根据完成任务与战斗功绩的大小，分为班好、排好、连好，都可以三三累进，两个连好，就是一个小功，做到有好记好，有功记功。记好的办法，一般经验是干部与支部要抓得紧，及时记录。”[②]

在这种记好学好运动中，“好”被当作一种评价和道德标准。“好”是一种中国传统的社群评价方式，相较于“进步”“先进”等具有现代化意义的评价话语，非现代化的根据地群众更易于从文化惯习的层面接受“好”。在日

① 赖少其是 20 世纪 30 年代受鲁迅影响的青年木刻家。他在 30 年代后期参加新四军，成为新四军的美术家和画报主编，用木刻服务于战时的画报创作；后来被捕，被关押在上饶集中营，成功逃跑后，又回归了新四军。

② 《人人学好，个个进步！——介绍前线部队记好学好运动》，晋冀鲁豫《人民日报》1947 年 5 月 24 日，第 2 版。

常生活中，“好人”的评价是对个体最正面的表扬，也是民间社会伦理最认可的标准，不涉及官职、名气、钱财，是对所在村庄、社群有贡献和有帮助的人的评价，体现了一种为公、利他的精神。记好学好运动在作为基层的连队内部形成了一种新的社群文化，这个“好”不是指英模和典型，而是指一种深入日常生活的“进步”。表扬、表彰也是党报党媒的底色，以正面报道、正面典型为主，这与以批评为底色的西方媒体、商业化媒体区别巨大。一是这来源于传统社会中“告示”的功能，功德、贡献将被记录、呈现，只是从贴在墙上、刻在石碑上，变成了印在报纸上；二是这对受表扬的人有精神鼓励的效果；三是这形成了一种共同体的/社区的文化意识，直到今天，机关、企业单位也会用年终奖作为鼓励方式。这形成了党报党刊中的一种报道风格，以表扬为主、以批评为辅，“从表扬积极沉着手，表扬典型范例来推动运动前进”①。

四、基层传播与根据地时期基层连队的新闻宣传机制

中国共产党自诞生以来就高度重视宣传工作，产生了两种党报党刊的形态：一种是中央的、面向全国的报纸和刊物；另一种是地方的、基层的媒体。基层传播中也有两种模式。第一种是自上而下，即让大众媒介扩散到基层。这往往需要借助信息传输和发行的网络，如邮政网、广播网、电视网、互联网等，需要借助邮递员、电影放映员等移动的主体，把电视、移动终端等连接入基层空间。第二种是借用基层媒介，也就是只在基层空间开展传播活动的媒介，如黑板报、宣传栏、广播站等。这些媒介把基层空间媒介化，用于组织基层公共生活，如门板报这种扎根基层的媒体。在物质匮乏、技术落后的背景下，根据地就地取材，借助黑板报、门板报、壁报、标语等简便的媒介形态，深入基层，对群众进行宣传和教育工作，让群众不仅成为这些基层媒介的阅读者，也成为其创作主体。正是扎根于基层单位的各种文化传播手段对战争中的非现代的、非都市的主体完成了文化启蒙，使之从愚昧的、落后的状态变成

① 冰如：《谈发扬优点与批评》，晋冀鲁豫《人民日报》1947年9月1日，第4版。

理性化的、有行动力的主体①。

门板报的意义在于，把基层空间媒介化，使得基层拥有了自主性的媒体，而不再只是外来媒体下沉的空间，也就是说，门板报是基层的“自媒体”，使基层变成了具有主动性的空间。从而，门板报成为一种具有公共性、平台化的媒介。门板报作为服务于基层的传播媒介，有两个作用，一是传播消息，二是介入、参与组织宣传工作。“门板报的作用，不仅在于传播消息，鼓励士气，更重要的是在于发现好处，发扬正气，推动工作。”②门板报把基层媒介化、公共化和平台化：媒介化是指将基层空间媒介化，使得基层拥有了自主性的媒体；公共化是指提供了一种基层“公共领域”，在此，战士与干部可以相互表扬和批评；平台化是指群众可以写稿、发稿，基层群众可以通过阅读、讨论门板报获得集体感。扎根基层的门板报使基层连队变成了坚固的战斗堡垒，在机构上变成了一个组织，更重要的是，在战斗力上变成了一个基层单位。门板报不光用在部队中，也用在工地上作为宣传媒介，如《“这和打仗一样重要”　记防泛整险模范连》③就报道了战士修筑汪庄大堤、防止黄河决堤的工程，门板报是工地上重要的动员和宣传媒介。

互联网时代出现的自媒体借助新技术实现媒介自主化和虚拟社区空间的实践，不只是技术革命带来的新进步，而且是媒介参与社会治理的新变革。这种变革之“新”在于媒介形式之新，而非治理经验之新。从门板报的案例中可以看出，媒体下沉到基层以及用基层媒体参与社会治理，是根据地时期基层传播的历史经验。门板报虽小、非常简陋，却发挥了基层传播的社会功能，这涉及三重改造。第一，改造媒体，主动地利用媒介和媒体，把门板这一非媒介媒介化，创造了流动的黑板报平台，用媒体重构了基层空间；第二，改造群众，让群众通过参与门板报变成了理性化的现代主体，通过参与写稿、读稿和讨论，深层介入媒体生产，从而完成对其的政治动员和启蒙教育；第三，

---

① 张慧瑜：《触摸二十世纪的基层传播文化经验线索》，《社会科学报》2020年2月13日，第6版。

② 勇进：《门板报活跃了毅字部》，晋冀鲁豫《人民日报》1947年4月29日，第4版。

③ 长风：《“这和打仗一样重要”　记防泛整险模范连》，晋冀鲁豫《人民日报》1947年8月26日，第1版。

改造干部，干部用精细化、情感化的政治工作方法让门板报成为记好学好运动的媒介平台，“记好”式的数字化管理方式提升了战斗力和认同感，也融洽了干部与群众之间的关系。这是基层媒体参与基层治理的体现。此外，门板报的基层传播的运作机制中有两个核心，一是门板报这种低成本、普及化的深入基层的媒介，二是基层党支部的群众路线和群众工作。如果说前者是技术因素，那么后者则是组织和制度因素。只有朝向基层的技术与朝向基层的组织关系结合起来，才能形成门板报这种基层传播的实践。

重返晋冀鲁豫根据地中国共产党的门板报实践，我们可以发现共产党在新闻实践方面的诸多创新。第一，将非媒介再媒介化，创造性地挖掘普通物质的媒介属性。无论是从西方引进的现代化教育功用的黑板报，还是由门板改造发明的流动的门板报，都是共产党对在地媒介的物尽其用和对基层空间的媒介化改造，这让我们窥见了“万物皆媒”的可能性。第二，“组织本位”与“受众本位”相结合的组织传播，有异于西方传播学理论中的组织传播的自上而下的强制性意味，共产党的门板报实践是一种赋予受众“读”与“写”双重主体性的、既可以自上而下又可以自下而上的双向互动过程，以此达到意识形态宣传和情感组织动员的目的。第三，介入基层治理的基层传播。门板报作为基层传播媒介，在处理干部与群众关系、少数与多数关系以及政治、军事和生产等动员工作上发挥了重要的社会功能。

同时，我们也可以从门板报的新闻实践中窥见现代大众传播媒介的影子，以及反思当下新闻传播研究的相关讨论。一是对“何为媒介”的再思考。互联网时代“万物皆媒”是一种技术驱动下的“泛媒化”趋势①，并非扩大媒介的范围，世间存在的万物皆可为媒体。门板报的物质性改造的成功经验在于，门板自身的流动性、便捷性、易得性的媒介属性决定了其具有被挖掘成为传播媒介的可能性。二是对平台化媒体的延展性认知。当下对于平台媒体的理解是指以社交链接、技术驱动、资本创新为主导的互联网商业

① 彭兰：《万物皆媒——新一轮技术驱动的泛媒化趋势》，《编辑之友》2016 年第 3 期，第 5—10 页。

媒体平台[①]，如国外的脸谱网（Facebook）和YouTube，以及国内的微博、微信、今日头条等。麦克卢汉曾说，我们用“后视镜”来看现在，倒退着走向未来。根据地时期的门板报很像当下的“自媒体”和“平台媒体”：一方面，门板报虽然没有像当下的电脑、平板、手机一样通过新技术实现媒介的可移动化，但是却通过人的身体实现了门板报在基层空间的流动；另一方面，门板报作为一种“平台”，集结了内容生产者和消费者，并且通过赋予群众写作主体性的方式塑造了根据地时期的“UGC”或者“产消者”[②]。所以，这也可以拓展我们对于“平台媒体”的理解，用现代化的眼光去发现新闻史当中存在过、光辉过的媒介的特点和功能。三是重思媒介与社会的关系，从大数据、人工智能、区块链再到元宇宙，技术的迅猛发展催生媒介的剧烈变革，媒介技术在为人们的生活搭建更多便利沟通的桥梁的同时，也带来了信息茧房、网络成瘾、社交障碍等问题，如何去平衡媒介技术、人与社会的关系，是当下我们应该着重探讨的议题。这个问题必将随着技术的进一步更新换代而变得愈加复杂，或许，我们可以短暂地从共产党门板报的实践中获取一些启示：首先是“群众路线”式的以人为本精神，即要尊重受众的主体性，让他们能够从媒介中获得信息价值和情感认同；其次是双向互动的价值形塑，即用更平等的交流、表扬、奖励来实现平台与用户的相互认同等。

思考题

1. 根据地时期，基层传播是如何参与根据地建设的？
2. 根据地空间的基本特性有哪些？
3. 联系之前章节提到的“逆向流动的主体”概念，阐述乡村建设者和群众文艺工作者在基层工作方法上有哪些异同？

---

① 张志安、曾励：《媒体融合再观察：媒体平台化和平台媒体化》，《新闻与写作》2018年第8期，第86—89页。

② 李嘉卓：《产消者：融合时代平台型媒体的核心》，《青年记者》2015年第7期，第57—59页。

第七章　基层传播与单位制空间

本章提要

中华人民共和国成立后，在城市中普遍建立了计划经济体制下的单位制，国家以各个单位为基层，将广大人民群众充分动员起来，投入社会主义生产和建设。这种单位制将中国城市基层空间组织起来，是社会管理的重要方式。单位基层中存在丰富的传播活动，它们以基层化的文艺宣传为媒介，把群众组织起来。

单位是中华人民共和国成立以来城乡广泛存在的基层组织，尤其是20世纪50年代到70年代，在依托计划经济体制的社会管理方式下，单位成为国家进行社会资源分配、生产动员和社会整合的组织化形式，承担着生产工作、生活保障和学习教育等多种功能。从单位制的性质看，单位分为行政单位、事业单位和企业单位。行政单位是指党和行政机关、工会和共青团等社会组织；事业单位是指非营利的研究所、教育机关、医院等文化组织、医疗福利机关；企业单位是指营利组织的国营企业。[①] 改革开放之后，单一的计划经济体制很难适应社会发展的需求，随着市场要素的增多，单位以前承担的多

---

① 路风：《单位：一种特殊的社会组织形式》，《中国社会科学》1989年第1期，第71—88页。

元功能逐渐被其他市场化的社会组织分担，单位体制也就逐渐退出历史舞台，被社区制等新的城市管理方式替代。尽管单位的社会职能发生了变化，但单位体制的影响在社会中依然有迹可循。

第一节 单位制的起源与发展

学界一般认为，单位制的起源与中国共产党在根据地时期实行的"供给制"有关。为满足革命战争时的需要，中国共产党在部分革命队伍中实行军事共产主义的供给制，对经费和物资进行统一分配。东北地区解放之后，共产党同样按照计划体制的思路对社会进行管理，许多城市中的大型工厂已经初步具备了单位制的特征。中华人民共和国成立之后，为了稳固新生政权，党在全国范围内普遍建立了单位制，以加强对社会的管理，同时将广大工人群众动员起来，投入社会主义生产和建设。

在革命战争时期，中国共产党确立了"农村包围城市"的革命道路，在广大农村地区建立人民军队，建立革命根据地，进行武装斗争。为了将广大人民群众充分动员起来，中国共产党在各大根据地普遍建立了基层党组织，党员深入农村，将群众组织起来，领导群众进行革命斗争。"随着根据地的扩大和人员的增加，各种公有的经济、社会服务和文化教育等机构被建立起来，它们隶属于党政机关和军队，其组织目标完全服从于革命战争的需要，其人员属于革命队伍的成员。"[①]随着战争的深化，物资缺乏的问题越来越严重。因此，一方面，各根据地开始通过生产竞赛、劳模评选、生产运动等方式激发群众的生产积极性，积极动员群众进行生产活动，以满足对军事物资的需求；另一方面，部分根据地开始在革命队伍中实行军事共产主义的供给制。"中央革命军事委员会于 1932 年决定统一预算和拨付。所有补给和经费将由各根据地地方中央通过统一的体系提供，'统一供给，统筹统支'的原则得以确

① 路风：《单位：一种特殊的社会组织形式》，《中国社会科学》1989 年第 1 期，第 71—88 页。

立。”[①]供给制是一种战时分配制度，其覆盖范围包括对伙食、服装、津贴等物资的分配，并且规定了不同人员的供给标准。在这种军事共产主义式的分配原则下，大家都是不计报酬的革命工作者，属于集体主义生活中的革命队伍，这对取得战争胜利、保证革命干部和人民军队的最低生活需要，起到了重要的保障作用。

解放战争期间，东北地区的“典型单位制”的实践，为中华人民共和国成立后单位制在全国范围内的确立积累了经验。东北解放初期，共产党在接管企业和管理城市的过程中，借鉴根据地经验和苏联模式，结合东北地区当时的具体情况，逐渐概括出一套接收和管理城市及企业的模式和经验，“东北地区由于解放时间最早，加上与苏联毗连，交通便利，具备学习苏联经验、转化根据地经验的条件，因此成为中国最早进入到计划体制和单位体制的地区，并起到典型示范和中介的作用”[②]。以东北老工业基地为代表的超大型工业社区形成了极具特色的“典型单位制”，并对经济社会发展产生了极其深刻的影响。

1947年下半年，东北许多城市相继解放，对城市的接收和管理工作成为当务之急。根据中共中央东北局的指示精神，解放军每解放一座城市，都要迅速成立军事管制委员会，并取代国民党政府的城市政权机构，建立新的市政府、区公所，废除保甲制度，建立新的街公所，形成新的城市管理系统。但是，这种市、区、街三级政权的城市管理系统，以街政府为城市中的基层组织，把一切工作下放到街政府去做，大量的干部忙于街道事务，政策的执行难以被统一掌握，机构重叠导致工作开展起来混乱，同时把市政府悬在空中，与人民群众缺乏直接联系。为此，东北局及时总结了经验，改变了旧的区街组织形式，把政策法令和工作的布置与贯彻执行集中于市政府。在较大的城市中，保留区人民政府一级，在区人民代表大会尚未召开之前，以区公所为市一

① 〔美〕吕晓波：《小公经济：单位的革命起源》，载田毅鹏等：《重回单位研究——中外单位研究回视与展望》，社会科学文献出版社2015年版，第4页。

② 田毅鹏：《“典型单位制”的起源和形成》，载田毅鹏等：《重回单位研究——中外单位研究回视与展望》，社会科学文献出版社2015年版，第148页。

级派出的办事机构，完成市政府所指定的某些市政工作。同时，取消街公所或街政府，加强公安派出所的职能，把好的干部充实到市一级机构或公安派出所，或派到工厂、企业和学校中去。上述改制措施及其实施改变了传统的纵向行政垂直领导系统，加强了横向组织系统的作用。在这一体制下，政府不是直接面对作为个体的百姓民众，而通过以企事业单位为核心的“单位”“团体”“协会”来组织群众。市委从区街烦琐事务中解脱出来，区街被取消后，区街政府各项工作统一由市政府直接领导。从具体企业来看，共产党在接受、管理东北企业的过程中，为迅速恢复生产、支援关内的解放战争，积极建立了“包下来”的福利制度，开始将民众纳入高度组织化的企事业单位，这在提高劳动者生活水平的同时，也有助于克服民众涣散的问题，培养了民众的集体精神。① 从“街区制”到“单位制”，在最早解放的东北地区，中国共产党逐渐建立了城市管理制度，改变了以前城市管理结构混乱的局面，在提高生产效率、支援前线的同时，增强了党对新解放城市的统一管理。

单位作为中华人民共和国依靠政权力量在极端落后的状态中推进社会主义工业化的一种社会组织方式，在中华人民共和国成立初期的大规模经济建设中表现出较高的整体效率。但是，这种因过分依赖国家行政力量而日显僵化的组织形式越来越无法激发经济持续的内在活力，单位封闭性引发的各种社会问题也不断增多。改革开放之后，计划经济向市场经济转变，伴随着更加多元的分配方式的出现，由国家集中统一管理、占有和分配各种资源的体制格局被打破，单位对国家和上一级单位的依赖性不断弱化。随着社会化服务的发展以及人们需求满足和利益实现方式及途径的日益多样化，国有企业单位所承担的社会功能，如提供福利保障、供给住宅、办理幼儿园及中小学校入学手续、承办医疗机构等服务转移给了社会，国有企业从原来具有多种功能的单位组织转变为功能相对单纯的经济组织，个人及单位成员对单位组织的依赖性也逐步弱化，单位制逐渐解体。

---

① 田毅鹏：《“典型单位制”的起源和形成》，载田毅鹏等：《重回单位研究——中外单位研究回视与展望》，社会科学文献出版社 2015 年版，第 148—149 页。

第二节　基层传播与单位制的社会功能

中华人民共和国成立初期，国内外面临极其严峻复杂的形势，国家百废待兴，中国共产党和国家领导集体为了尽快稳定政局和恢复经济，借鉴根据地的供给制以及东北地区的单位制经验，在中国的城市中普遍建立了单位制，单位制成为重要的基层组织方式。大大小小的单位将中国城市社会划分为一个个网格，国家按照计划体制向各单位进行统一的人员和物资分配，党的组织也借助单位渗透到社会的方方面面。在网格外部，不同单位之间存在清晰的界限，工人和群众被统一划分进不同的网格，在单位内部进行各自的工作、生产以及社会交往。单位因其特殊属性成为一种复杂的社会组织，向上执行党和国家的行政任务，向下连接起形形色色的工人和群众，是中国社会最重要的中间组织。计划经济时期，党和国家利用单位这张覆盖广泛的基层网络，在城市基层空间实现了生产动员、政治整合、社会保障等多重功能。

一、经济功能：服务于社会主义工业生产

社会主义的单位空间首先是一个生产空间，其很重要的功能在于服务社会主义工业生产。中国社会主义的工业基于现代化生产的想象，形成了独特的工业精神和现代化想象。20 世纪 50 年代到 70 年代，国家把所有的资金和人力都投入重工业，因为重工业是国家现代化和工业化的前提和基础。工业的背后就是工厂，进而就会涉及工厂的管理以及工厂的制度问题。社会主义工业化强调国家组织工业生产的能力，而单位制很好地满足了组织工厂和工人的需要。

单位的生产组织的特征源于中国的计划经济体制：由国家统一组织分配和生产，生产资料为全体人民所有，是一种社会主义经济的基本形态。根据国家相关制度的规定："对于国有或集体单位来说，它们所拥有的资源和财产，实质上都不属于它们，即某个法人或自然人所有，而依然是国家和政府的财产。国家的资源占有权和财产权决定了国家对单位组织的干预和控制。

对这些组织来说，它们对其资源或财产的基本权利是国家给予的，它们只是受国家的委托，按照国家的意志对这些资源和财产进行管理……因而从本质上，单位组织与资源财产的关系，主要是调动资源和财产的权力，而并不是它们对这些资源和财产具有真正独立的权利。”①在这种意义上，国家是资源和财产的真正所有者，有充分的权力对国有各单位的财产和资源进行调动、管理。

在生产和分配方面，单位普遍实行“统收统支”制度，生产资料为全体人民所有。企业的收支由国家统一管理，企业生产必需的资金和原料全部由国家分配。工厂的所有权由其直接隶属于国家行政组织系统中的某个机构并接受它的管理来实现，工厂的全部经济活动——原材料的供应、生产、销售、劳动力的使用、报酬的支付、利润的分配等——由上级行政机构根据计划管理。

在人员管理方面，城市单位的劳动力同样由国家统一分配。1958 年，《中华人民共和国户口登记条例》实施，城市与农村间的迁移被严格控制，国家制定了统一管理城市居民就业的“统包统配”制度。在这种制度之下，城市的劳动力被分配到各个单位，接受国家的统一管理，企业没有自主的聘用权，工人也没有对单位的选择权，主要由国家分配到企业和工厂。“在‘非都市性城市化’的过程中，为了实现工业化，有效实行资本积累与资源调配的同时，还采取了防止农村人口流入城市、削减城市的社会成本、把积累的资金最大限度地投入工业的方针。所以，城市的公共设施、学校以及医院等社会成本的投入被最大限度地加以限制，在动员城市劳动人口积极就业的同时，为了防止农村剩余劳动力流入城市，国家严格强化了户籍制度管理。”②

在生产职能方面，单位制内部普遍实行现代的科层制管理方式，以对工人和生产进行更有效的管理。科层制的组织方式提高了工人的生产效率，不过对单位中的科层制存在一定的批判，因为当时中国的社会主义实践路线对

---

① 李路路、李汉林：《中国的单位组织：资源、权力与交换（修订版）》，生活·读书·新知三联书店 2019 年版，第 24 页。

② 陈立行：《计划经济时期“非都市城市化”推进机制研究》，载田毅鹏等：《重回单位研究——中外单位研究回视与展望》，社会科学文献出版社 2015 年版，第 138 页。

苏联那种以少数政治精英为主和为官僚阶层服务的社会主义实践始终保持批判态度，对科层制的官僚化也保持警惕。苏联在社会主义革命成功之后，形成了新阶级，党的领导干部变成了脱离群众的新阶级，因此苏联式的科层制度被看作一种修正主义，是脱离群众的体现。为避免中国的社会主义实践中出现类似的问题，当时，单位实行"两参一改三结合"的制度，以改变金字塔式的科层结构，在社会主义实践的内部进行批判和改革，让更多人能够参与技术攻关和企业管理。

计划经济时期，国家通过单位制实现了对生产资源和劳动力资源的统一调动和分配。"国营工厂"等单位内部按照科层制的方式对工人进行动员和管理，从而有效地提升了生产效率，服务了国家的社会主义建设。同时，这种单一的计划经济体制中也存在一定的问题。如国家对资源的高度掌控使得企业对国家产生了高度依赖，企业自身很大程度上失去了生产的自主权，而资源分配不合理、企业生产活力不足、管理体制失调等问题也随之出现。

二、政治功能：一种组织化的社会整合方式

单位作为国有经济体制下的组织，同时也是党和国家进行社会控制与管理的重要方式。借助基层单位，党和国家将广大城市空间组织起来，动员单位的劳动力积极投入生产，同时党和国家的各项政策也通过基层单位得以落实。国家借由单位制实现了对社会的整合。

单位制的特征与中国的政治特征是分不开的。中国共产党高度重视组织工作，党在全面执政之后，相继在全社会范围内建立了党的各级组织，形成了"纵向到底，横向到边"的组织网络。党在每个层级的各种机关、学校、工厂等社会团体中广泛成立党支部或者党组，在农村、街道、社区建立党的基层组织。20世纪50年代中期，随着私有企业被全面改造成国营企业，党组织在国营企业中普遍建立了党支部，党的基层组织分布在社会生活的各个领域。这种"纵向到底，横向到边"的组织网络形成了从中央到基层的政治整合机制，保障了国家的各项方针政策的有效执行。在一元指导体制下，中国共产

党直接参与从政策决定到行政活动的过程，国家机关、企业和事业单位都要服从党的绝对领导。

单位制时期，在单位内部，党的一元领导机制依然占据最重要的地位。“各个单位内部都设有党支部、党委员会，在企业内的各部门也设有党的下属组织，可以说共产党在单位内部构建了科层制的组织体系。在这种系统中，党和行政（企业）的关系成为重要问题。在苏联等传统社会主义国家，包括企业在内的行政体系和党系统的建立，具有党和行政双重权力机构的特征。而在中国是把党委员会在制度上嵌入行政体系，是党（党委员会）全面指导行政（企业、厂长）的一元权力机构。在党委领导的厂长负责制下，厂长并没有被授予重要的经营决策权。在企业内，党委员会掌握着重要的决策权、中级干部的任命权等，作为国家行政干部的厂长要完成国家下达的任务，但要在党委的领导下（党委领导下的厂长负责制）完成。企业的决策者是党委书记，其不仅在生产活动与组织经营上，而且在政治与生活的各个方面都有很大的权限。”①在党的一元领导体制下，单位中重要领导的人事任免权同样实行单一委任制，体现了国家对单位的实际管理。“各级各类单位组织领导人的选择，基本上是通过强制性推荐和将选举过程形式化等来加以控制。在国家数次颁布的企业法中，规定可由两种方式产生企业领导人，一种是上级任命，另一种是经过职工代表大会选举，然后经上级批准，这种情况下，职工代表大会的权利只是相对的，绝对的权利掌握在党和国家手中。对单位组织领导人的人事任免权决定了单位组织对国家的依赖性和国家对单位组织的控制。”②

在计划经济体制和单位制的作用下，国家掌握着社会上的绝大部分资源，高度控制着单位组织的生产和其他活动；同时，在党的一元领导体制下，单位被纳入党的组织体系，成为国家行政命令的执行者，无法脱离国家的行

---

① 〔日〕田中重好、徐向东：《单位制度与中国社会——改革开放前中国的社会构造》，载田毅鹏等：《重回单位研究——中外单位研究回视与展望》，社会科学文献出版社 2015 年版，第 45 页。

② 李路路、李汉林：《中国的单位组织：资源、权力与交换（修订版）》，生活·读书·新知三联书店 2019 年版，第 31 页。

政权力成为相对独立的社会组织。国家通过单位这一中介,将城市中的基层空间组织起来,以完成对各项政策的推进,这也深刻塑造着中国城市的社会结构。

三、社会功能:单位人的形成

在计划经济时期,不仅生产和消费资料由国家统一分配,而且衣食住行等生活资源同样须通过单位分配,工人必须经由单位获取个人生存所需的资源。所以,单位不仅是重要的生产空间和政治空间,也是工人重要的社会生活空间。单位不仅要具备生产经营等经济功能,也要照顾到工人生活的方方面面,是一个多元化、社会化的空间,向单位成员提供各种各样的资源和社会保障。

在单位内部,除了有工厂车间之外,还有宿舍、学校、医院、浴室、商店等公共设施,向职工提供生活住宿、子女教育、文化体育、医疗保障、退休养老等各方面的生活服务和社会保障。这些生活设施都相对集中地建设在各个单位中,在空间上实现了资源的集中和分配,个人无须离开单位就可以获得各方面的服务。同时,在“统包统配”的劳动力分配制度下,工人的工作岗位往往是“终身雇佣制”。单位中的成员很少发生职业流动,只要没有严重的违法乱纪行为,基本上一个人进入一个单位,就会在这个单位工作到退休。而且,不同的单位之间往往存在比较清晰的界限,个人很难在不同的单位之间频繁变动。这种制度让作为整体的单位系统基本处于稳定的状态,同时单位中的个人身份也趋于固定化。很多人在某个单位大院出生,就一直在这个单位中长大,对于个人来说,生老病死可能都在这个单位中,“单位”成了社会的代名词——单位就是社会。

基于相对稳定的单位结构,单位成员之间容易形成更加密切的人际关系。个人在成长过程中接触到的人员基本都是同一个单位的成员,空间的限制使得人与人之间的交往更加频繁,大家经常相遇在同一个单位中不同的场所。因此,在同一个单位中,成员之间的身份关系往往是多元重叠的,在生产方面属于同事关系,在社会生活方面则可能是邻居和朋友的关系,在亲缘方面也可能是亲属关系，而且在长时间的相处中，传统的人际关系不断发展和延伸，原本的同事关系有可能发展为亲属关系。所以，与现代社会相互分离、注重个体性的人际关系不同，单位社会的人际交往关系更接近传统的村落，是一个交往过密的“熟人社会”。单位成员之间的社会交往基本围绕单位空间进行，久而久之，“以厂为家”“以单位为家”的单位文化逐渐成形，单位成为个人获得身份认同和社会归属感的重要来源。

不过，单位社会在稳定的同时，也表现出不可避免的封闭性，从而实现了对单位成员的全面支配。单位作为一种社会生活空间，是如何形成其封闭性与支配性的？它们有哪些影响？第一，单位丰富的社会资源在很大程度上将人们的社会交往限制在了单位内部。一方面，由于人们的社会地位、生活待遇、受教育程度以及生活方式等都与单位高度相关，因此单位内部的交往更容易使交往者产生“共同语言”；另一方面，单位内部生活的自足性大大降低了人们在单位外部开展社会交往的内在需求。在单位制度及其他相关制度的刚性作用下，单位生活的封闭性得到了巩固和强化。户籍制度所建立起来的森严的城乡壁垒限制了农村居民进入城市——除了参军、提干、招工等少量机会。“体制外”的农民根本无法通过正常渠道获取“单位人”的身份。与此同时，计划经济所提供的永久性就业制度又排除了单位通过人事管理提高工作效率的可能。

第二，单位通过对社会资源的严密控制和分配，通过“垄断”单位成员的机会及其在社会、政治、经济及文化生活中所必需的资源，形成了对单位成员的支配，最终有效地控制了单位内成员的全部社会生活。计划体制和单位制度编织的巨网，客观上造成了单位人在经济、政治、社会乃至人格上对单位的全面依附，造成了单位人以自己对单位的全面依附、接受单位对自己的全面控制为代价来换取生存与发展所必需的资源的生存格局。与此同时，“单位内部的资源分配又带有浓厚的平均主义倾向，除了国家规定的工资收入差距以外，单位福利几乎都是人各一份。这就造成了人们的单位归属意识远远超过其阶层归属意识的社会现象。在社会交往中，人们关注的首先不是其阶层归属，而是他的单位归属。在单位内部，洋溢着‘父爱主义’精神的形形色色的组织关怀,工作世界与生活世界的重叠,以及单位成员之间错综复杂的非工作关系,则使单位内部世界形成了浓厚的家族化的群体氛围。人们有意无意地在工作关系中渗入亲情关系、乡土邻里关系的成分,使自己的情感需求通过单位内部的人际互动获得满足。单位就像是一个大家长,它提供一切,又控制一切”①。

随着改革开放的深入,单位对国家的依赖性、个人对单位的依赖性逐渐弱化,由国家与单位的两极构造所形成的中国社会的基本结构逐渐消解。个体、私营从业人员以及社会流动人员越来越多,扩充了城市基层管理的内容。社区制逐渐取代了原本的单位制、街区制,成为现代社会整合的重要方式。

第三节　案例分析:工人新村

上海曹杨新村:工人新村的空间生产与集体认同②

单位是中国基层社会普遍采取的特殊组织形式,具有超出社会分工的性质。它既是就业生产的经济组织、社会地位分配的政治组织,也是个人寻求支持的社会组织。单位制的出现与中国20世纪的历史有关。在根据地时期军事共产主义供给制和苏联经验的基础上,这种功能合一性的单位制应运而生。一般认为,“一五”计划完成是单位制形成的标志。③ 作为中国有史以来规模最为巨大的空间重组,单位制实现了国家对城市空间的支配,成为当时统一的国家权力和分散的社会成员之间的唯一中介。近年来,学界将单位制研究作为理解当代中国的重要切入点,主要从社区治理、组织动员和地理规划等方面分析单位制的起源、变迁和影响作用,并以历史视角解读单位制在

① 揭爱花:《单位:一种特殊的社会生活空间》,《浙江大学学报(人文社会科学版)》2000年第5期,第81页。

② 本案例来自“基层传播理论与方法”课程作业,作者为清华大学新闻与传播学院博士研究生王刚,这里做了一些修订。

③ 田毅鹏:《“典型单位制”的起源和形成》,《吉林大学社会科学学报》2007年第4期,第56—62页。

中国社会转型中暴露出的问题。[①] 目前的单位制研究中仍缺乏从传播学介入的视角，传播学空间研究中也缺少单位制的相关案例。单位制是中国基层社会的独特建设路径，值得从传播的视野来思索其发展经验与价值意义。在此背景下，本案例将单位制与基层传播相联系，挖掘其背后的传播逻辑、权力关系与意识形态，在历史的语境下反思以单位制为媒介产生互动与矛盾的国家与个人。

一、单位制与工人新村

工人新村是单位制的组成部分。出于工业化建设的需要，大批单位工人涌入城市，在提高生产效率的同时，也造成了城市住房资源的紧张。为解决这一问题，由政府出资，按照统一建造、统一分配、统一管理的原则，为工人群体建造的公共住宅“工人新村”出现了。

工人新村作为单位制的典型代表，除了是对住房短缺问题的现实回应，还是社会主义基层管理的组成部分。五四新文化运动时期，“共同劳动，共同消费，实行各尽所能、各取所需”的新村理念和“通过普及教育来战胜资产阶级，建成社会主义”的乌托邦社会主义传播至中国[②]，成为流行于新青年群体之间的社会思潮。1919 年，毛泽东在《新村计划书》中提出了大同社会式的新村设想，在未来的新社会里，“新村”是社会成员聚居生活的标准社区。“新村”将设有“公共育儿院，公共蒙养院，公共学校，公共图书馆，公共银行，公共农场，公共工作厂，公共消费社，公共剧院，公共病院，公园，博物馆，自治会”[③]。中华人民共和国成立之后，这种设想得以实现，上海、广州和东北等

---

① 赵丽鹏：《单位制社区内部异质性与社区治理——以北京市某社区为例》，《今日科苑》2020 年第 9 期，第 75—84 页；李珮瑶：《后发现代化进程中的“组织化”与“再组织化”——以单位共同体变迁为中心》，《山东社会科学》2020 年第 8 期，第 69—76 页；刘天宝、柴彦威：《地理学视角下单位制研究进展》，《地理科学进展》2012 年第 1 期，第 327—334 页。

② 杨辰：《日常生活空间的制度化——20 世纪 50 年代上海工人新村的空间分析框架》，《同济大学学报（社会科学版）》2009 年第 6 期，第 38—45 页。

③ 中共中央文献研究室、中共湖南省委《毛泽东早期文稿》编辑组编：《毛泽东早期文稿》，湖南出版社 1990 年版，第 454 页。

地都建设了单位制的工人新村。比如，上海的曹杨新村、控江新村、长白新村；东北工业基地的哈尔滨亚麻厂单位住区、沈阳铁西工人村、长春一汽单位住区；广州的建设新村、华侨新村、凤凰新村等。

20 世纪 50 年代到 70 年代，文学和影视等艺术作品中也出现了单位制与工人新村的身影，体现了群众对社会主义新城市的想象。在文学作品方面，艾芜在 1958 年出版的小说《百炼成钢》中，形象地刻画了主人公张福全看到分配给炼钢厂工人的宿舍建筑时的心理活动。在影视作品方面，1959 年上映的《今天我休息》、1962 年上映的《大李小李和老李》和 1981 年上映的《邻居》，生动展现了单位制与工人新村的历史变迁。上述三部影片分别描绘了 20 世纪 50 年代邻里互帮互助的场景、60 年代依靠单位制推广社会运动的场景和 80 年代面临单位制解体时个人与社会发生矛盾的场景。其中，人是经历单位制与工人新村发展变化的核心，也是基层传播等各类研究最终要回归的核心。

1952 年 5 月，上海曹杨新村首期工程完工。作为中国第一个工人住宅群，曹杨新村也被视为中国工人阶级翻身当家作主的标志，是接待外宾的必选之地。由于资源紧张，因此曹杨新村优先让劳动模范、先进生产者和部分住房困难老职工入住。

二、空间生产的意识形态

国家与基层社会之间的互动是国家通过工人新村的空间生产向基层社会传播意识形态的过程。

（一）规划理念之博弈

曹杨新村的建设始于 1951 年，总设计师汪定曾 1937 年毕业于美国伊利诺伊大学建筑系。当时，大多数规划师都有欧美留学背景，对自然式邻里布局情有独钟，在建筑设计中关注朝向、地形和绿化，而对彰显国家权力的轴线对称式布局无感。对于建筑分布，在中心，汪定曾设计了各项公共建筑，如合作社、邮局、银行和文化馆等；在边缘，他分设了小菜场及合作社分销店，便于居民购买日用品。邻里单位思想在曹杨新村的应用，既维持了一定规模的公共建筑，也考虑到了居民的经济情况。在建筑排列上，由于住宅区附近小河浜多，因此曹杨新村的道路设计并不是笔直的井字形或十字形，而是沿河呈弧形。虽然房屋总体呈行列式样貌，但也会随地形地貌和绿化布局而变化。这些都体现了"自然式"规划的总体思想。

然而，中华人民共和国成立初期，社会主义国家与资本主义国家之间产生了意识形态上的根本对立。受国际关系影响，中国实行"一边倒"的外交政策，苏联"大街坊"式的社会主义国家空间治理理念也传播到了中国，被认为是社会主义制度优越性的象征，体现了一切为了生产、反浪费和整齐划一、集体平均主义的思想。而美国"邻里单位"式的设计理念由于以花园城市、分散和多样为特征，代表着资本主义的城市规划思想，因而自然受到主流舆论的抵制。在此背景下，汪定曾受到严厉批判，1956 年被迫发表文章，承认"犯下政治路线错误"："苏维埃大街坊的思想与资本主义国家所谓'邻里单位'的反动本质是完全对立的……我们没有很好学习苏联先进经验，也就是没有建立社会主义城市建设的基本理论和原则……大街坊制是经济性的，这样就可以为国家节省一笔建设资金。"①于是，曹杨新村在 1951 年到 1977 年的四个建设阶段里，以 1956 年为分界线，前两个阶段（1951 年曹杨一村、1952 年曹杨二村至六村）采用邻里思想进行规划设计，而后两个阶段（1956 年曹杨七村至八村、1977 年曹杨九村）则采用大街坊思想进行规划设计。

（二）位置选取之考量

曹杨新村规划理念之博弈以体现社会主义国家空间治理理念的大街坊思想取代资本主义邻里单位的反动思想结束，国家也通过这一工人新村的空间生产，向基层社会传播了一切为了生产、反浪费和整齐划一、集体平均主义的意识形态。然而，在曹杨新村建设的背后，某种程度上却存在意识形态的暧昧与退避。这主要体现在曹杨新村的位置选取上。

---

① 汪定曾：《上海曹杨新村住宅区的规划设计》，《建筑学报》1956 年第 2 期，第 1—15 页。

曹杨新村位于上海普陀工业区的郊区农地。选择建设在这里,首先体现了对环境因素的考量。工业密集区内,工厂相对集中,煤灰、烟尘较多,环境较差,而这一区域与工厂的距离适中,适宜工人居住。其次,体现了对提升工人生产效率的考量。一般而言,郊区距离城市中心较远,居民出行不便,而在新村内部建设较为健全的基础设施后,居民的活动范围基本仅限于此。这有利于使生产成为工人生活的一部分,有利于人们彼此之间的交往,进而提升生产效率。最后体现了工人阶级并没有占据上海城市的重要核心空间。中华人民共和国成立后,上海大体上维持了旧有的城市空间形态和社会空间结构。原本位于城市中心的商业、文化区域被新的党政机关、部队军委和事业单位占据。与此同时,上海的工业外迁使得社区工业人口被不断疏散,进而导致旧的城市空间与新的城市空间之间形成了“中心—边缘”的关系结构并逐步固化。地理区位上的偏远与“工人阶级领导”的话语相矛盾,反映出曹杨新村空间生产中意识形态的暧昧与退避。

从曹杨新村的规划理念与位置选取可以看出,空间是国家重要的政治工具。国家通过对工人新村的空间生产,不仅向基层社会传播了集体平均的制度特色与工人地位优越性的意识形态,也在暧昧与退避中驯化着基层社会对社会主义新城市的想象,展现了具有张力的矛盾。

三、工人新村的集体认同

基层社会内部之间的互动是基层对国家集体的认同与人们彼此之间在认同中传播交往的过程。

(一) 国家集体的认同

除了工人新村的空间生产会引发基层社会对国家集体的认同感外,媒体传播也对认同的形成起到了促进作用。这主要表现为通过话语来建构一种想象的共同体。例如,1952 年 7 月 2 日,《人民日报》第 1 版对先进生产者入住曹杨新村进行报道,赋予了居民强烈的仪式感、荣誉感和满足感。之后,上海《新闻日报》上著名的“一人住新村,全厂都光荣”,成为当时流传甚广的顺口溜。这些都激发了民众对入住工人新村的向往,也进而增强了其对国家和集体的认同感。此外,小说和电影等群众喜闻乐见的文学艺术作品也在塑造着工人新村的和睦关系。潜移默化地,这种集体认同逐渐形成了均质的“工人文化”和“大院文化”。

（二）彼此之间的传播交往

在工人新村的日常生活中,邻里之间的交往是最基本的活动。由于空间资源紧张,新村的房屋面积往往较小。正是这种小尺度的活动范围,使得人们能够在共用厨房、卫生间和浴室的过程中,加强沟通、增进了解。由于工人职业背景相似、经济条件相当,具有较强的群体同质性,因此在日常互动中能够产生更多共同话题,从而深化彼此之间的人际传播。另外,工人新村的居民还会通过茶话会、晒被子、打麻将、互帮互助等日常活动产生联系与交流契机。

当然,工人新村的基层传播中也存在一些内部矛盾,最主要的就是私人空间与公共空间之间的界限模糊。例如,遮挡不足、缺少隔音、男女通用卫生间会产生隐私相关的问题;因走廊、过道、楼梯等公共领域而产生资源争夺的纠纷。作为接待外宾的必选之地,曹杨新村早已具有了公共性的属性。游客的到来对于居民的日常生活也会产生一系列影响。在工人新村的基层社会内部,认同与矛盾的传播过程并存。

四、结语与反思

本案例以单位制下的工人新村为媒介,选取上海曹杨新村为案例,从基层传播的视角切入,在国家与基层社会之间和基层社会内部,研究其传播逻辑、权力关系与意识形态。研究发现,国家与基层社会之间的互动,是国家通过工人新村的空间生产向基层社会传播意识形态的过程。这具体体现为苏联式“大街坊”规划理念与美国式“邻里单位”规划理念之博弈和郊区位置选取之考量。基层社会内部之间的互动,是基层对国家集体的认同与彼此之间在认同中传播交往的过程。这具体体现为媒体传播建构出想象的共同体,人际传播创造出交流契机，以及私人空间与公共空间之间的界限模糊催生的内部矛盾。

20世纪八九十年代，我国城市基层社会管理体制发生了向街居制和社区制的转型[①]。单位制基层传播的局限性主要体现在社会发展、政府治理和人际交往三方面。在社会发展方面，单位制虽然在一定时期内适应了推动工业化生产的需要，但是在客观上却营造了对单位人的保护机制。其经济、政治和社会属性的功能合一性，增强了个人对单位的依赖性，进而降低了其促进社会发展的创造力。在政府治理方面，由于国家和单位之间存在纵向直接关系，因此会助长"托关系办事"和以权谋私的腐败现象。正如电影《邻居》中所展现的，吴科长没有以公共利益为重，把袁书记腾出的房子分给大多数居民作为公共厨房，而是偷偷将其分给了省委董部长的侄子。在人际交往方面，正如前文所述，随着社会文明程度的提高，公民的个人隐私权利保护的意识也有所增强，但单位制集体生活的特性显然无法完全保障这些必需的权利，甚至会在公私空间之间界限模糊的情况下，深化基层内部的矛盾。

如何解决这些旧问题与新问题？它们之间有没有相通的共性？宣朝庆认为，单位制在现当代的发展除了由于时代的需求之外，主要是由于中国历史上长期存在的共同体思想及其实践。这种传统在近代以来受到大同理想复兴、社会主义思想传播等因素的影响，使单位制体现出了浓厚的共同体色彩。[②] 这种共同体与本文所述的集体认同有所关联。单位制中暴露出的局限性等旧问题，恰恰是在经济发展的背景下，共同体与个人独立性的关系失衡的体现；在单位制解体后，基层传播面临的危机和新问题又反映出在社会高速发展的情境中，个人对情感归属的需求和对共同体建构的呼唤。由此可见，在现代化发展的背景下，以基层传播的视角切入对单位制和工人新村的历史探究，能够从理论和实践两方面获得对于国家与个人互动关系的新思

---

① 何海兵：《我国城市基层社会管理体制的变迁：从单位制、街居制到社区制》，《管理世界》2003年第6期，第52—62页。

② 宣朝庆、司文晶：《单位制的共同体思想传统》，《学海》2020年第5期，第73—78页。

考。对单位制和工人新村的挖掘研究，还将为深入理解当代中国的基层社会与特色道路提供更多启迪。

思考题

1. 单位制有哪些特点？
2. 如何在单位中开展基层传播活动？
3. 谈谈工人新村的社会功能。

第八章　基层传播与群众文艺

本章提要

群众文艺是20世纪中国革命和社会主义建设过程中形成的服务于群众、群众创作的文艺形式。群众文艺形成于革命战争年代，是中国共产党进行基层动员和群众运动的产物。群众文艺是群众路线、群众运动的载体，也是最有效的基层传播的媒介，服务于社会动员工作。群众文艺制度一方面可以在物质相对匮乏的年代，给百姓提供基本的文化、艺术产品和文学、戏剧、电影等文艺服务，另一方面发挥着社会治理的功能，即用文艺的方式进行社会政策的基层传播。在参与群众文艺的过程中，群众可以获得一种主体感和参与感。

群众文艺是20世纪中国革命和社会主义建设过程中形成的服务于群众、群众创作的文艺形式。与大众文化、商业文化不同，群众文艺有三个典型特征：一是群众文艺是以群众为主体、群众参与创作的文艺类型，群众不是被动的受众，而是主动的文艺生产者；二是群众文艺的主题可以反映基层生产和社会政策，即把与群众发展相关的主题用文艺的方式表达出来，是一种宣传基层文化的手段；三是群众文艺带有公益性，群众可以免费参与和共享，是国家公共文化服务的组成部分，具有均等化和普惠性的特点。

第一节　群众文艺的兴起与特征

群众文艺的实践来自20世纪20年代中国共产党所开创的根据地建设，将文艺、文化当作农村地区进行革命动员、社会宣传的中介，从而形成了一套文艺工作者参与基层社会文化建设的历史经验。群众文艺的理论来源是1942年毛泽东的《在延安文艺座谈会上的讲话》。这次讲话指出了文艺工作与革命工作之间的关系和文艺为人民、为工农兵服务的功能，并建议专业化的知识分子要做文艺普及工作，深入群众生活，充分利用群众熟悉的文艺形式，为群众创作、帮助群众创作。

由于农村根据地缺乏现代大众媒介，因此就形成了20世纪中国革命过程中文艺参与宣传工作的传统，即通过文艺的方式来进行社会动员和基层传播。因为农村缺少报纸、电影、广播等现代属性的媒体，所以最有效和低成本的宣传手段是话剧、文学、音乐、美术等，如话剧工作者通过到不同村庄进行流动戏剧演出的方式来普及党的政策和现代观念。在革命战争年代，正是成千上万文艺工作者下基层，深入开展话剧、美术、音乐等群众文艺活动，才使得五四新文化运动以来的新文化、新文艺成为组织群众、动员群众的媒介，在土地革命、抗日战争和解放战争中都发挥了重要作用。

群众文艺既是现代文化、革命文化向基层传播的过程，也是基层群众用文化实现从经济、社会“翻身”到政治、文化“翻心”的过程。在这个过程中，现代文艺需要完成双重改造：一是，把都市化的媒介如文学、电影、戏剧等改造为适应农村环境的媒介，如通过流动演出形成了“演员流动，观众不动”的农村传播模式。二是，改造使用媒介的人。这些从城市流向农村的文艺工作者是“逆向流动”的主体，他们给农民进行艺术演出，更重要的是与群众一起创造了体现群众真实生活的文艺作品。这种逆向流动的主体就是延续至今的干部下乡、文艺工作者下基层等制度的历史来源。

中华人民共和国成立之后，建立了三种群众文艺制度。一是如工会、共青团、妇联等各级群团组织在基层单位开展了丰富的群众文艺活动，如群众联欢、歌咏比赛、运动会等；二是建立了城市文化馆、群艺馆、工人俱乐部、农村俱乐部等基层文化空间，尽可能让群众拥有文化、艺术活动的公共空间；三是在农村、偏远地区实行了流动文艺演出的方式，让电影、戏剧等活动覆盖了更多群体，如农村电影放映队、内蒙古地区的乌兰牧骑等都用流动的方式把文化送到群众的“家门口”。群众文艺是人民文化的重要组成部分，产生了两类群众文艺作品：一类是文艺工作者与群众共同创造的文艺活动，如歌咏比赛、广场舞等；另一类是文艺工作者从民间发掘的人民创造的文化，如民间音乐、民间表演以及非物质文化遗产等。

群众文艺的特征是群众参与、群众观看，群众不仅是文艺作品的欣赏者，也是文艺生产的创造者。最典型的群众文艺形态就是联欢晚会，从革命年代的群众联欢活动，到 20 世纪 80 年代开始的电视春节联欢晚会，都带有群众文艺的特色。群众文艺有三种社会职能：一是承担政治宣传、思想教育的功能；二是使群众均等化地享有文化、艺术权利；三是启发群众创造自主性、主体性的人民文化。80 年代，群众文艺开始衰落，基层群团组织也随着单位制的瓦解而逐渐被边缘化。21 世纪以来，群众文艺的传统与从西方引进的公共文化服务理念结合起来，成为提升新时代人民群众美好生活质量的制度保障。

第二节　群众文艺与公共文化服务体系

公共文化服务指的是基于社会效益，不以营利为目的，为社会提供非竞争性、非排他性的公共文化产品的资源配置活动，从而满足社会的公共文化需求，保障公民的基本文化权益的行为，公共文化服务体系就是面向大众的公益性的文化服务体系。对一个国家而言，公共文化服务水平意味着该国面向大众所能提供的公益性文化服务的水平，意味着其整体的文明发展程度。中国社会正处于转型期，出现了新矛盾、新问题。这一现状对建设社会主义文化、满足人民日益增长的文化需要提出了新要求。

公共文化服务可分为三种模式。第一种是，由国家和政府提供公益性的群众文化服务，以行政事业单位为主导，为大众建立基础性的文化艺术项目，如图书馆、文化馆、博物馆和农村电影放映工程、农家书屋等城乡公共文化服务体系。这是公共文化服务的主体。第二种是，政府通过市场的方式购买服务，把一部分公共服务功能“打包”给文化企业，如一些文化下乡活动主要由民营演出团体来承担。第三种是，由一些非政府组织、公益机构来从事社区文化服务工作，这种模式的经验来自欧美发达国家，可以调动社会资源来完善基层文化。群众文艺是中国社会主义文化艺术事业的基础和重要组成部分，对繁荣发展社会主义文艺起到了独特的、重要的作用。

近些年，党和政府逐步完善公共文化服务体系，积极开展文化惠民活动，以丰富我国人民群众的文化生活。2021 年 3 月 11 日，第十三届全国人民代表大会第四次会议表决通过了关于国民经济和社会发展第十四个五年规划和 2035 年远景目标纲要的决议，也就是《中华人民共和国国民经济和社会发展第十四个五年规划和 2035 年远景目标纲要》（简称《十四五纲要》）。其中第十篇《发展社会主义先进文化　提升国家文化软实力》中关于“提升公共文化服务水平”的部分专门指出：“完善公共文化服务体系”的举措，“优化城乡文化资源配置，推进城乡公共文化服务体系一体建设。创新实施文化惠民工程，提升基层综合性文化服务中心功能，广泛开展群众性文化活动。推进公共图书馆、文化馆、美术馆、博物馆等公共文化场馆免费开放和数字化发展。推进媒体深度融合，做强新型主流媒体。完善应急广播体系，实施智慧广电固边工程和乡村工程。发展档案事业。深入推进全民阅读，建设‘书香中国’，推动农村电影放映优化升级。创新公共文化服务运行机制，鼓励社会力量参与公共文化服务供给和设施建设运营。”①截至 2020 年，全国建成公共文化馆三千多个，覆盖城市和乡村的公共文化服务体系也不断完善和优化，以更好地满足人民群众对美好生活的需求。

在推进公共文化服务体系建设的过程中，需要注意基层群众发挥的主动

---

① 《中华人民共和国国民经济和社会发展第十四个五年规划和 2035 年远景目标纲要》，2021 年 3 月 13 日，https://www.gov.cn/xinwen/2021-03/13/content_5592681.htm，2022 年 12 月 30 日访问。

作用，重视普通劳动者的文化权益问题。近些年，从中央到地方都花了大力气构建现代公共文化服务体系，投资公共文化服务的建设工作，以提高普通民众的文化素养。不仅城市的图书馆、博物馆等文化场馆实现了免费，而且县、乡镇也建立了文化服务站，这为百姓进行文化活动提供了设施保障。有了硬件条件，还需要鼓励人们养成多看书等学习习惯，在整个社会培养良好的文化氛围。随着技术的不断进步和发展，通过手机等搭建的移动互联网平台在人们的日常文化学习中占据越来越重要的位置。利用零碎的时间，只要动动手指，每个人都可以既是阅读者，又是信息的传播者，这种便捷的阅读模式使得那些感动人心的文字能获得最大化的分享，我们也进入了一个“微传播”的时代。相比于纸媒，手机传播更偏爱那些篇幅短小、简单的文字，以至于诗歌这一最追求语言精练的表达在微传播时代“复活”，因为越简单、越有力量的文字越容易瞬间触动人们的心灵。网络时代也使文化、知识的传播实现了最大限度的均等化，只要掌握简单的上网技能，就能找到、阅读海量的知识和信息。从这个角度看，加强公共互联网平台的文化建设，可以让知识实现更加平等的传播和共享。

西方发达国家的社区服务也非常重视文学、戏剧、舞蹈等文艺活动在营造社区人文环境中的积极作用。比如，创意写作课就教普通人写作，相信每个人都可以掌握一定的写作技巧，学会用文学的方式来表达自己的生活和思想。在中国，一些基层社区也积极开办文学兴趣小组，文化志愿者与社区服务机构合作，共同创造文艺作品，进行文化交流。计划经济体制下，单位制家属院中居住的都是同事，如今，商品房社区则大多是陌生人组成的小社会，彼此之间很少来往。而社区文化活动的开展不仅可以增进邻里关系、增强社区凝聚力，也有利于提升整个社会的人文素养。这就需要吸引优秀人才，在建立社区文化服务站的同时，要鼓励更多有文化艺术专业才能的人参与社区文化工作，就像到农村、边远地区进行文化走基层活动一样，参与社区志愿服务也是一种“走基层”。另外，社区文化服务带有群众文艺的特点，不一定追求专业化，重要的是让群众参与和共享文艺生活。文化艺术活动毕竟是一种令人身心愉悦的精神追求，如果再将创作的作品分享给身边的人，就会同时得到认同的快乐。现在都市快节奏的生活方式使人们过度紧张和焦虑，而从事文学阅读和写作可以缓解精神压力。久而久之，我们也许会发现，自身的境界在提升、抱怨在减少。虽然写一篇文章或一首诗歌改变不了什么，但这毕竟是自己创造的精神产品，会使我们的内心世界变得更美好。

在文化体制深入改革以及文化产业大发展的背景下，恐怕没有人会再怀疑文化能商品化、能市场化。正是凭借着大力发展文化产业，21世纪以来文化市场才走出了20世纪90年代开始的困窘和低迷状态。政府一方面对能够市场化发展的文化领域进行大胆改革，促进了民营资本成为文化市场的主力，如在影视、互联网行业等；另一方面对那些很难有市场效益，但对国家、人民有深远影响的文化艺术形态进行了保护和扶持，如非物质文化遗产保护、公共文化服务体系建设等。在这个过程中，文化、艺术的基本生态发生了巨大变迁，形成了两种文化景观：一种是各种文化产品的繁荣，不管是出版、演艺等传统文艺形式，还是网络文学、二次元文化、网络游戏等数字时代的新文艺形式，商品化的大众文化都是主流文化；一种是各级“非遗”传承保护体系和图书馆、博物馆、农村数字公益电影放映工程等公共文化服务体系，惠及了更多基层群众。

这种公共文化服务的理念，与其说是借鉴欧美发达国家通过公益性的公共文化、公共教育来弥合社会阶层差距，不如说是社会主义文化制度的基本特色。从五四新文化运动以来，形成了两种文化观念：一种是，文化不只是消费品，也是新思想、新价值的承载者，应通过新文化来完成对传统中国的现代化改造，这也是新文学、新文艺的基本任务；一种是特别强调文化的大众性和普及性，把文化作为启蒙、教育民众的中介，这不仅涉及文艺作品自身的通俗性，更涉及中华人民共和国成立以来依靠国家力量进行的大规模识字运动、“扫盲”运动，以让普通民众变成可以阅读、可以从事文化工作的主体。正是在这种使人民共享文化权利的大背景下，国家一方面在硬件设施上让基层社会（如农村、边远地区）能通路、通电、通网，另一方面在软件上也鼓励文艺工作者不断地下基层（如送戏下乡、送文艺下乡、送电影下乡等）。

群众文艺能够成为20世纪中国文化的传统，不是自发、自主形成的，而是依赖一系列制度建设和基层组织。比如,在计划经济时代,各行各业的单位中都有专门负责组织群众文化活动的机构,它们也组织各种级别的业余群众文艺会演,甚至一些专业演员就出身于基层文化宫或群众文艺队。市场化改革之后,人们离开了集体和单位,进入个体化或家庭化的状态,群众文艺也陷入危机。广场舞就是在这种集体生活解体之后,人们重新以文化的名义聚集起来的体现。群众文艺有两个特点:一是百姓不是旁观者、围观者,而是参与者、表演者;二是群众文艺也需要一定的组织形态,需要基层文艺工作者来组织和引导。

近些年,国家非常重视城市社区和农村基层的文化建设,鼓励文艺工作者、文化志愿者到基层社区提供文化服务,这有利于在社会转型过程中处于陌生化状态的社群恢复活力。比如,很多农村通过文艺活动把妇女、老人等重新组织起来,让这些"留守"在乡村的人在群众文化活动中体验一种公共文化氛围,这也改善了农村的社会风气。在城市社区也一样,业主不在同一个公司上班,只因购买了同一个小区的房子而住在一起,彼此之间很难有交集。而社区文化活动中心就可以通过举办摄影、书法、舞蹈、亲子互动等内容的活动,将社区文化作为沟通基层社会的纽带。从这个角度看,群众文化不只是基层文化活动,也是一种相对低成本的社会管理、基层治理的模式。

第三节　案例分析:春节联欢晚会

作为群众文艺的春节联欢晚会

——央视春晚

1983 年,中央电视台在除夕之夜播出了《春节联欢晚会》。这档节目不仅开创了电视大众晚会的形式,而且让通俗文化登堂入室,成为主流文化的有机组成部分。电视春节联欢晚会,即"春晚",是一种典型的将电视媒介、传统民俗与大众文化巧妙结合,并获得广泛认同的主旋律作品,在塑造中华民族身份、主流价值观等方面发挥着重要作用。近 40 年来,除夕夜看央视春晚已经成为中国人过年的新“民俗”，“明星”上春晚也代表着其演艺地位，而“新人”在春晚上露脸则可能“一夜成名”，人们也习惯了在春节过后“吐槽”春晚节目。央视春晚作为一台举国欢庆的文艺联欢节目，一方面是全民关注的国家文化工程，是新时期以来少有的用普通百姓喜闻乐见的方式形塑主流价值观的文化空间，另一方面也是一种有中国特色的电视综艺节目，西方很少有这种全民和跨阶层、跨民族的电视节目形式。春晚是 20 世纪 80 年代开始借助电视媒体创造的一种新民俗文化，而春晚的节目形态来自中国革命文化中的群众文艺的传统。

春节联欢晚会是一种载歌载舞的联欢会，有这样几个典型特征。一是节目类型比较多样，歌曲、舞蹈、曲艺、杂技等应有尽有，既包括现代文艺形式，也包括传统、民间文艺节目；二是，联欢会上，不只演员表演，更重要的是台下的观众也参与表演，不管是春晚，还是其他联欢会，演员和观众都坐在台下，表演的时候，演员从观众席来到舞台，表演结束又回到观众席，这种演员与观众的“融合”来自革命文艺中“从群众中来，到群众中去”的传统；三是，联欢会不是商业演出，而是一种带有集体主义文化色彩、革命大家庭想象的群众联欢，尤其在战争年代，首长与普通士兵联欢体现了官兵一致、官兵平等的理念。

对于群众联欢、革命联欢的起源，列宁在 1917 年的《联欢的意义》中写道：“有觉悟的工人和由于被压迫阶级的可靠本能而跟着工人走的半无产者群众即贫苦农民群众，是深深地同情联欢的。很明显，联欢是一条通往和平的路径。……很明显，联欢是群众的革命创举，是被压迫阶级的良心、智慧和勇气的苏醒，换句话说，它是走向无产阶级社会主义革命的步骤之一。”“联欢万岁！正在开始的全世界无产阶级社会主义革命万岁！”[①]长征途中就出现过“战地新年联欢晚会”，军委首长与红军战士欢度元旦：“元旦当天，这支人才济济的连队在连长侯政、指导员李坚真的组织下，花几十块钱买了一头猪和一些花生、瓜子，美美地聚了一餐，伴着夜晚的来临，篝火熊熊燃起，李坚

① 列宁：《联欢的意义》，载《列宁全集》第 29 卷，人民出版社 1985 年，第 452—454 页。

真情不自禁地率先唱了起来：‘滔滔乌江急又深，手拉手来心连心。阶级姐妹团结紧，不怕敌人百万兵。’……随着官兵们越围越多，应大家的要求李伯钊上场演唱了一首苏联歌曲，赢来一片掌声和叫好声。叫好的观众中，就有毛泽东等几位军委首长。在掌声鼓励下，李伯钊又跳了一支苏联舞蹈《水兵舞》。”①

这种以群众参与为主体的联欢活动逐渐成为政治宣传、社会动员的方式，研究者指出：“春节处于农闲季节，时间跨度长，各种活动民众参与度高，是对民众进行革命动员的大好时机，因此边区各级政府将春节作为‘教育群众、鼓舞群众、团结抗日、密切军民关系、发展生产、提高人民文化素质的最佳时期，无不竭力以革命的文化思想为武器，加强抗战信念，开展宣传工作’，希望借助这个民众心态放松平和的闲暇时光，使‘一切宣传鼓动组织动员工作，可以在新年中收到特殊的效果’。为确保该效果达到，边区政府的宣教部门在春节来临之前会制订详细周密的宣传大纲与计划，有明确的活动和时间安排，并以文件的形式逐级下发，确定了宣传中的政治导向。”②

1956 年，中央新闻纪录电影制片厂拍摄了纪录片《春节大联欢》，由张骏祥任总导演。这部纪录电影版“春晚”采用群众联欢的形式，邀请了各行各业的代表、模范和群众坐在台下，演员也坐在台下，轮流上台表演。这台晚会的主题是歌颂 1955 年完成的对农业、手工业和资本主义工商业三个行业的社会主义改造，它使中国从新民主主义社会跨入了社会主义社会。其中，除了合唱节目，其他节目形式和 20 世纪 80 年代开始的电视春晚大同小异，有歌曲、相声、曲艺等。当时，中央人民广播电台向全国现场直播了演出，但是影像却无法实现远距离即时传输，这种纪录电影的媒介属性使得电影春晚无法实现现场感的传播效果，只能拍摄完成之后在影院轮流放映，因此这种纪录电影春晚并没有形成传统，直到 20 世纪 80 年代电视的兴起，春晚才借电

① 《战地新年联欢晚会的背后是充满必胜信心的乐观主义精神》，2018 年 11 月 10 日，https://www.sohu.com/a/274440498_620984，2023 年 1 月 2 日访问。

② 李军全：《民俗节日与革命动员：华北根据地、解放区乡村社会中的春节（1937—1949）》，《党史研究与教学》2014 年第 1 期，第 6 页。

视这种影像即时传输的媒介，实现了亿万观众在除夕之夜“共同”观看春晚的效果，这种跨时空的“现场”感促进了通过电视春晚建构中华民族的身份[①]。

电视春晚出现在80年代，当时有两个大背景。一是80年代的思想解放使得各种文艺创作重新焕发生机，以曲艺为代表的群众文艺和新兴的流行文化成为春晚节目中的“主菜”。二是电视机开始取代广播，逐渐成为八九十年代最大众化的传播媒介，春晚就是当时的新文艺与新媒体有机融合的产物。

1983年，第一届央视春节联欢晚会进行了直播。借助除夕夜的特殊时刻，电视机以其即时性把空间上分散的千家万户连接起来，营造出了一种中华民族大团圆的氛围。春晚把欢欢乐乐过大年的民间习俗转化为模拟信号的电视综艺节目，让全国乃至全世界的华人小家庭汇聚成中华大家庭的“难忘今宵”。春晚中有着永恒不变的主题，但它也时刻保持与时俱进的开放精神。如果说80年代的春晚主要借助体制内的文艺工作者担任主角，那么90年代，随着大众文化的全面兴起，更多的娱乐“明星”开始走进春晚。90年代，春晚一方面会邀请当年最“热门”的“明星”“新秀”表演节目，另一方面也培育、制造了一批春晚“明星”，如蔡国庆、赵本山、赵丽蓉等演员迅速成名。

90年代末期，随着卫星电视、有线电视的出现，一台“独享”全国收视的垄断局面被打破，这给地方卫视的发展提供了契机，尤其是以湖南卫视、江苏卫视为代表的地方卫视推出了如《超级女声》《中国达人秀》等高收视率的综艺节目。央视也及时调整策略，一边邀请高人气的“选秀明星”参加春晚，一边开办《星光大道》《我要上春晚》等综艺节目。语言类节目一直是春晚的亮点，这和春晚的初衷，即让辛劳一年的人们高兴、放松和欢喜有关。80年代，春晚舞台上主要是经过改造的新相声艺术，承担着针砭时弊、嬉笑怒骂的功

---

① 吕新雨：《仪式、电视与意识形态》，《读书》2006年第8期，第121—130页；吕新雨：《仪式、电视与国家意识形态——再读2006年“春节联欢晚会”》，载《2006中国传播学论坛论文集(Ⅰ)》，第330—337页。

能，其中出现了如马季、姜昆、冯巩等最早一批电视“明星”。90 年代，从话剧教学手法借鉴过来的小品成为香饽饽，更加通俗化、更具有地方特色的方言小品更一度成为春晚的“压轴菜”。

2010 年以后，以“开心麻花”为代表团队的都市喜剧小品取代了东北风格的小品，体现了观众欣赏趣味的变化以及春晚为吸引青年都市观众做出的努力。另外，春晚的变化还体现为与不同时代的新媒体合作，以完成自我更新。如八九十年代的电话热线，90 年代末期兴起的短信投票，以及 21 世纪以来的微博、支付宝、微信。正是这种在表演形式、舞台风格上既保持固有特色，又不断求新求变的创新精神，使得春晚依然是每年最受关注的综艺大餐之一。

央视春晚作为一台有头有尾的演出，有着重要的象征意义。春晚在大年三十除夕之夜的黄金时段播出，与守岁、吃年夜饭、家庭团聚等民俗相结合，象征着团圆、和谐，也象征着社会共识的达成。其一，春晚的“语法”是总体性的，试图全景式地展现国家和社会的变化。相比于娱乐化、低龄化的电视综艺节目，在央视 1 号演播大厅这一象征性的舞台上，春晚既要呈现对国富民安、国计民生等大事的关注，又要对家庭矛盾、养老、婚恋及柴米油盐的小事有所反映；既要展现人民过上好日子的幸福和愉悦，又要为守护边疆的战士、坚守工作岗位的普通职工以及生活在边远地区的少数民族群众送上新春祝福；既要照顾中老年观众的文化趣味，又不能忘记“小镇青年”和广大乡村受众的欣赏习惯。这使得春晚成为分众化时代少有的带有全民色彩的文化舞台。

其二，春晚呈现了一种包容性和多元化的文化景观。从 80 年代开始，春晚便不是整齐划一和自上而下的文化宣传，而是试图吸纳不同的表演风格和文化形式。一是，主流文化与通俗文化相结合。比如，从 1984 年开始，春晚开始邀请香港、台湾地区演艺人员参加，这不仅推动了港台流行文化的传播，而且促进了地区的文化融合。二是，高雅文化与群众文化融会。节目中既有男高音等美声唱法和京剧、昆曲等国粹经典，也有娱乐演艺人员的成名曲，还有出身民间等非职业达人的才艺表演。三是，对民族文化、小众文化等进行展示。每年春晚中，少数民族舞蹈和歌曲是必不可少的节目，另外，摇滚、说唱等受到青年人欢迎的亚文化类节目也会登场。四是，如果从主流文化的角度看，春晚也是实现社会效益和经济效益相统一的典范。改革开放以来，主旋律文艺与文化市场之间存在或多或少的裂隙，弘扬主旋律的作品的市场价值往往有限，而过度娱乐化、商业化的大众文化又过于以利润为导向。春晚却是一个例外，它不仅凭借高收视率吸引了大量广告主，而且 20 世纪 90 年代以来，从节目冠名权到零点钟声等各个时段都设置了不同的广告价位。可以说，很少再有一个文化平台可以像春晚这样，既传递了积极、正面的主流价值观，又让百姓喜笑颜开，还让各大赞助商树立了品牌形象。从这里可以看出，尽管春晚越来越难办，观众“吐槽”得也越来越厉害，但是央视依然顶着压力要给全国人民奉献上一桌热气腾腾的年夜饭。如果没有春晚，对于几代电视观众来说，会少了很多年味。

近些年，央视春晚的地位不断受到挑战，如各地方卫视开始举办人员阵容堪比央视春晚的地方春晚。这对于观众来说也是好事，意味着在春节期间有了更多文化选择。同时，更大的挑战体现在，随着互联网、移动手机等数字媒体的普及，以电视为媒介形态的春晚遭遇了新的挑战，春晚能否在数字时代获得重生，不只关乎一台电视晚会的收视率问题，而且涉及主流文化与其受众认同的大问题。数字时代，媒体处于强烈变革中。第一，互联网等数字媒体开始动摇电视这一传统媒体的霸主地位，电视机越来越成为客厅里的摆设。第二，以移动手机为载体的微信、视频平台等新媒体正迅速普及，这些兼具社交性和适合碎片化阅读、观看的媒体有着越来越多的受众。第三，网络文学、网络游戏、网络影视剧、网络综艺节目等数字文化日趋成为大众文化的主体，改变了以纸媒、电视为基础的文艺形态和格局。其实，春晚也做了一些与网络文化、新媒体融合的尝试。比如，网络“段子”很早就进入春晚语言类节目，春晚与微博、微信平台建立了广泛的合作关系等。不过，这种“借力”也使得春晚的原创力弱化了。如果说八九十年代的春晚为新的一年生产了新“明星”和新“段子”，那么当下的春晚日渐变成了对上一年度流行话题、时尚文化的总结。再加上，过年的方式也日益多元化，很多人选择不回家过年，进行春节旅行或与亲朋好友聚会。围坐在电视机前，全家人一边聊天、一边点评春晚的模式，越来越变成带有怀旧感的家庭仪式。在这个意义上，一方面，春晚需要留住电视机前的观众，比如央视开始“走出去”办春晚，采用主演播厅与分会场结合的方式，很多分会场都设在有标识意义的景点，采用声光化电的实景演出。这极大地突破了室内演播厅的空间局限，也有效地展示了祖国大江南北不同的风土人情。另一方面，春晚也需要跳出电视平台的局限，更多利用移动媒体、短视频等方式来提升传播效果，在传播主流价值观的同时，兼顾更加分众化、个性化的审美需求。唯有采取更加多元、开放的态度，春晚这个文化品牌才能吸收更多文化养料，历久弥新。[①]

思考题

1. 什么是群众文艺？它有哪些特征？
2. 在生活中，你发现哪些设施体现了公共文化服务理念？
3. 近几年央视春节联欢晚会中有哪些变化？

---

① 张慧瑜：《春晚文化，在数字时代重生》，《人民日报》2018 年 2 月 15 日，第 8 版。

第九章　基层传播与城乡互助

本章提要

城市和乡村是观察现代社会发展的两个基本维度和视角。20世纪90年代改革开放进一步深化，在中国加入世界贸易组织（WTO）的背景之下，凭借人口红利，中国逐渐成为世界工厂，城市化高速发展，与此同时，乡村的持续衰落和乡村治理的弱化问题也开始引发关注。随着中国工业化基本完成，国家整体进入以工促农、以城带乡的新发展阶段。新时代，在更大规模的脱贫攻坚运动和乡村振兴的国家政策下，城乡互助和共建获得了更大的发展空间。

第二次世界大战结束之后，国际冷战体系形成。社会工业化发展逐渐分化成两条道路。一是欧美发达国家的后工业社会发展策略，它们在完成工业化之后，将可能导致环境污染的工业转移到发展中国家，在本国内形成以金融资本为核心、以服务产业为主导、以中产阶层为主体的社会形态；二是社会主义工业化发展方案，即将资本主义制度下建立的异化的、不可见的工厂转为可见的生产场所，将阶级分化严重的城市建设成为以工人、农民等生产者为主体的工业化城市，最终实现社会平等、资源共享。

第一节 城乡互助与中国式现代化道路

第二次世界大战后，世界市场体系被以美国为首的西方发达国家所主导，中国作为社会主义国家选择了前述第二种现代化发展方案，力图建立本国完整的工业体系。社会主义现代化既要实现工业化，又要克服资本主义所带来的一系列弊端，比如阶层之间贫富悬殊、呈现出两极分化的态势，自身发展的不可持续性，以致向第三世界国家转嫁环境污染等。中国实行的是一种"中国式现代化"。党的第二十次全国代表大会报告提出了"中国式现代化"的概念："中国式现代化，是中国共产党领导的社会主义现代化，既有各国现代化的共同特征，更有基于自己国情的中国特色。"[①]"中国式现代化是人口规模巨大的现代化"，"是全体人民共同富裕的现代化"，"是物质文明和精神文明相协调的现代化"，"是人与自然和谐共生的现代化"，"是走和平发展道路的现代化"。[②] 可以说，中国式现代化是在不走欧美发达国家老路的情况下实现现代化。苏联的经验是，在社会主义制度下，用计划经济的方式主导国家投资，用社会主义制度来实现国家的现代化和工业化。中国在技术和工业发展方面信奉"独立自主、自力更生"，在一定程度上吸收了苏联的经验。为了在经济和政治上保持独立，中国率先在重工业领域开展现代化，20 世纪 50 年代到 70 年代"勒紧裤腰带"，完成了各个工业部门产业链的建设，为后来的改革开放打下了坚实的基础。

一、从乡村衰落到乡村振兴

近代以来，摆脱积弱积贫的状态是中国实现现代化转型的核心任务。20 世纪 80 年代，中国开始实行改革开放，经济实力和现代化水平显著提高，但

① 习近平：《高举中国特色社会主义伟大旗帜 为全面建设社会主义现代化国家而团结奋斗——在中国共产党第二十次全国代表大会上的报告（2022 年 10 月 16 日）》，人民出版社 2022 年版，第 22 页。

② 同上书，第 22—23 页。

随着经济的高速发展，也出现了城乡差距拉大、东西部区域经济发展不平衡等难题。中国社会处于转型时期，城市与农村之间的差距逐渐拉大，农村青壮年劳动力大量涌入城市，农村的留守人员和其他困弱群体生活更为贫困，极其需要精神上的依托和支撑。现代观念和传统观念的割裂使得农村原有的宗族系统开始瓦解，农村老人的赡养问题也成为乡村基层治理所面临的严峻挑战。城市化进程加快，旧有乡村社会中的文化也在这一过程中逐渐消失。中国的乡村孕育着中华民族最核心的基因，是数千年的社会记忆和文化想象的载体，现代社会应当加强对乡村的治理与建设，重构中国人的文化认同与归属感。现在，许多人哀叹故乡的遗失和回不去的曾经，但这种“无法回归的故乡”本质上是一种旧有社会秩序的破灭，我们应当正视“旧乡村”衰败的事实。这种衰败绝非在现代化发展进程中“消灭”乡村，而是要振兴“新乡村”，即创造社会主义体制下的新乡村。

20 世纪 90 年代，大批农民务工者涌入城市，城市逐渐无法承载极速涌入的人口，出现了规模过饱和现象。2008 年，世界性金融危机爆发，中国市场也受到一定波及，2008 年到 2010 年，一个话题流传开来——“逃离北上广”。外来人口在“北上广”（北京、上海、广州）这类中国的一线城市中的生活压力越来越大，于是转而向三四线城市找寻出路。流动到三四线城市的不仅是人口，部分资本也逐渐下沉到三四线城市。很多三四线城市在 2010 年之后，开始复制大城市的发展经验，大规模地开发房地产，改善城市的面貌。伴随着中小型城市的发展，其周边的乡镇也受到了一定的辐射，乡村的发展逐渐受到更多重视。人们意识到，想要建设中国，农村是重中之重。2005 年 10 月 8 日，党的十六届五中全会通过《十一五规划纲要建议》，提出要按照“生产发展、生活宽裕、乡风文明、村容整洁、管理民主”的要求，扎实推进社会主义新农村建设。

2017 年 10 月 18 日，党的十九大报告提出了乡村振兴战略，并指出，农业农村农民问题是关系国计民生的根本性问题，必须始终把解决好“三农”问题作为全党工作的重中之重，实施乡村振兴战略。要想振兴乡村，必须了解中国乡村社会的运行规律，调动乡村的内生活力与动力，使得各个权力主体能够充分调动自身的自觉性参与乡村建设，要在尊重原有秩序的同时，适当且缓慢地对乡村加以改造。各个地方政府在乡村振兴这一国家政策的指导之下，开始自主、自发地建设乡村，这些发展建设并没有固定的路线和方法。各地政府尝试了各种发展方式和道路。例如，山东省烟台市委组织部进行了对农村的重新合作化和集体化的尝试，名为“烟台模式”。这一模式的重点在于，用党的行政力量重新把农村组织起来，以行政和党建为主导，以基层共产党员为核心，成立基层党支部，由基层党支部带领村民搞合作化经营、消费。“烟台模式”只是一例地方政府试图在脱贫攻坚后，继续实现共同富裕的尝试。

二、城乡互助与城市社区的营造

20 世纪 50 年代到 70 年代，中国出现过农业信用社这一城乡统筹的产物，只不过当时是将农村和农业生产结果积累转移到工业生产上，从而促进城市工业的发展。新时代，城乡互助更多的是强调城市对农村的帮扶，即以强带弱，让发达地区带动落后地区，实现点对点帮扶。

与西方社会发展中所进行的消灭农村不同，中国力图振兴乡村。历史经验表明，西方消灭农村的代价是农民进入城市，变成无产阶级，而中国作为农业文明大国，要消灭农村实现完全的工业化是更加艰难的，也是不切实际的。乡村是中国基层最为重要的多元主体单位，承载着中国几千年的文化基础与思想价值，是中国文化区别于其他文化的具象化载体。泥土塑造了现在中国人的“乡土情结”，而乡村的衰落在某种意义上是一种文化根基的衰落。因此，只有振兴乡村，让多元的乡村主体能够积极参与乡村的发展建设，让乡村重新焕发生机，才能从根本上促进中国实现持续且平衡的发展。

近年来，中国的信息通信基础设施日渐完善，互联网的普及使得乡村也能够开展直播“带货”。在以“快手”为代表的一众短视频平台上，农民或自发或有组织地进行商业直播“带货”，宣传、售卖相关的农产品。“快手”短视频最初对标的受众是社会下沉用户，即三四线及以下城市乃至乡镇用户，其能够承纳许多农村用户，利用短视频的特性，落实脱贫扶贫工作。“快手”组织架构里还有一个扶贫办公室，负责联合百城县长直播助农。同样利用互联网促进地方发展的例子还包括2020年“丁真”成为四川文化旅游大使，这是一次将“网红”和地方旅游业结合起来的尝试。

在现代化过程中，中国存在较为严重的区域发展不平衡的问题与挑战，以北（京）、上（海）、广（州）、深（圳）为代表的发达地区已经进入后工业的类似于发达国家的状态，而广大的内地和农村则还处于发展的过程当中。在中国，农民是没有被市民化的主体，处于现代化和非现代化之间。进入城市务工的农民被称为“农民工”，是城市现代化建设所需的基层劳动力，正是这些基层劳动力让中国成了“世界加工厂”，推动着四十多年来大规模的城市化。然而，农民工这一主体是微妙的，人们容易强调其农民身份，而忽略其工人身份，因为在传统的认知中，农民来自农村，工人则来自城市。一些学者提出了“新工人”的概念，以取代“农民工”。与旧有的社会主义计划经济体制下所产生的工人不同，“新工人”强调在城市生活，他们是城市人而非农民。尤其是，一些新生代农民工可能从小就生活甚至出生在城市，跟着在城市打工的父母长大，没有农村生活经验，也不会回到农村，他们是新工人和新市民，他们要争取的是一种在城市发展的权利。

城乡互助还体现为用社区营造的方式帮助进城务工人员融入城市社会。中国的社区公共文化水平与发达国家之间依然存在一定的差距。美国有较为发达的社区文化，以社区图书馆为核心来辐射整个社区，不仅包括亲子教育，而且社区图书馆可以提供免费的图书借阅服务、观影资源乃至外语教育服务。

中国的社区文化源于20世纪的单位制，依托群团组织进行公共文化活动。随着社会的变革，单位制从90年代开始逐渐消失，单位制下的群团文艺活动在市场化的浪潮下也逐渐消失。早先的露天放映场变为剧院、电影院，而话剧、电影也从群众艺术变成了“小资”或都市中产阶级的艺术。看电影的主体和银幕中的主体都不再是工人、农民这类传统意义上的群众，而电影院也从一种开群众大会的公共空间转变成了只放电影的承担文化艺术功能的空间。21世纪以来，中国从发达国家引入社区治理和社区营造的理念，由非营利性的社区公益组织来提供社区公共服务。比如，广州市黄埔区的比邻公益服务中心设有比邻学堂、图书馆等。2016 年,比邻社区开办了一个流动儿童的社区图书馆,目的是让孩子们在放学后有处可去,也让工作时间较长的父母可以知道孩子的去向。这种模式主要依靠社会力量,用公益基金的方式,为城市当中的外来务工人员的子女提供学习场所。

整体而言,目前中国的社区治理和社区文化的发展水平有限。近年来,一些城市建设向日本之前提出的“再造魅力故乡”主题学习。只不过,“再造魅力故乡”旨在将日本国民从小生活的地方变成一个具有文化符号感和意义感的地方。中国实施“重建第二故乡”,旨在培养涌入大城市的外来人口对当地的认同感,这种认同感恰恰是社区治理和服务的发展目标。比如,北京尝试建设“胡同文化”、建立胡同非遗博物馆,目的便是要构建和提升“北京胡同”这一文化符号的价值,重建当地人的文化认同。

又如,2007 年,北京市朝阳区金盏乡皮村创办了一家民间公益性的博物馆——打工文化艺术博物馆,主要存放能够真实记录、反映打工生活的物品,从而记录打工者自己的文化和历史。打工文化艺术博物馆一进门右侧的墙上有一句话,“没有我们的文化,就没有我们的历史;没有我们的历史,就没有我们的将来”。这一长年落着灰尘的印刷体的标语下面是一张照片:七名打工者一字排开,站立在广告招贴栏前面,左侧的三名工友中间还耸立着一块写着“停”的红色交通指示牌。标语和照片突出了作为主体的“我们”和与“我们”相关的“文化”“历史”和“将来”等主题。这句话诠释了打工文化艺术博物馆的主旨:一家以打工者为主角、以历史和文化为主题的民间公益博物馆。这间隐匿在北京东五环外皮村民房里的博物馆,2007 年筹办、2008 年对外开放,是全国第一家新工人主题的博物馆,给人带来强烈的震撼。从外表看,这里怎么也不像一家博物馆,展览面积很小,也就三四间瓦房,内部陈设方式以照片、展板为主,展品更是“简陋”至极,以工友打工过程中留下的证件、使用过的物品为主,甚至因为是砖瓦平房结构,无法做到完全密封,展板和陈列柜上附着细微的尘土。但是,这家博物馆的主题又是如此的宏大,和几亿新工人群体相关,展示了他们 20 世纪七八十年代以来进城打工 40 余年的大历史。从 2008 年开馆到 2023 年拆迁，打工文化艺术博物馆走过了 15 个年头，是新工人文化的一次有益尝试。

第二节　社区支持农业

社区支持农业（community support agriculture，CSA）最早产生于日本，却在美国因满足国民需求而兴盛发展，在日本则日益衰落。其主要概念是一套消费者共同支持农产运作的生产模式，即消费者先支付预定款，农场再向消费者提供有机、安全的农产品。与传统的食品供应体系不同的是，社区支持农业中有大量消费者的参与。他们融入耕种、采购、活动组织等一系列事务，因此消费者和生产者之间建立了强烈的互信关系。同时，作为一种新型农业形式，社区支持农业模式促使城乡之间建立起了个人化的紧密联系。这种方式既可以满足消费者对绿色、有机食物的需求，也能够为小农场带来经济收益，维持小农场的发展。

一、社区支持农业的发达国家实践

日本是最先推出社区支持农业的国家，其背景原因是发生于 20 世纪 50 年代后期的“水俣病”事件。这一事件是世界上最早出现的由工业废水排放污染造成的公害病事件，被称为世界八大公害事件之一。水俣病最先发生在动物身上，海域附近的猫患上“舞蹈症”，甚至跳海“自杀”。之后，出现了患有此种疾病的人。调查研究表明，水俣病的原因是，1925 年，日本氮肥公司将没有经过任何处理的废水直接排放进水俣湾，造成水中甲基汞含量超标，人们在食用水俣湾中的鱼虾后，甲基汞进入体内，侵害人的脑部和其他神经细胞，导致人神经失常乃至死亡。这一事件震动了世界，促使日本开始发展绿色、有机食品行业。Teikei 组织应运而生，这种非营利性的社区支持农业主要负责链接消费者与生产者，让消费者直接与农民签订合同、支付一定的定金，鼓励农民生产有机农产品。

20 世纪 80 年代，社区支持农业模式从日本传到美国。美国的第一个登记社区农场出现在1985年，主要目的是配合主流的食品供销体系，弥补其产能不足的缺陷。如果说日本开展的社区支持农业模式主要针对社会中出现的食品安全问题，那么美国则更加注重这一模式的社会功能。随着人们生活质量的提高，有机食品逐渐得到美国人的青睐，1992年，在联合国环境和发展大会上，环保人士开始宣传可持续农业，社区支持农业模式在美国获得了空前的发展空间，并且延伸出了由农民发起的生产者模式和由市民发起的消费者模式，以及社区居民和社区附近的农民协商合作共同建立的社区支持农业模式。除了这种模式的商业经营，还发展出了相应的服务模式。社区与当地的教会、银行等合作，为学校、养老院、医院等提供农产品的无偿配送服务，形成了多元的产业链。

经过西方国家的实践，目前社区支持农业已经发展出了一系列标准程序。发起者需要先招募足够的成员，进行筹备会议，为每位成员普及社区支持农业的基本概念和运作方式。除了充分了解这一模式，还需要在对接的乡村和城市社区进行充分的前期调研。

社区支持农业能够借助城市的力量，在工业化快速发展的今天有效地维护农民的利益，促进农村经济的发展。第一，有机农产品可以重回消费者的视野，人们对绿色无化肥农产品的需求增加，个体农民重新找回了自己的市场。第二，饱尝工业化所造成的环境污染苦果的城市居民能够通过可靠的途径，再次购买到绿色有机的农产品。并且，消费者和生产者直接合作的形式，减少了中间商赚差价的环节，消费者节省了支出，而农民则获得了更大的收益。第三，城市消费者和农村生产者之间可以频繁地互动与交流，因而城乡之间的联系更加紧密，这也对国家的生态环境建设有一定的正面影响。

不过，日本的社区支持农业由于主要从城市消费者的角度出发，没有完全建立二元互动的体系，使得单一角度的发展不能长久，从而日渐衰落。而美国的二元互动、合作的机制逐渐健全完善，配合以强力的宣传，有较高的公民认可度，因此得以蓬勃发展。这说明，即便发达国家也需要注重从城乡二元互助的角度考虑社会产业发展的问题，忽视了任何一方，都是难以长远发展的。社区支持农业发展的过程是复杂多变的。在早期发展过程中，对农产品的需求量较小，对管理的要求较低，供应体系运作井井有条。随着越来越多的消费者进入社区支持农业这一阶段，传统的有机小农场出现了劳动力不足的问题，需要向城市社区招募志愿者或外部劳动力。对于这种招募，官方机构应加以支持和管理，给予其相应的发展空间。

二、社区支持农业的本土化发展

中国是农业大国，历史上，农业多采取高度集约化的生产方式，近现代以来，为了提高产量，也运用了诸如现代农业化肥等工业产品，对生态环境乃至农作物本身产生了一定的影响。随着人民物质生活水平逐渐提高，中等收入水平的群体数量增多，消费者对绿色有机农产品的需求量增大，有机农产品重新回归人们的视野。在快速的城市化进程中，大量外来人口涌入城市，农村青壮年劳动力的流失使得农村经济日渐凋敝。而社区支持农业对绿色食品安全问题与社会可持续发展的注重，有利于建设无污染农业生态链，是消除农业现代化造成的负面影响的有效途径。城乡统筹发展的提出推动了城乡之间"绿色产品"通道的建成，这一通道也成为农村经济发展的新渠道，为农村劳动力提供了就业机会。

中等收入群体由于具备更大的经济和社会资本优势，因此可以向社区支持农业这一事业投入更多的经济和社会支持。同时，接受过良好教育的中等收入群体在一定程度上更能接受新的、可持续的农业生产观和食品消费观。从而，在物质条件和精神准备的双重助力下，社区支持农业得以在中国经济逐渐崛起的时代发展起来。

在中国，社区支持农业出现较晚。2005 年，广西柳州市开办的"土生良品展览馆"是中国社区支持农业的萌芽。2006 年，香港嘉道理基金会开始投资土生良品展览馆的项目，这是中国社区支持农业实践的开端。同年，晏阳初乡村建设学院在河北定州开展了类似社区支持农业模式的试验。2008 年，"小毛驴"市民农园成立，由中国人民大学农村与发展学院支持，由在美国社区支持农业型农场实习归国的博士主导。"小毛驴"市民农园力图运用生态农业适用技术，构建新型农产品流通系统，同时建立社区支持农业宣传教育基地和公共参与平台。北京的天福园农庄、圣林农庄等都是社区支持农业的本土化成果。此后，多地开始尝试和推广社区支持农业模式。

然而，这种模式因为尚未成熟，所以在本土化过程中产生了一定问题。从宏观层面来讲，首先，管理模式不成熟是需要克服的一大问题。这种自发形成的发散型经营管理模式难以形成垂直的领导阶层，与现代管理科学之间存在较大的差异，历史上也少有可以借鉴的经验。其次，专业人才的供给困难。高等教育中农业相关专业领域的大多数人才会较多地投身于规模较大、资金雄厚的大机构，或者对学术性、专业性要求较高的科研院所，愿意投身社区小农场实践的专才较少。这种小规模集约化、产出较低且市场受众较少的行业，难以对专业人才形成吸引力。从微观层面看，首先，在生产过程中，城市郊区地价的快速增长使得这种农业模式的成本大幅度提高，且为了满足快速扩张的城市的需求，周边的土地大多被征用，因此难以长久地规模化发展。其次，在作物种子种植过程中，土地中残留的农药、化肥可能对之后的种植造成一定的负面影响。同时，市场上流通的种子与纯天然的种子之间也存在程度不同的基因差异，这使得适应了农业化肥的种子在纯天然环境中的存活率较低。最后，消费者的需求多种多样，而生产者在选购作物时往往有一定的局限性，无法满足消费者的多样化需求。这些困难在一定程度上阻碍了社区支持农业这一新模式在中国的本土化发展。

总体来讲，社区支持农业是一种从理念到现实的对现代化社会的反抗，是一种新型的城乡联动互助发展的有效尝试，虽然在发展普及的过程中存在一定的困难和障碍，但它已经产生了一定的效果。从历史角度来看，随着科技的发展、人们需求量的增大，农业规模化、机械化成为一种发展的必然趋势，规模化农业生产需要使用大量的化肥、农药，因此可能产生一定的环境污染。而社区支持农业强调人与自然和谐共生的理念，在农业生产中杜绝化学肥料、药品的使用，以保持土壤质量、可持续发展为目标，是一种环境友好型的新的发展模式。

第三节　案例分析：村歌计划

遍地“村歌”：21世纪的群众文艺

2018年，在乡村振兴的背景下，以谷仓乐队为代表的音乐社会工作者游走在城乡之间，发起“爱故乡 · 村歌计划”的音乐实践，通过到不同村庄、与村民共同创作村歌的方式重建乡村文化和乡土认同。这种城乡互助的文化实践，不仅可以送文艺下乡或者为基层群众提供文艺享受，而且能够通过集体创作新村歌的方式来塑造一种乡村文化的主体性。这种音乐社会工作者与村民共同创作音乐作品的形式，既与20世纪中国革命中形成的群众文艺的传统有关，又与90年代起从西方引进的另类社区营造的理念有关。谷仓乐队的前身是新工人乐团和打工青年文艺演出队，自2002年成立以来就一直在城市基层为进城务工人员提供文艺服务。这二十多年来，他们以音乐为媒介，用群众文艺的方式，让新工人获得融入城市社区的尊严感，让村民在村歌中找寻到乡土价值和生命意义。这种扎根基层的文化建设，一方面激发了新工人、村民等基层群众参与文化活动、培育自主性的能力，另一方面发挥了基层传播的功能，把劳动者最光荣、可持续发展、合作互动等新理念、新价值传播到了基层。

一、逆向流动的乐队：从大地民谣到村歌计划

2002年，孙恒、许多、王德志、姜国良等一批喜欢音乐的打工青年在北京成立了打工青年文艺演出队，其初衷是为进城打工的劳动者唱歌。之后，他们出版了第一张唱片《天下打工是一家》，并用版税收入成立了公益机构北京工友之家。在二十多年的时间里，北京工友之家通过文艺发出了自己的声音。他们一边举办打工艺术节、打工春晚、新工人戏剧等文化活动，开办打工文化艺术博物馆，让工友可以在城市中享受与自身有关的文艺生活，一边创办打工子弟小学、工人大学、法律培训和音乐小组、戏剧小组和文学小组等，

帮助工友掌握基本的电脑知识、参与文艺创作活动。这些公益活动产生了三重效果。一是在城市文化中显影了新工人文化，如 2012 年到 2017 年连续举办了 6 届打工春晚，促进了新工人融入城市生活；二是塑造了新工人的主体性，鼓励工友用文艺作品来表达自己，如 2022 年，新工人文学小组出版了作品集《劳动者的星辰》，其中收入了家政女工范雨素、布展工人郭福来等 9 位文学小组成员的作品；三是培育了互助合作理念，如成立社会企业同心互惠超市，有效利用了二手衣服等城市闲置资源，也降低了新工人的生活成本。2009 年，打工青年文艺演出队改名为新工人艺术团，并陆续发行了《从头越》《为劳动者歌唱》《红五月》等 13 张原创歌曲专辑，他们"用歌声呐喊，以文艺维权"，用新工人文化来推广劳动者光荣、劳动者有尊严的价值观。正如打工文化博物馆的标语"没有我们的文化，就没有我们的历史，没有我们的历史，就没有我们的将来"所言，创造新工人文化，塑造自由、平等的共同体价值一直是新工人艺术团的"初心"。

2013 年，北京工友之家在平谷创办了同心生态农园和同心公社营地。前者是以市民承包桃树的方式实现社区支持农业，向普通市民推广绿色、有机的农业种植理念；后者则是把废弃的乡村小学改造成培训、团建的合作营地。在每年四月采摘桃子时节，新工人艺术团会在同心生态农园举办"大地民谣音乐会"。2017 年，新工人艺术团发起"大地民谣"巡演，从北京出发，到全国各地乡村进行流动、巡回演出，"从 2017 年到 2019 年进行了三次全国巡演，分别历时 23 天、41 天和 45 天，一共行程近 4 万公里，演出 71 场"①。他们提前联系好不同村庄，并结合当地的文艺工作者，一起在村庄举办"大地民谣"演唱会。相比于城市丰富的文艺演出活动，乡村现代化发展中依然缺少文艺空间，尤其是伴随着进城打工的大潮，很多青年人、中年人到外地打工，农村只有老人、妇女和儿童，而农村或多或少处于公共生活匮乏状态。新工人艺术团以在村庄举办音乐会的方式，一方面为当地村民提供了丰富多彩的

① 吕途:《村歌唱出文化自信》,2021 年 4 月 26 日,https://mp.weixin.qq.com/s/tsspqBI7l-5ho6kG8djy5w,2023 年 5 月 2 日访问。

文艺晚会，另一方面也完成了新工人乐团“行走人间，扎根大地”的采风之旅。2018年，新工人艺术团巡演期间，“经过娄山关，巡演到遵义，在那儿开了个会，明确了‘城乡文化互助’的新路线，团队名字由之前的‘新工人艺术团’更名为‘新工人乐团’，更专注于音乐发声”①。在这个过程中，新工人乐团看到了乡村的衰落、衰败和缺乏文化活力的状况。之后在同年，新工人乐团发起了“爱故乡·村歌计划”活动，从“大地民谣”巡回演出变成为村庄谱写村歌的行动。自启动以来，联合发起人孙恒及其伙伴先后在云南楚雄外普拉村、福建屏南四坪村、重庆北碚东升村、内蒙古鄂尔多斯乌兰吉林村等11个村庄开展了20多期村歌音乐工作坊（村歌创作）。相比于“大地民谣”主要演出新工人乐团自身的音乐作品以及借助音乐会的形式把村民“暂时”聚集起来的方式，村歌计划有几个特征。首先，村歌计划的协作者入村调研和走访，让新工人乐队更深入地进入基层社会，了解每个村庄的历史传统和文化遗产；其次，村歌计划工作人员与村民一起开办音乐创作工作坊，发动村民共同创作一首音乐作品，作为村民集体创作、共同创意的文化产品；最后，村歌计划借助村歌，完成对乡村振兴、爱故乡、劳动光荣等理念和知识的基层传播。

2021年，新工人乐团正式改名为“谷仓乐团”，这种更名本身意味着孙恒等乐团主创自我想象的变化。其一，意味着工作重心的调整，从为工友服务、在城市歌唱，转变为更多地到农村为农民服务；其二，“谷仓”意味着收获、丰收，是对农业生产和劳动的尊重；其三，也意味着从20世纪80年代末期进城打工，到2010年开始返乡，青年参与乡村建设的转变。这种名字的变迁是为了适应中国社会的变化，但不变的初心是：以孙恒为代表的音乐工作者始终坚持用文艺为劳动者服务，推动文艺在塑造劳动者主体性和认同感方面发挥重要作用。这种从城市到乡村、从发达地区到基层村庄的流动方式是一种逆向或者说反向流动，推动了城市文化向边缘乡村地区的传播。这些从城市流向农村的文艺工作者是“逆向流动”的主体，他们为农民进行艺术演出，更重

① 新工人乐团出版的音乐专辑《从头越》的文案。

要的是，与群众一起创作表现群众真实生活的文艺作品。这种逆向流动的音乐创作形式来源于20世纪中国革命实践中干部下乡、文艺工作者下基层的历史经验。

二、社区重建与群众文艺的融合

1994年，联合国世界妇女大会在中国召开。之后，中国出现了一些服务于城市打工者的公益机构，如打工妹之家等，工友之家也是在这种社会公益机构模式的影响下成立的。新工人乐团及其村歌计划的理念也与这个传统有关。村歌创作的方法来自社区营造和社区重建。20世纪60年代，西方发达国家通过反思消费主义、现代化、工业化所导致的环境、社会阶层分化等问题，开始了以社区自治为基础的另类社区实践。村歌计划就是用创作村歌的方式来重新恢复村庄的凝聚力和基层社区发展的活力。21世纪以来，中国出现了新乡村建设运动，如温铁军、李昌平等乡村建设的专家、实践者推动了乡村"自救"活动。工友之家也受到新乡村建设运动的影响。2012年，福建农林大学海峡乡村建设学院、中国人民大学乡村建设中心、中国农业大学人文与发展学院等联合发起了重新发现乡村价值和参与乡村建设的爱故乡计划（简称"爱故乡"），新工人乐团成为"爱故乡"艺术团的主体，村歌计划也是"爱故乡"的项目组成部分。比如，"爱故乡"的第一首村歌《南塘我的家》（2018）、第二首村歌《聚郝堂》（2018）都来自乡村建设开展得比较好的村庄，即安徽阜阳南塘村、河南信阳郝堂村。这种以村民为主体、由村民参与文化创作的模式和乡村建设所强调的以农民为主体的理念也是一致的。

首先，村歌计划来自群众文艺的传统。群众文艺是20世纪中国革命和社会主义建设过程中形成的服务于群众、群众创作的文艺形式。与大众文化、商业文化不同，群众文艺有三个典型特征。一是，群众文艺是以群众为主体、群众参与创作的文艺类型，群众不是被动的受众，而是主动的文艺生产者；二是，群众文艺的主题反映了基层生产和社会政策，把与群众发展相关的主题用文艺的方式表现出来，是一种宣传基层文化的手段；三是，群众文艺带有公益性——群众可以免费参与和共享，是国家公共文化服务的组成部分，具有均等化和普惠性的特点。群众文艺的实践来自 20 世纪 20 年代中国共产党所开创的根据地建设实践，共产党员通过文艺、文化的中介在农村地区进行革命动员、社会宣传，形成了一套文艺工作者参与基层社会文化建设的历史经验。群众文艺的理论来源可追溯至 1942 年毛泽东的《在延安文艺座谈会上的讲话》。这次讲话指出了文艺工作与革命工作之间的关系，建议专业化的知识分子要做文艺普及工作，深入群众生活，充分利用群众熟悉的文艺形式，为群众创作、帮助群众创作。

音乐是群众文艺的一种重要形式。1937 年，美国记者埃德加·斯诺发表了《红星照耀中国》，其中有这样一段对红军小战士的描述："他们在路上几乎整天都唱歌，能唱的歌无穷无尽。他们唱歌没有人指挥，都是自发的，唱得很好。只要有一个人什么时候劲儿来了，或者想到了一个合适的歌，他就突然唱起来，指挥员和战士们就都跟着唱。他们在夜里也唱，从农民那里学新的民歌，这时农民就拿出来陕西琵琶。"①唱歌、歌声经常出现在很多关于根据地的作品的场景中。没有现代音乐工业的农村地区为什么充满了歌声？歌曲、演唱成为根据地军民日常生活中最常见的文艺演出形式，创造了"遍地歌声"的音乐景观，这些无处不在、无时不在的歌曲不仅创造了革命文化、红色文化最典型的艺术形式，而且承担了政治宣传、群众教育的职能。群众音乐需要专业化的音乐知识分子走向民间、深入生活，与人民群众一起共同创作完成。根据地"遍地歌声"的传播机制的形成主要有两个原因：一是，下乡的文艺工作者把音乐、话剧等文化服务送到群众身边，让乡村群众也能享受文化、艺术作品；二是，这些下基层的文艺工作者也扮演着宣传员的角色，通过调研、下基层，把村庄的新人、新事变成文艺作品。在乡村进行的流动演出，不仅包括排演、准备好的文艺作品，而且更重要的是，把当地村民百姓的故事搬上舞台，把抗战、征兵、婚姻等新理念向农村扩散。基层群众可以在家门口看自己的故事，这是一种有中国特色的基层传播的经验，也就是可以在文艺工作者与基层社会的互动中实现政策、文艺与宣传的结合。近些年，一

---

① 〔美〕埃德加·斯诺：《红星照耀中国》，董乐山译，人民文学出版社 2016 年版，第 64 页。

些地方政府通过购买文化服务的方式开展文艺下乡，这种文艺演出不与基层社会发生关系，而仅仅是把戏曲、电影等文艺内容送到农村，无法全面实现城乡互助以及对村庄文化的重塑。与这种模式不同，谷仓乐团恰好借用了群众文艺的传统，他们是新时代下基层的音乐工作者，把新的乡村建设理念用音乐的方式传播到基层乡村，通过对村庄的调研以及充分听取村民的意见，用文艺的方式培育村民的主体性、激发群众对村庄文化的热爱和认同。这也是以村民为主体的内生性和自主性文化的开始。

这二十年来，北京工友之家成为国内最具知名度的为新工人提供公共文化服务的社会公益机构，其创办的打工春晚、打工艺术博物馆以及新工人文学小组等被媒体广泛报道，有力地促进了新工人融入城市、培育有主体性的新工人文化。他们从文化入手，推广城乡互助、社区发展和乡村建设的理念，传播公正、平等的劳动者价值。工友之家的模式中有两个传统：一是 20 世纪中国革命运动中形成的扎根基层、服务群众的群众文艺的老传统；二是从西方传入的公益机构、社区营造的新传统。

三、以村歌为媒介，创造人民主体性

2002 年以来，北京工友之家及谷仓乐队的社会工作形成了独特的文化经验和实践效果。相比于流行、小众的都市摇滚和民谣乐团，谷仓乐队及前身新工人乐团更强调音乐创作、演出要与新工人、农民等更广泛的社会阶层产生互动；相比于法律援助、经济维权和社会救助类的公益机构，北京工友之家更多地以文化、艺术为中介，用文艺的方式显影不可见的新工人、农民，传播劳动者最光荣、劳动者有尊严的价值理念；相比于政府购买社会服务的公共文化模式，谷仓乐队的村歌计划侧重结合中国根据地时期以来的群众文艺和西方社区发展的传统，来形塑以村民为主体的新乡村文化。

谷仓乐队以村歌为媒介，在音乐实践中创造着人民主体性。其一，村歌计划创造了从城市返回乡村的逆向流动的新主体。20 世纪 30 年代以来，中国社会发展与改造中出现了一类特殊的知识分子，就是从城市到乡村、从中心到边缘、从发达地区到欠发达地区的下基层、下乡的主体，主要分为三种类型。一是社会学家、人类学家，他们用逆向流动的方式进行社会科学田野调研，走进他者的社区和文化，用科学和理性的方式进行认知和对话；二是乡村建设工作者，从民国到 21 世纪，大量从事乡村发展和建设的社区工作者把现代的理念植入乡村，帮助乡村实现了社区化和现代化；三是下乡的文艺工作者，他们深入生活、与工农群众相结合，成为 20 世纪中国革命中建构人民文艺的重要手段；四是下基层和驻村的共产党干部，中华人民共和国成立之后形成了不同形态的干部下基层和文化、科技、卫生"三下乡"等城乡互助制度。这些基于不同动因开展的乡村建设活动共同构成了 20 世纪乡村发展的中国经验。以孙恒、许多、段玉等为代表的音乐工作者也是逆向流动的主体，而且有着清晰的自我反思意识。他们自称"协作者"，他们不是用现代的、城市的理念去改造乡村或者启蒙农民，而是对村庄进行调研、走访，充分尊重村庄的历史以及村民个体的生命记忆，与此同时发挥社区工作者的优势，把村民组织起来，用音乐工作坊的形式让村民充分讨论、发言，集体创造一首首属于每一个村庄的村歌。他们的村歌工作既是培植社区内生力量的社区营造的方法，也是深入群众和"先做学生，后做老师"的群众路线的实践形式。可以说，谷仓乐队一方面是为基层群众提供文艺服务的音乐工作者，另一方面是和基层群众"共创"新乡村文化的参与者。

其二，村歌计划创造了朝向人民和基层的新音乐。孙恒在访谈中多次提到对"西北歌王"王洛宾的认同。王洛宾正是在北京接受现代音乐教育、抗战时期参加西北战地服务团创作抗战歌曲的人民音乐家。他 1949 年加入人民解放军，成为进入新疆的部队宣传部的文艺干部，一生搜集、整理、创作了 1000 余首新疆民歌。谷仓乐队所创作的村歌不是抒发基于城市视角的乡愁，而是一种以乡村为主体的新村歌。在新工人乐团时期，孙恒、许多等就重视对民间音乐的吸收，把城市摇滚改造为带有民族风格的都市民谣，如《彪哥》《小妹妹来看我》等音乐作品，就建立了都市摇滚、民谣与新工人音乐之间的内在关系。在村歌创作中，谷仓乐队重视在曲调上融合当地音乐、在内容上结合村庄历史，从而使村歌变成了在地群众自己的音乐。比如，重庆市城口县龙田乡联丰村村歌《山水联丰》(2019)："联丰村的山吆/高又高/山上长满树和草/我去山中挖药材/装满背篼乐开怀”,借用了当地有一百多年历史的“锣鼓草调”,句式为每句7个字、每段4句;云南白甸村的村歌《相约藕然》借用了云南当地民歌“猜猜调”的句式和曲调;河北秦皇岛市青龙满族自治县七道河乡石城子村的村歌《石头也香甜》(2019)借鉴了京韵大鼓的曲调。

其三,村歌计划创造了一种合作互助的新乡村发展理念。不光是曲调,村歌内容也用以塑造一种新价值。一是热爱故乡和农村的理念。“村庄大事记”和“我和村庄的生命故事”等创作环节,充分让村民从自身出发发掘个体与村庄之间的关系,从而使村歌讲述了村庄的历史。二是合作互助的发展理念。很多村庄是新乡村建设和中国乡建院的实践点,进行着合作社和乡村内置金融活动,而村歌也是村庄合作文化的体现。比如,河南信阳郝堂村村歌《郝堂聚》,“夕阳红下老人乐/返乡青年把业创/登山步道山相连/天南地北聚郝堂”,就融合了合作互助发展的价值理念。三是生态农业、绿色农业的理念。协作者倡导用“青山绿水”来实现村庄的内生性发展。比如,白甸村的村歌《相约藕然》就体现了绿色发展的价值。四是,强调劳动尊严和劳动者自信、村民是村庄的建设者的理念。比如,南塘村村歌《南塘我的家》:“您不顾辛苦,一生奔波劳碌/汗水洒满田地,泪水流淌心里/你一砖我一瓦,一砖一瓦建家园。”村歌体现了农民当家作主,成为村庄的主人,建设宜居、和谐、合作互助的新乡村文化。

在这个意义上,谷仓乐队以协作者的身份自觉进行着一场“文化的万里长征”,用村歌计划创造着新主体、新音乐和新乡村文化。这是一种21世纪扎根基层、服务群众的人民文化。

思考题

1. 中华人民共和国成立以来,城乡互助模式的演变过程是怎样的?
2. 社区支持农业在中国本土化的进程中有什么优势、面临哪些困难?
3. 谈谈谷仓乐队的是如何实施“村歌计划”的?

第十章　基层传播与新乡村建设

本章提要

农业、农村、农民问题贯穿20世纪中国式现代化发展的历程。20世纪二三十年代，从燕京社会学派到民国乡村建设派，一批知识分子对中国的乡村建设进行了一系列的实践探索。20世纪末，中国乡村出现“三农”问题，受到政府与社会各界的广泛关注。在21世纪新发展理念的引领下，新时代的新乡村建设延续着梁漱溟、晏阳初等学者的路径，用教育、科技、改良和现代化的方式实现了对乡村和乡村文化精神的重建，实践着中国式现代化的发展道路。

20世纪90年代，“三农”（农业、农村、农民）问题被提出，受到社会各界的广泛关注。“三农”问题主要表现为：一是农民数量多，规模大；二是工业化以城市为核心，拉大了城乡之间发展的差距；三是城市政策设计带来的负面影响和比较效益在短时间内凸显，解决起来更加复杂。在这一背景下，出现了新乡村建设运动，即在新发展理念的指引下，一些学者和乡村建设实践者提出了一系列通过改良和教育等方式改造旧农村、建设新农村的方案。

第一节　新乡村建设运动的兴起

温铁军是在中国农村经济基础方面的“三农”问题等重大政策和理论问题的提出人。在 1999 年发表的论文《“三农问题”：世纪末的反思》中，他提出了“三农”问题这一概念，他认为，这基本上是“一个因人口膨胀而资源短缺的农民国家追求工业化的发展问题”[①]。他将从这个假设出发进行的研究抽象为“两个基本矛盾和两个历史阶段”，将中国一百年的经济发展概括为“一个农民国家的四次工业化”，并得出研究结果，“任何制度安排，都不过是宏观环境制约下要素结构变化的结果，而不是它的前提”。[②]

通过对近代中国的历史发展进行梳理，温铁军认为，导致中国近现代史上小农经济破产的最主要矛盾，是高利贷和工商业兼地主与农民之间的矛盾。进而，从农村发展本身的要求来看，中国农村经济研究中主要有两个基本命题：一是在人地关系高度紧张的基本国情矛盾制约下的土地制度变迁；二是城乡二元结构的基本体制矛盾制约下的农业剩余分配制度。温铁军还进一步讨论了西方的农业农村发展制度与中国社会在根本上不适配的深层机制。东方古国以原始灌溉农业为生存基础，这种生产方式必然要求以“群体/家庭”为社会基因，其社会发展过程因此的确有别于以原始狩猎、采集和畜牧为生存基础，以“个体”为社会基因的西方。

在 1999 年的这篇文章中，温铁军还提出了解决“三农”问题的初步构想。其一，中国只能以劳动密集型就业与国家主导的基础设施建设为第一国策，辅之以全面开通城乡、调整产业结构和就业结构，以促进农地承载的过剩人口实现非农转移；其二，加强农村社区“非市场”的、内部化的财产和收益均平的制度建设，同时强调打破流通和金融垄断，通过扩大农业的外部规模来

① 温铁军：《“三农问题”：世纪末的反思》，《读书》1999 年第 12 期，第 3 页。
② 温铁军：《“三农问题”：世纪末的反思》，《读书》1999 年第 12 期，第 4 页。

维持小农村社经济。[1] 在实践方面，温铁军不断推进“三农”问题的本土化和“草根”试验研究，从2001年起在全国推进以生态农业和环保农村为主要内容的“新乡村建设”运动。

2000年，时任湖北省监利县棋盘乡党委书记的李昌平致信朱镕基总理，借《一个乡党委书记的心里话》提出了“农民真苦、农村真穷、农业真危险”，反映当地面临的突出问题。这封信引起了党中央对“三农”问题的关注。2000年，华东理工大学社会学教授曹锦清将其在黄河沿途的所见、所听、所谈、所思结集出版了《黄河边的中国》。他通过数月实践，走访数十个村落和乡镇，翔实而具体地记录了90年代中期农民及干部社会生活和社会心理的方方面面，包括衣食住行、乡情习俗、干群关系、乡村企业、农民负担和民主建设等，通过“从内向外看”与“从下往上看”，观察中国农村社会的实际变化过程。曹锦清尤其强调，要在农村建立自治组织，推行民主政治建设，全面实行民主选举、民主决策、民主管理、民主监督，进行第三次农村包围城市的社会革命，要教育农民，提高其科学文化素质和现代公民意识。

除此之外，以徐勇、贺雪峰、吴毅为代表的“华中乡土学派”也在20世纪末对中国的乡村建设提出了各自的理论和实践观点。华中乡土派出现于90年代后期，以华中师范大学中国农村问题研究中心（CCRS）的农村社会学者、人类学者与政治学者为代表。受费孝通《乡土中国》一书的启发，贺雪峰2003年出版了《新乡土中国》——一本田野观察文集，并因此促成了华中乡土学派名称的诞生。不过，华中乡土学派突显于90年代后期的村民自治研究。通过从观察村委会选举开始的田野研究，许多学者意识到，一些村民自治政策是失败的，因为它们既没有注意特定村庄当中已经存在的社会关系和文化模式，也没有注意更为宏观的社会性力量（比如市场化因素）。针对这种问题，华中乡土学者开始投入更多时间进行全面、深入且注重比较的人类学田野研究，他们试图借此理解“双向遭遇”的政策执行状况。他们认为，当

① 温铁军：《“三农问题”：世纪末的反思》，《读书》1999年第12期，第11页。

传统乡村社会关系在特定政策和运动的压力下大量解体的时候，却没有现代社会关系去替代它们。又因处于改革时期，在市场力量的压力下，乡村社会进一步地空壳化，其时，市场力量和村民自治不仅没有创造一个现代的、充满生机的乡村社会，反而瓦解了乡村公共品和村庄社会关系。他们关于乡村社会瓦解和社会关联的调查研究，引导了该学派当中的许多人以一种批判的态度来对待西方的现代化理论。

在新农村建设的诸多面向中，温铁军重点关注了教育如何服务“三农”现实需要的问题，也就是，教育调整应该率先在乡土知识充实基础教育、实用知识改善成人教育这两个方面展开。首先，在教育上对农民落实“多予”政策，提高国家财政投入，发动各种社会力量下乡开展多样化的乡土教育和成人教育。其次，推进创新型国家战略，开展与农村“草根”实践同步的高校涉农领域的教学、教材改革，借鉴民国乡村建设运动倡导的“博士下乡”“团体组织”和“文艺教育、生计教育、卫生教育、公民教育连锁进行”的方式，推进社会主义新农村建设。最后，凡是以国家财政支持的公立高校，都有配合新农村建设、为“三农”服务的责任。一方面要把“三农”需求作为高校的教学和科研的重要内容，建立基层实习基地；另一方面要对农村干部开展培训，在面向农民兴办成人教育上发挥主渠道作用，结合社会公益组织的志愿者活动和多元资金支持发展农村社区教育。

由此，可以将基层传播的理念放置于对上述新乡村建设运动的理解上，也就是，这一时期，主要以知识分子为传播主体引入新的发展理念来改造乡村，与民国乡村建设运动形成呼应，用改良、教育的方式，改变“三农”问题凸显之下农村阶层分化的现象。学者们普遍认识到，以往只讲求经济效益的实用主义教育是不合理的，农村教育的核心应是通过对教育内容和方法的创新促进农民走向现代化，用现代化教育手段改造农村贫困的文化，将培养农民的现代公民意识作为新时期改造乡村的立足点。

第二节　脱贫攻坚与中国式发展传播学

2015年，中国开始实施“脱贫攻坚战”[①]，2021年初宣布“区域性整体贫困得到解决，完成了消除绝对贫困的艰巨任务”[②]。近代以来，摆脱积弱积贫的状态是中国实现现代化转型的核心任务。20世纪80年代实行改革开放以来，中国的经济实力和现代化水平显著提升，但经济高速发展中也出现了城乡差距拉大、东西部区域经济发展不平衡等发展难题。1986年，中国开始自上到下建立专门的扶贫机构，借助国家和行政力量推动贫困地区的经济开发和社会发展。随着2015年大规模“脱贫攻坚战”的启动，扶贫题材电视剧也成为主题剧创作的重要类型。2021年初开始在各大卫视和视频平台播映的《山海情》是近些年最成功的扶贫剧，这部“土得掉渣”的农村剧，以其原生态的方言效果和众多一线演艺人员的精彩演绎广受好评，被誉为“山海相逢，史诗再生”[③]。从社会治理和发展传播学的角度，把这部剧放在当代中国文化与社会史的脉络下来解读，包括三个层面。一是探讨《山海情》与80年代形成的路遥式的乡村书写之间的辩证关系。《山海情》既延续了这种现代化视角下的乡村叙事，又从国家发展的角度改写了这种传统。二是从这部剧中反思中国脱贫攻坚的治理经验。这些逆向流动的主体（下乡干部、技术专家、乡村教师等）依靠行政力量，动员基层群众整体搬迁和异地重建，以及东部发达地区帮扶西部地区等，都是有中国特色的扶贫实践，与中国革命和社会主义现代化建设的历史经验有着密切关系。三是从发展传播学的角度关注传播在推动国家现代化过程中所发挥的作用。这种用现实主义题材影视剧展现脱贫攻坚政策的过程就是一种发展传播学，只是与那种携带着发展主义意识

---

① 《中共中央 国务院关于打赢脱贫攻坚战的决定》，2015年12月7日，http://www.gov.cn/xinwen/2015-12/07/content_5020963.htm，2023年3月3日访问。

② 《习近平：在全国脱贫攻坚总结表彰大会上的讲话》，2021年2月25日，http://www.gov.cn/xinwen/2021-02/25/content_5588869.htm，2023年3月3日访问。

③ 《毛尖谈〈山海情〉| 山海相逢，史诗再生》，2021年3月8日，https://mp.weixin.qq.com/s/XNX-qqNTOg2vc3drMS0dJBA，2023年4月20日访问。

形态的传播学不同，中国的主题创作影视剧更强调用影视等文化传播手段介入社会建设，这种积极参与式的宣传模式来源于根据地时代，是一种第三世界国家现代化过程中形成的发展传播经验。20 世纪，中国积累了丰富的现代化经验，如何把这些经验变成有主体性的中国故事？这需要文艺工作者深入生活，从中国革命和改革内部来总结中国实践。

20 世纪的中国故事主要以乡土中国为核心展开，从传统到现代、从乡村到城市是中国追求现代化转型的重要任务。从五四时代开始，中国被指认为乡土中国，到三四十年代中国共产党领导新民主主义革命对乡村空间进行社会和政治改造，再到七八十年代新的现代化图景展开，可以说，改变乡村和农民的命运是 20 世纪中国革命和改革的基础。一百余年来，中国现当代文化史中大致形成了四种乡土书写的模式。

第一种是发现乡土，把乡土书写为他者之地。五四时期，书写者站在西方、现代和城市的位置，指认中国为落后的、非现代化的乡土文明，形成了最早的乡土文学和农村研究。在文学上，主要模式是鲁迅的“故乡”和沈从文的“湘西”，前者把乡土中国指认为需要被打碎的“铁屋子”[①]，后者把故乡变成原生态的、浪漫的空间。同样都是书写现代视角下的传统乡村，但二者对乡村的态度不同：鲁迅以现代、启蒙视角来批判乡村的封建性和压迫感，沈从文则把乡村描述为现代之外的诗意之所，是女性化的、自然化的空间。与这种文学化的故乡相伴随的是社会学学科视野下的两种中国农村形象。一种是西方社会学、人类学视野中的乡村，如著有《江村经济》《乡土中国》的社会学家、人类学家费孝通把乡村作为研究中国社会的最小社群，从经济、宗教、礼俗等层面勾画了中国乡村的社会结构。第二种是，马克思主义学者从政治经济学的角度研究中国农村问题，把农村作为遭受资本主义、封建主义双重压迫的空间，集中体现为二三十年代关于中国社会性质、社会史和农村社会

① 张慧瑜：《异乡人与“少年故乡”的位置——对鲁迅〈故乡〉的重读》，《粤海风》2009 年第 5 期，第 60—65 页。

性质的论战[①]。不管是文学中的乡村，还是社会学学科视角下的乡村，中国都被归为一个非城市的、非现代化的乡土中国。

第二种是走向民间、参与和改造乡土社会。20世纪二三十年代，以晏阳初、梁漱溟、陶行知等为代表的知识分子从不同立场发起乡村建设运动，通过非政府的民间社团和协会对乡村进行文化、社会、教育等方面的改造，来缓和30年代世界经济危机对中国农村造成的破坏和影响。与此同时，中国共产党开始开辟根据地，通过土地革命、农村包围城市、武装夺取政权等方式来完成对农村的社会、政治和经济改造。在这场彻底改变农村结构的新民主主义革命中，形成了以农村为主体的革命叙事。这些农村题材的社会主义现实主义作品有四个显著特征。一是，以一个村庄的变化为中国的隐喻，从乡村内部展开叙述，如丁玲的《太阳照在桑干河上》、赵树理的《三里湾》等。[②] 二是，故事的主线是土地改革、阶级斗争和农业合作化道路等政治、经济议题，叙事经常从由干部和知识分子组成的工作队来到村庄开始，如周立波的《暴风骤雨》等。三是，鼓励青年人扎根农村，重点呈现农业生产、集体劳动的场景，对未来的共产主义社会充满期待，如柳青的《创业史》、浩然的《金光大道》等。四是，这些文学艺术作品参与了同时期进行的政治、社会实践，体现了文艺介入政治，成为社会治理的中介。这些以乡村为主体、以农村社会主义革命为内核的作品在50年代到70年代又被称为人民文艺，代表一种特殊的乡村现代化的尝试。

第三种是离开乡土、走向城市。这是70年代和80年代之交、改革开放时代形成的现代化视角下的乡村叙事，农村再度成为五四时期的落后空间，是需要被启蒙的地方，也是被现代化、城镇化抛弃和掏空的对象。在这种50年代到70年代的革命乡村叙事向80年代的现代化乡村叙事转型的过程中，出现了以路遥为代表人物的发展主义乡村叙事。路遥的文学具有双重性，路

① 周展安：《农民问题、生产关系论与中国革命的政治经济学脉络——中国社会性质问题论战的思想和政治动能》，《中共党史研究》2021年第1期，第61—81页。

② 贺桂梅：《书写"中国气派"——当代文学与民族形式建构》，北京大学出版社2020年版，第71—138页。

遥的书写一方面是对赵树理、柳青等现实主义文学传统的继承，延续了人民文学以乡土为主体的叙述模式，另一方面又带有现代化和发展主义的维度。在《人生》《平凡的世界》等作品中，农村既是温暖的、坚实的、浪漫的、劳作的大地，也是贫穷的、落后的、没有希望的欠发达空间，因此，离开农村、走向城市成为路遥笔下农村青年最大的梦想。农民“进城”的方式主要包括两种：一是通过接受教育、读书获得学历，完成从农民向知识分子或者干部身份的转变，如在《人生》中，高中生高加林一心想进城成为干部；二是以务工的方式进工厂或者进城打工，如在《平凡的世界》中，高中毕业的孙少平最终到国营煤矿当了工人。有趣的是，路遥的小说经常会采用浪漫主义文学的“灰姑娘”模式——高阶层的女性会爱上低阶层的男性，从而实现男性的阶层的逆袭，这是一种特殊的男版“灰姑娘”故事。

第四种是城乡互助的乡村叙事。21 世纪以来，随着中国的经济发展和工业化水平提升，出现了工业反哺农业、城市支持乡村的逆城市化趋势。从 2005 年党的十六届五中全会提出推进社会主义新农村建设、2006 年取消农业税，到 2010 年新型农村合作医疗制度基本覆盖全国农村居民，从 2017 年党的十九大提出乡村振兴战略，到 2021 年中国脱贫攻坚目标如期完成、国务院扶贫办更名为国家乡村振兴局，国家出台了一系列促进农村社会建设、绿色生态可持续发展的乡村现代化政策。在这种背景下，乡村再不是城里人眼中的“诗和远方”，而是城乡融合、人与自然和谐发展的现代空间。

电视剧《山海情》讲述的就是这种城乡互助、东西部协作扶贫的农村发展故事。表面上看起来，这是一个贫困乡村如何发家致富的故事，但实际上，这个故事呈现了改革开放的另一重面向。缺少各种资源、自然环境差的宁夏西海固地区 80 年代以来无法像沿海地区那样实现经济发展，不是“先富的地区”。在这种背景之下，《山海情》呈现了中国经济发展的另一种经验，就是欠发达地区借助国家、地方行政资源完成自身发展的机制。在叙事模式上，《山海情》回收和改写了 80 年代启蒙视角下的乡村故事。与《平凡的世界》中的孙少安、孙少平兄弟一样，《山海情》中也有马得福、马得宝兄弟，考上农校的马得福与李水华的恋爱关系就像《人生》中的高加林与农村姑娘刘巧珍的设定。在《人生》《平凡的世界》中，农家子弟渴望城市、现代化，在《山海情》里，年轻人也向往外面的世界。在电视剧的第一集中，马得宝带着几个小伙伴和逃婚的李水华一起“私奔”，就像在20世纪80年代的经典短篇小说《哦，香雪》中一样，火车是现代文明的使者，马得宝一行人去看火车，尝试坐上火车，离开贫瘠的家乡，到远方寻找未来。这种落后农村与发达城市(外部世界)的想象是典型的80年代的文化空间隐喻。

从前文能看出《山海情》与以路遥为代表的80年代乡土文学之间的呼应关系。但是，《山海情》与之不同之处在于：第一，国家和政治组织视角彰显。电视剧的第一集就讲，马得福陪着扶贫办主任张树成返回涌泉村。马得福虽然像高加林那样，从农校毕业后成为县城干部，但他没有留在县城工作，而被借调到扶贫办，成为一名下乡的扶贫干部，后来长期担任闽宁村的党支部书记。自此之后，马得福成为带领、动员村民搬迁、致富的基层干部。这种从县城到乡村的返乡模式回到了周立波、赵树理和柳青的传统，即一个土改干部或者知识分子从外部进入乡村，成为改造乡村社会的组织者和中介。第二，贫困的原因不同。80年代以来的贫困有两种：一种是落后的、未发展的偏远地区的贫困；另一种是经济发展不平衡造成的贫困，城乡发展速度不同，城市把农村掏空，城市越发展，农村越贫困。《山海情》剧中所展现的是第一种贫困。涌泉村是一望无际的、自然环境恶劣的戈壁滩，对于这种自然、地理原因带来的天然贫困，脱贫致富策略是村庄整体移民和搬迁，以改变不适宜的生存环境。第三，发展理念不同。80年代以来的经济发展思路也有两种：一种是80年代通过发展乡镇企业，实现在地现代化；另一种是90年代农村的劳动力和资源被集中向中心城市。《山海情》剧中展现的则是第三种方式，即依靠中央和地方的行政力量，由优势地区向欠发达地区输血，这是一种非市场化的逆向调配资源的模式。在这个意义上，《山海情》用路遥的乡村叙述模式讲述了一个新的发展、改革和现代化的故事。在电视剧的结尾，年轻人都长大了，拥有了自己的事业和家庭，变成了城里的中产阶层，曾经被抛弃的家乡没有变成荒漠或者废墟，而成了绿色生态的海洋。这一方面以一个村庄为代表体现了贫困/西部地区脱贫攻坚的成功，另一方面也暗示着，百余年来的乡村中国将曲终奏雅，不是鲁迅式的“铁屋子”或路遥式的城乡焦虑，而是一种已然实现了现代化的状态，这是一种新的中国经验。

《山海情》主要讲述了宁夏贫困地区西海固涌泉村 20 世纪 90 年代以来在政府号召下易地整体搬迁，并在福建省对口支援下脱贫致富的故事。这种以一个村庄为叙述主体的模式来自人民文艺的传统，涌泉村既是中国的基层单位，也是当代中国的隐喻。这种从戈壁滩的涌泉村到绿意盎然的闽宁村的“山乡巨变”，是通过艰苦卓绝的扶贫攻坚工作完成的，从中可以看到丰富的社会治理经验。这种中国式扶贫的经验是为了解决中国现代化进程中区域发展不平衡的问题，其解决方法沿用了中国革命中积累的群众路线和组织化的基层建设的经验。《山海情》主要反映了两种扶贫政策。第一种是由地方政府进行易地搬迁、整体安置，体现为涌泉村从大山里搬到了更适宜发展，也靠近城市的平原地带。这需要地方政府协调各种资源才能实现。第二种是东部发达地区对口支援西部地区。这需要中央政府协调全国资源，让先富起来的区域带动后富的区域，90 年代，福建省对口支援的是西部的宁夏回族自治区。这样两种政策都要依靠地方政府和中央政府的行政和组织能力，这是一种有中国特色的政治介入经济、社会发展的制度。随着 70 年代和 80 年代之交农村地区在政治上从政社合一的人民公社制度转型为政社分开的乡镇政府制度，在经济上从集体化、组织化的乡村经济模式转变为以家庭联产承包责任制为基础的小农经济模式，乡村社会的行政力量逐渐从经济领域退出，这在某种程度上造成了 90 年代以城市为中心的现代化过程中乡村基层权力弱化，乡村社会人才、资本流失的状态。与这种状态不同，《山海情》呈现了组织化、行政化力量对农村社会的成功改造。这主要体现在两个方面：一是，基层干部用政治的方式恢复基层社会治理；二是，逆向流动的主体推动资源回流到乡村。

其一，通过组织化的力量来建设乡村社会。路遥式的乡村叙事把个人进城作为现代化和进步的象征，《山海情》所选择的则是村干部带领群众发家致富的道路。剧中最重要的基层干部是男主角马得福。马得福既是 80 年代走出农村的高加林，又是返回农村成为扶贫干部的返乡青年。在中国，干部不是一般的科层化官僚或者专业主义的职员，具有这样几个鲜明的特征：一是大多拥有共产党员的政党身份；二是具有一专多能的综合素质，即便村主任也能管理社会生活的方方面面；三是干部是党的政策的执行人，也是解决人民实际问题的能人，遇到问题时既能坚持原则，又能掌握灵活性；四是干部要全心全意为人民服务，不能为自己谋私利，老百姓的口碑是最重要的评价，如在该剧中，意外去世的扶贫干部张树成没有用自己的权力给家人提供帮助，其儿子还是临时工，这就是百姓眼中的好干部。涌泉村脱贫的第一步是动员村民搬迁，这对于扶贫干部马得福来说不是一件容易的事情。在村民从吊庄村移民点逃回来、完不成移民指标的背景下，扶贫主任张树成和马得福主张召开村民大会，用动员会的方式再次向群众宣传移民搬迁的重要意义。在会议之前，马得福说服当村长的父亲来想办法，而父亲的办法是做老村长的思想工作。在群众大会上，村里具有道德威望的老村长主动积极参加移民搬迁，在老村长和马得福父亲的模范带头作用下，移民搬迁顺利完成。在村民搬到吊庄村之后，吊庄村的重建既涉及通水通电、开荒浇地等日常生产和生活，也涉及帮助村民发家致富的问题，在扶贫副县长陈金山的帮助下，村民通过养殖蘑菇来致富。还有一次村民大会是为了动员剩余的村民整体搬迁到闽宁村，这相当于抛弃祖坟和世代居住的地方，遭到了村庄里老人们的抵制。马得福的做法依然是求助父亲，父亲讲述了涌泉村两大家族即本土李氏与外来的马姓之间融合相处的故事。马得福耐心说服李氏中辈分最长的老人，为了年轻人更好的未来，老人们同意搬迁。这种村干部组织、村民参与讨论的大会形式是政治说服和民主化的过程，这种群众大会的模式来自根据地时期，是中国共产党在农村包围城市的革命斗争中摸索出来的群众路线的工作方法。当遇到困难和危险时，党员、干部主动带头也是基层群众动员经常采用的办法。在这个过程中，马得福作为基层干部的中介意义非常重要，他是落实上级政策的关键，也是把村民意见及时向上级反映的代表。马得福需要细致入微地向群众讲解国家政策，也需要对上级“软磨硬泡”以获得政策支持。

其二，借助组织力量完成社会资源配置的逆向流动。流动是社会学研究的经典主题，一般是指社会阶层和人员之间的流动，主要是从底层向上层、从农村向城市的正向流动，这是“人往高处走”的社会法则，体现为个体改变命运、实现城市梦的现代故事。但是，《山海情》中出现了“逆向流动的主体”，如携带着行政、科技、文化、教育等资源的扶贫干部、下乡干部、科技知识分子、乡村教师等，从城市、东部逆向流动到乡村、西部，这种反发展主义的流动方式缩小了城乡、东西部之间的差距。第一类逆向流动的主体是扶贫干部、驻村干部等下乡的基层干部，最典型的就是马得福。第二类是掌握科技、农业技术的专业知识分子。剧中的福建干部陈金山请在宁夏做菌草科研项目的专家凌一农来村传授双孢菇种植产业的技术。一开始，对蘑菇不熟悉的农民并不敢尝试种植。《山海情》详细展示了农民接受这种新技术的过程。种植前后，掌握先进技术的专家免费提供技术支持和技术指导，给农民解除了不懂专业技术的后顾之忧。同时，村民也不愿意贷款种植，害怕承担风险，马得福采用的办法是动员自己的弟弟马得宝和好朋友李水花先来种植，让他们起带头作用。在种植过程中，分散经营的小农无法抵御市场带来的不确定性风险，价格波动会损害种植户的利益和种植的积极性，马得福、凌一农动用行政资源来帮助种植户打通销售渠道，为小农经济提供了技术和行政支持。蘑菇种植体现了“输血式”扶贫向“造血式”帮扶的转变，使基层群众掌握了内生性的专业技术。这种组织、技术与群众的结合是一种中国式的技术推广经验。第三类是教育工作者。剧中有一位小学教师白老师，作为一位知青，他劝说学生读书，通过考学来改变命运。他在涌泉村培养了无数学生，虽然是涌泉村的“外乡人”，但是白老师赢得了村民的尊敬。作为乡村知识分子，白老师把现代知识、文化传授给贫困地区的孩子，他不仅是知识的传授者，也是很多事件的协调者，如青年人会找白老师商量人生中的重大选择。正是白老师以及持续支教的青年大学生，使得基层有了知识分子，这是改善乡村文化环境的重要力量。

一代又一代成千上万逆向流动的知识分子成为城乡互助、信息普及、文化共享的中介，缓解了欠发达地区缺乏现代化信息的困境，向资本、技术稀缺地区逆向传播了现代化知识，这是中国在现代化发展中形成并延续至今的特有社会制度，是一种低成本的中国式现代化的经验。这些知识分子从城市到乡村的逆向流动来源于20世纪中国革命的经验。20世纪二三十年代，中国革命从城市转向了偏远的、落后的乡村地区创建根据地。面对非现代、非城市和没有现代技术也没有现代文化的农村地区，中国共产党及其追随者一方面在乡村社会发动土地革命，让农民完成了经济和社会翻身，另一方面用扫盲、教育等方式使农民实现了政治和文化翻身，也就是“翻心”。然后，他们借助群众路线、群众运动，将这些落后的主体组织成有政治意识、社会意识的主体，这成为中国革命成功的关键。在这个意义上，解决农村贫困、农民贫穷问题，也是中国革命的初心。中华人民共和国成立之后，广大农村区域依然是一穷二白，这就需要国家不断地把资源、人力等从中心城市向乡村地区逆向输送。于是，实施了遍布城乡的电影放映员和邮递员等，把文艺、信息等传播给普通民众的制度安排，包括鼓励大学生到农村、到边疆、到祖国最需要的地方去。这些流动的主体又成为另一种主体状态，就是扎根基层的知识分子，也就是如下乡干部、下乡文艺工作者、知识青年、邮递员、电影放映员、“赤脚医生”、代课老师、基层通讯员、技术员等来自基层、服务基层的科技、医疗、文化工作者。这些知识分子的逆向流动成为城乡互助、信息普及、文化共享的制度基础，“将非现代的群众社会化、主体化，使其成为理性的、现代的主体”①。这些都是中国在现代化发展中形成并延续至今的社会制度。在2015年开启的脱贫攻坚战中，截至2020年底，超过1800人牺牲在一线②。正是这些逆向流动的主体才使得信息、文化、技术与基层群众产生了密切的互动。这就是一种有中国特色的发展经验和中国式的扶贫模式。

如果说《山海情》这部剧表现了中国式扶贫和发展的故事，那么这部剧所采用的现实主义叙事模式就是一种有中国特色的发展传播学。发展传播学兴起于20世纪五六十年代。以美国为代表的发达国家把大众传媒作为实现现代化的媒介基础，特别是，第三世界国家需要大力借助大众传媒来传播

① 张慧瑜：《触摸二十世纪的基层传播文化经验线索》，《社会科学报》2020年2月13日，第6版。

② 《截至2020年底，超1800人牺牲在脱贫攻坚一线》，2021年2月24日，http://henan.china.com.cn/news/2021-02/24/content_41476897.htm，2023年3月1日访问。

现代化的、发展主义的理念，以实现自身的现代化发展。

发展传播学的出现有三个背景。一是第二次世界大战之后，第三世界国家获得民族解放和国家独立，发展成为这些新兴国家完成现代化转型的关键。为了回应以苏联为代表的通过社会主义革命来完成国家现代化的路线，美国社会学家提出了用和平、改良的发展主义的方式来实现现代化的路线，发展传播学就是一种“作为意识形态的现代化”。[①] 二是，这种以西方发达国家的经验为基础总结而成的发展传播学，回避了殖民主义、帝国主义的现代资本主义历史，一方面把现代化“中性”化为一系列衡量国家、经济、社会的客观指标，另一方面把西方发达国家的现代化经验普遍化，认为第三世界国家也要学习发达国家的经验。这正是世界体系理论和依附理论试图揭示的“真相”，即发达国家的发达是以欠发达国家的不发达为前提的，或者说欠发达国家虽然获得了国家独立，但在经济、文化上依然与其前宗主国之间有主动或被动的依附关系。三是，发展传播学凸显了技术和现代媒介在现代化过程中所具有的中介性，如电影、电视等现代媒介被用于向落后地区传播技术。发展传播学的代表作、罗杰斯的《创新的扩散》讨论的就是关于农业技术推广的问题：通过农业技术的传播来帮助非洲等地的落后国家完成现代化转型，特别是探讨了现代技术如何被农民接受的问题，包括使用了哪些传播模式和传播技巧，如分析了“埃及村庄饮用纯净水的研究”“哥伦比亚农村的农业创新-扩散研究”“在多米尼加共和国建立光伏扩散网络”“埃及婴儿脱水夭折事件”等案例。[②] 这样看，《山海情》也是一种发展传播学，即用电视剧这种大众媒介来推广发展的理念，而且从中可以看到很多用技术推广、政策扶贫等多重方式来改善贫困地区状况的经验。但是，与这些相信新技术、现代理念可以向落后地区扩散的发展主义专家不同，《山海情》的发展经验来源于中国20世纪革命与改革的历史，是一种借助政党、国家等组织力量和逆向

① 王维佳：《社会发展视角下的健康传播——重访20世纪“第三世界”的历史经验》，《兰州大学学报（社会科学版）》2020年第2期，第58—67页。

② 〔美〕E. M. 罗杰斯：《创新的扩散（第五版）》，唐兴通、郑常青、张延臣译，电子工业出版社2016年版，第109—357页。

流动的知识分子等措施来完成的普惠式发展。技术专家凌一农并不直接向农民传播先进技术，而须依靠一系列中介，如从福建到宁夏参与扶贫工作的副县长陈金山、基层干部马得福和乡村教师白老师等。如果没有这些基层干部以及在地的知识分子组织群众、与群众一起谋发展，是很难实现村民整体搬迁和异地社会重建的。

《山海情》的剧本来自真实的扶贫案例，是主创团队根据在宁夏西海固地区实地调研的素材创作而成。宁夏永宁县有一个闽宁镇，在此地，西海固贫困群众20世纪90年代移民搬迁到贺兰山脚下，在福建对口支援下完成了荒滩改造和家园重建。剧中的很多角色都有原型，如扶贫干部张树成的原型是闽宁镇党委书记李双成，他在工作途中遭遇交通事故以身殉职；吴月娟的原型是福建省扶贫办主任林月婵，她从1997年开始任职到2007年退休，负责闽宁协作工作，40多次到宁夏，亲身经历了移民吊庄、坡改梯、井窖建设、劳务输出、菌草推广、联办医院、援建学校等每一个福建援宁项目，每一批援宁挂职干部也都由林月婵送去和接回；农业专家凌一农的原型是福建农林大学的专家林占熺，他是菌草技术发明人，被誉为"世界菌草技术之父"，研究菌草生态治理，攻克了"菌林矛盾"这一难关，把菌草技术推广到了全国各地及其他一百多个国家和地区，2021年被授予"全国脱贫攻坚先进个人"称号；马得福的原型是闽宁村第一任村支书谢兴昌，剧中住"地窝子"、解决蘑菇滞销问题等情节都源自谢兴昌的真实经历。这种以典型人物和事迹为原型进行的主题剧创作是一种现实主义文艺创作的模式。

"典型"本来是文学批评中的术语，如现实主义文学创作的基本原则是恩格斯所总结的"真实地再现典型环境中的典型人物"[①]，赵树理、柳青、路遥等都是现实主义文学创作的代表作家。这种文学创作领域的典型性同样存在于新闻领域，如党报、党刊等党媒就把抓典型、塑造典型作为主题报道的重点。与之类似，现实主义题材影视剧也在通过塑造典型人物进行文化宣传。之所以新闻和文艺领域强调这种典型性报道和创作，是因为两点：一是为了

---

① 《马克思恩格斯选集》第4卷，人民出版社1972年版，第462页。

对典型人物和事例进行表彰和表扬,如把英雄、模范事迹变成新闻报道、文学作品或影视剧;二是为了把典型人物、事迹作为范例推广,具有社会治理功能。这里,文学、影视都参与了新闻宣传,是重要的传播媒介。这种典型性的新闻报道、文学创作和影视剧创作有这样几个特征。一是,树立典型是为了政策宣传,树立典型的意义在于让群众更好地理解党和国家的政策。在革命年代,文学是最具有大众效应的传播媒介,现实主义文学成为重要的宣传手段;20 世纪 50 年代到 70 年代,电影成为群众喜闻乐见的艺术,表现工农兵基层生产和生活故事的电影成为宣传的重心;80 年代以来,电视剧成为最具大众性的媒介,这些现实主义电视剧也成为重要的宣传方式。二是,典型来自基层和地方经验,把这种地方经验抽象化为一种具有典型性的“样板”,是为了传播和推广一种制度经验。典型性具有地方治理的作用。三是,寻找典型、树立典型,往往需要新闻记者、作家、编剧“身体力行”,到基层了解真实情况。对于记者而言是下基层,对于作家来说是深入生活,对于编剧来说是体验生活,这是一种与社会学家、人类学家类似的田野调查和民族志式的工作,来源于中国共产党的群众路线的传统,是“从群众中来,到群众中去”和“没有调查,就没有发言权”的实地调研精神的体现。

这种典型报道和现实主义文学、影视剧让新闻、文艺更主动地介入、参与了现代化实践和经济发展,是一种中国式的发展传播学。而新闻记者、作家、编剧所采取的这种实地调研式的写作方式,也是一种新闻、文艺的逆向流动,它通过向偏远的乡村、边缘地区流动来完成对这些区域的新闻、文艺的再现,进而传播这些偏远地区的发展经验,从而发挥用文艺、文化来推广中国经验的功能。电视剧《山海情》的出品方是拍摄制作《北平无战事》《琅琊榜》《伪装者》《欢乐颂》《大江大河》《都挺好》《清平乐》《我是余欢水》等精品剧的东阳正午阳光影视有限公司,民营公司参与“理想照耀中国”的主题创作也是一种用市场化的机制完成主旋律题材的生产的形式。与 50 年代到 70 年代国家出资、国家组织文艺生产的宣传模式不同,这种国家宣传与民营影视公司结合的文艺生产方式有助于实现社会效益与经济效益的统一。

现代化是 20 世纪中国从传统社会向现代社会转型的核心命题,也是很多发展中国家尝试解决贫困落后问题的重要方式。其中，关键问题不是要不要现代化，而是哪种发展模式更符合一个国家的国情。在已经完成现代化的发达国家和既有的国际秩序背景下，发展中国家面临更多困境，亚非拉国家发展失败的例子并不鲜见。中国在20世纪的历史中积累了丰富的发展经验，主动或被动地探索出了一条适合中国国情的、自力更生与对外开放相结合的、以内生性发展为主的现代化之路。尤其是，中国依靠政党组织和国家协调的力量来追求一种普惠性的、人民共享的现代化，其中就包括借助行政力量在人力、物力等方面协调城乡、东西部之间的不平衡发展等，如扶贫攻坚的特殊制度安排，这种欠发达地区整体脱贫的中国方案其实是一条更适合第三世界国家的现代化道路。因此，文艺工作者需要足够的自信和敏感来发掘和总结这些中国经验，这不仅是一种独特的中国式发展故事，对于发展中国家来说，也具有一定的普遍性。

第三节　案例分析：信阳郝堂村的新乡村建设

信阳郝堂村：逆城市化的新乡建建设[①]

“基层”这一概念有着浓厚的中国特色，在城市指的是街道、社区、各种国有企事业单位，在乡村则是乡镇和村庄，基层更有组织性，也更加强调因时因地制宜。[②] 从民国时期以梁漱溟、晏阳初为代表的乡建派，到新中国成立后的乡村改造运动，再到世纪之交的新乡村建设运动，乡村建设的实践与20世纪中国革命和建设中形成的基层治理理念有着紧密联系。郝堂村的乡建背景既是基于已有的物质基础与治理经验，也是基于对该基层空间的改造与对群众的组织动员。同时，基层传播作为基层治理过程中形成的文化、传播实

① 参见苏琦、刘瀛蔚、张慧瑜：《逆城市化的美丽新乡村——以河南信阳郝堂村的基层乡建为例》，《东北农业大学学报（社会科学版）》2023年第1期，第75—82页。

② 张慧瑜：《触摸二十世纪的基层传播文化经验线索》，《社会科学报》2020年2月13日，第6版。

践，是一种特殊的组织传播，是高度介入基层发展和社会建设的中国式发展传播学，主要呈现出媒介成本低、群众主体性强、逆向流动性和现代化下沉性等特点，其基层"化"本身便隐含通过政治介入、社会组织、文化教育等手段，让人民群众成为社会空间的多重主体之意。[①]

一、逆城市化：郝堂村基层乡建实验

逆城市化起始于西方国家，是指城市发展到较高水平时出现的一种人口反向迁移流动现象。但以事实为导向，逆城市化并非西方所独有，中国在城市发展的不同阶段也出现了诸如"知识青年上山下乡""非转农""逃离北上广""离城返乡"等逆城市化现象。[②] 党的十九大首次提出乡村振兴战略，并明确了产业兴旺、生态宜居、乡风文明、治理有效、生活富裕的总要求；党的二十大报告指出，要"全面推进乡村振兴。全面建设社会主义现代化国家，最艰巨最繁重的任务仍然在农村"。中国式现代化的内涵同样蕴含着与乡村振兴战略的关联性，理解前者能够为推动后者带来新视野与新动力。

随着乡村振兴战略的明确与推进，逆城市化作为缓解交通拥堵、环境污染等"城市病"问题的一条路径，激活了乡村资源平衡与内生活力，促进了城乡间的双向流动，推动了乡村基层治理现代化，满足了人民崇尚田园生活的美好想象与诉求。郝堂村的乡村建设就是逆城市化中一个典型的发展案例。

郝堂村位于河南信阳平桥区五里店镇东南部，面积约 16 平方千米，地处大别山余脉，依山傍水，自然环境优越。但该村却因地理位置偏僻而经济发展落后，一产二产不够发达兴旺。2009 年前，村落呈现破败衰落的景象。农田撂荒严重，年轻人口大量外流，卫生环境脏乱，公共基础设施老旧匮乏等，村子逐渐呈现空心化状态。转折契机出现在 2009 年，当时，信阳市平桥区政府主办了一个思想论坛，受邀的中国乡村规划设计建设院院长李昌平关注到了郝堂村，于是便联合"北京绿十字"公益组织，开启了郝堂可持续发展实验

---

① 张慧瑜：《基层传播的中国经验》，《现代视听》2022 年第 1 期，第 1 页。

② 梅莹：《中外"逆城市化"研究的热点与趋势对比——基于 CiteSpace 的文本可视化分析》，《未来与发展》2022 年第 3 期，第 55—64 页。

村的建设。

郝堂村的乡建实验主要分为两个阶段。第一阶段是 2009 年至 2011 年，“三农”问题专家李昌平带领开展了以“夕阳红”养老资金互助合作社内置金融为核心、以“四权(产权、财权、事权、治权)统一”和“三位(经济发展、社区建设、社区治理)一体”为主要特征的村社共同体重建实验。第二阶段是 2012 年至 2013 年，著名画家、乡建实践者孙君带领开展了以“郝堂茶人家”建设为契机、以探索适应逆城市化趋势建设的“三生共赢”为模式，即生产生活生态共赢的、农村农业服务业化的新农村建设实验。①

2014 年，郝堂村旅游业发展出现下滑趋向，一些暂时性的合作关系难以维持，乡村建设进入第三个阶段：利益与诉求出现分化，转而探索外源性推力与内生性动力相结合的新模式。至今，郝堂村的乡村建设已经走过了十余年，在生产、生活等多维度上发展出了一套逆城市化经验，既促进了资本下乡，又推动了乡土复员、人才返乡，有效地提升了当地村民的参与度和凝聚力，从根本上确立了乡村治理的主体性。

二、以乡村为主体的内生性发展

美丽新乡村的建设要坚持以人为本，尊重农民的主体地位，反映农民意愿、保障农民利益、完善乡村自治，提高农民参与公共事务的积极性，也要关注农民的物质与精神需求，使其成为乡村建设的创造者和享受者。在以乡村为主体的内生性发展进程中，要拓宽建设资金的来源，加强公共产品服务，在引进社会外部资源的同时，也要优化内部资源配置。郝堂村的逆城市化发展从经济模式、空间改造、组织建设等方面助力解决了乡村空心化问题，促进了乡村建设与基层治理现代化。

(一) 基层经济模式：探索内置金融合作社

一方面，面对农民负担重、农村空心化、农业资源流失严重等问题，李昌

① 王磊、孙君、李昌平：《逆城市化背景下的系统乡建——河南信阳郝堂村建设实践》，《建筑学报》2013 年第 12 期，第 16—21 页。

平秉持“助人互助、互助助人”的理念，提出了逆城市化的乡村建设方向。另一方面，面对当时外部金融机构成本高、风险大、可经营性差等缺点，李昌平又提出了“村社内置金融”的概念。

村社内置金融是指借既有村社组织的壳，在其内部以金融互助合作为手段重新组织起分散的村民，把现有的空壳村社组织改造成不仅有骨架，而且能造血、输血的有力量的农民组织。[①] 郝堂村内置金融模式的特点是，以农村土地金融为基础、依托乡土熟人社会关系，将村民内部多余的资产收集起来，实现更加有效的投资造血和可持续利用。其中，由政府以及村民共同推动建立起来的郝堂村“夕阳红”养老资金互助合作社，是真正应用于基层经济领域的互助金融机构，在乡建过程中发挥了重要作用。合作社可以为本村村民和小企业提供小额贷款服务，只须在合作社入股的一位老人社员担保。一位老人社员可担保的资金为 5000 元，如果金额过大，则须两位老人社员担保，且须由土地承包经营权、房屋所有权等农村“五权”的资产抵押，以此来满足村民信贷需求和降低金融风险。由老人担保的形式将道德规范机制引入村社金融管理，既有助于事务监督，又可以将老人组织起来，提高了他们的积极性。

从家族共同体到村社共同体的发展脉络中，集体经济已经成为重要的经济基础。如果缺乏共同体的凝聚与维系，不仅将加剧小农的分散性与脆弱性，削弱经济收益，而且将严重冲击在地居住者对村庄的认同感与归属感，不利于农民、农村、农业的长远可持续发展。村社内置金融的做法成了巩固集体经济的关键形式，而村社本身也承担着促进经济发展与治理基层的多重功能。

温铁军主张，政府不应该过多干涉农村经济市场，要让市场自由化；政府的职能就是政策与资金支持，从宏观上把握住大方向。他建议，可以租赁土地以形成规模化经营，农地的私有化不利于大规模农业的发展，并可以通过

---

① 李昌平：《李昌平：创建内置金融村社及联合社新体系》，《经济导刊》2015 年第 8 期，第 46—47 页。

“土地股份合作制”促成市场化流转。他提出，农民不是无知的人，而是振兴农业拯救农村、乡村建设的主体。①郝堂村“夕阳红”养老资金互助合作社在进行基层集体土地流转、集体经济运营方面和提高农民组织化程度方面发挥了重要作用。通过合作社把土地流转出去后的增值收益归集体所有，这一方面壮大了集体经济、完善了双层经营体制，另一方面以分红的形式，把资金利息给了老人，解决了农村养老问题。在土地金融方面，贺雪峰认为，“失血”的农村金融的去路是发展郝堂的内置金融模式，以解决农村资金大量外流、资金不足的问题。

这样一种社区互助型金融机构，在很大程度上解决了信用社这类信贷机构的信息不对称、运营成本高的问题，提升了当地农民群众的参与性和组织性，也为其他地区的乡村建设提供了一种在地化实践参考模式。

（二）基层空间架构：双重交往空间的塑造

基层传播的媒介特征表现在媒介化、去媒介化、再媒介化三个层面。乡村交往空间实质上在联结村落中的村民个人、群体等组成部分的过程中发挥了媒介化作用，通过提供公共设施、活动广场、公共活动等客体，满足了交往主体的交往需求。郝堂村在物质空间和精神空间的塑造上也较为成功。

其一是物质交往空间的塑造。乡村不应是城市的复刻版，其中蕴含着人与自然相处的奥秘。每一个传统乡村都有着自己独特的乡土景观与村落格局，基于当地的地域文化与地区生产要素，发展出一套经过传承的、葆有活力的村庄关系网络。郝堂村的空间层次亦是如此，它仍然保持着从前的民居特色，既有楚文化之风，又有徽派之妙，这是对传统技艺与乡土文化的尊重与传承。

对于乡村而言，物质交往空间必须满足村民日常的农作、生活和环境需求。孙君在乡建过程中宣扬，要让鸟回村，让年轻人回村，让民俗回村，所以其在规划和设计乡建图纸时，尽量保留和还原乡村的自然肌理，采用了“宅邻田+市”模式。“宅邻田+市”是指村民的住宅还保留原来的建房特色，靠近田

① 温铁军：《中国大陆的乡村建设》，《开放时代》2003年第2期，第29—38页。

地建设，以满足农民农作生产需要，而在住宅聚集区，还会搭建乡村集市，以满足村民日常生活购物需要。郝堂村通过保留自然界面的空间创造，既满足了村民日常生活需要，又使得物质交往空间与自然环境合二为一。

其二是精神交往空间的建构。“亭邻街”模式以及其他如莲湖艺术中心、岸芷轩、宗祠等建筑满足了人们的精神交往需求。“亭邻街”模式是指，通过在街道、集市附近建造亭子来提供一处公共场所，让人们在空闲之余可以进行文化交流或聊天等。亭子这处空间改造给乡邻们提供了一条由私人化家庭走向公共性交往空间的新渠道，考量了乡村社会中基于传统的血缘、地缘纽带的人际关系，其中面对面的交往方式也带给如今高度媒介化社会中的我们一种关于身体在场意义的思考。宗祠则更容易勾起人们的乡愁及共同体意识，强化家族意识与凝聚力，巩固传统乡土社会中的伦理体系，助推乡风建设。此外，郝堂村的百姓还自发组织艺术团、办晚会，在村里定期举办“郝堂民宿文化周”活动，展演具有地方特色的踩高跷、扇子舞等曲艺节目和根雕、石雕、烙画等民间艺术。[①] 这些自主实践形式既让群众看得懂，又让群众融得进，既让文艺走近群众，也让群众走进文艺，真正把基层塑造成为人民当家作主的空间。

基层空间本身具有双重职能：一是生产和劳动职能，以完成社会化和生产化；二是教育和文化职能。[②] 郝堂村通过物质交往空间和精神交往空间的双重塑造，拉近了人们之间地理空间和心理意义上的距离，营造出一张朝向基层的文化传播之网，真正实现了留住乡愁、促进乡村可持续发展的理念。

（三）基层组织治理：多形态村社组织共治

贺雪峰认为，“乡村治理是指如何对中国的乡村进行管理，或中国的乡村如何可以自主管理，从而实现乡村社会的有序发展”[③]。乡村治理的内涵涉

---

① 翟敏：《生态美学关照下的美丽乡村建设——以信阳郝堂村为例》，《现代园艺》2020 年第 3 期，第 141—143 页。

② 张慧瑜：《基层传播：空间与主体的双重改造——以 1960 年的木刻版画〈学习〉为例》，《四川戏剧》2021 年第 2 期，第 11—16 页。

③ 贺雪峰：《乡村治理研究的三大主题》，《社会科学战线》2005 年第 1 期，第 219 页。

及治理主体、治理权力、治理目的、治理过程四方面。

在治理主体方面，郝堂村探索了一种由多元村社组织实现基层共治的模式。以政府机构、村干部、村民、民间组织为主体，郝堂村发展起了一套良性运作的多元治理模式，体现了对基层治理中群众自下而上自主性的重视，打破了单一的“中心-边缘”的垂直模式，有利于集思广益，发挥引导与统筹的服务型政府能力，实现了乡村善治。

20 世纪 30 年代，乡村建设派代表人物梁漱溟曾提出“乡村不动”的观点，即自上而下的乡村建设主导者（政府、企业、公益组织或其他团体）与自下而上的农民主体之间缺乏共同行动，外部性资源没能转化为内生性动力。[①] 故而，服务型政府与农民群众之间的双向联系至关重要。郝堂村地方政府作为管理和组织机构，从政策落实、资金支持、基础设施建设等角度，适时介入公共服务。例如，政府为有效开展郝堂村的建设事项，2011 年成立了可持续发展实验区办公室（实验办）和可持续实验区建设领导小组（领导小组）。作为领导和协调郝堂村“三农”工作的直属机构，实验办的设置确保了原先分散于体制内的涉农资源可被充分地调动起来，领导小组负责监督相关资源与项目在郝堂村落地实施，从而实现了乡村治理中行政资源的最大化利用。[②] 此外，村“两委”在配合外来资源以及调动内部资源方面也发挥了重要作用。在成立“夕阳红”养老资金互助合作社后，村“两委”还主导成立了绿园公司这一新型集体经济组织以增强集体经济能力。最终，郝堂村在中国乡建院等外部力量的推动下，逐步形成了三级村社组织体系：以村“两委”为主的核心组织，合作社、绿园公司以及其他组织构成的正式组织，以及文艺团队、农家乐协会、协作者中心等构成的村社内部的非正式组织。[③] 譬如，青年创业合作社负责搭建农业生产销售平台、带领农民集体致富；文艺团队、农家乐协会等

① 黄效茂、张登国：《乡村现代化内生动力的激发与维系——以曹县淘宝村为例》《山东社会科学》2022 年第 7 期，第 21—29 页。

② 申明锐：《乡村项目与规划驱动下的乡村治理——基于南京江宁的实证》，《城市规划》2015 年第 10 期，第 83—90 页。

③ 杨梦丽：《基于村社自主性的乡村转型与空间重构研究——以河南信阳郝堂村为例》，苏州科技大学硕士学位论文，2017 年，第 46 页。

在文化、娱乐、儿童教育等供给成本相对较低的领域发挥作用，推动了村民在公共物品上的自主供给。

在治理权力方面，郝堂村除了让政府和其他外来力量根据各自的职能行使权力外，还尽量让村民参与民主权利的行使，村民组成的村社组织就是村民自治和用权的重要途径。这样一来，可以在公共权利与私人权利的双重轨道里，寻找乡村治理的合作点，有利于充分听取村民意愿，增强纵向的政策推行与横向的情感联结，促进乡村资源整合。

在治理目的方面，郝堂村秉持建设社会主义美丽新乡村的公共发展理念，不论是合作社还是其他组织开办的活动，都是为了村落的可持续发展以及村民的生活质量提升，而非为了个人、企业的私利或某个组织的利益诉求。乡村治理是为了提升农业生产效益，更是为了促进乡村生态系统的在地化更新与优化，是全方位、多功能的治理。只有明确了治理目标，才能探索出一条因地制宜的建设道路。

在治理过程方面，政府、村民、组织三方主体自觉参与了郝堂村的建设，将“自治”与“他治”相结合，使得村子在2013年入选住房和城乡建设部公布的全国第一批“美丽宜居村庄示范名单”（12个），被农业部确定为全国“美丽乡村”首批创建试点乡村。借用“三秩归一”的理念，多元主体在影响乡村秩序中也扮演着重要角色。考虑多方意见后形成的共同参与的发展模式，实现了赋权给村民，推进了“三农”平衡。

三、以文化为媒介：改造基层社会生态

文化建设作为乡村振兴的重要精神动力，在思想上可以提供智力支持，培养越来越多懂技术、会经营的新农人，在经济上可以推动当地文化产业发展，推进文化传承与乡村旅游，在文化上可以形成适应时代发展的文明乡风。郝堂村以文化为媒介，激发了乡民们自主创造的活力，将群众路线深入乡村建设，将基层改造为集文艺、教育、生产、旅游等多功能于一体的空间。这也启示我们，可以把握乡民间的人际传播与基于政府、平台、媒体等多渠道的大众传播，搭建好美丽乡村全方位、多角度的传播矩阵，利用好具有乡村特色的

基层空间，建设好文化阵地，如兴趣社、老年活动中心、图书馆、茶室等，用贴近乡民的方式、通俗易懂的语言、喜闻乐见的故事，将文化建设注入乡村建设的细节，推动乡村文艺、公共卫生事业和旅游业等多方向发展。

（一）基层文化传播：策划多样化文艺活动

乡村文化振兴是中国乡村全面振兴的重要内容，乡村文化是连接传统与现代的灵魂纽带。曾经我们见过一些乡村文化日益凋敝的状况，当前更需要认识到乡村教育扎根于乡土社会的重要性，而非凭空、盲目地去捏造和照搬。乡村教育需要借助文化场所，发挥文化传承和共同体凝聚的作用，解决不同群体文化认同间的断裂性和离土化问题。乡村基层文化建设是实现乡村振兴的重要支撑，也是改善民生的系统性工程。它是一个综合性过程，包括硬件和软件两个层面。硬件方面主要包括基层文化基础设施和乡村文化队伍，软件方面则包括公共文化服务体系和思想文化体系等。

郝堂村在外部力量和内部力量的共同支持下，不断完善和发展了基层文化传播的软件和硬件内容。在文化硬件方面，郝堂村通过合作社集体资金不断完善基层文化空间。例如，原来的郝堂小学地处洼地，村社从办文化教育事业入手，在不破坏传统民居的基础上，重新选址建立了新的郝堂小学。此外，还新建了郝堂文化中心、郝堂兴趣社、老年活动中心、图书馆、茶室等公共文化空间，以供村民交往和学习。在这些实践中，郝堂村发展出了具有本土特色的灵活机制，如开放时间根据农作时间进行相应调整变动，将茶文化与农业生产知识引入课程，培养学生在亲身实践中学习的能力，举办健康类家庭短剧表演以增强亲子关系等。有了文化传播的场所，村里还会邀请一些返乡的大学生或者多才多艺者讲授一些基本的文化和兴趣技能课程，一方面开拓了一条人才回流的新渠道，有利于吸纳青年反哺乡村的力量，另一方面提升了村民的积极性与主动性，推进了技术、文艺在乡村空间的流动与传播。

在文化软件方面，郝堂村主要通过弘扬茶文化和策划各种文艺活动来给予村民文化艺术领域的精神食粮。茶文化是郝堂村的传统文化特色，所以在基层文化建设方面，郝堂村牢牢地抓住这一点，并致力于建设以茶文化为核心的现代文化。郝堂村干部带领村民在自家前庭后院种植梅兰竹菊，来营造典雅静谧的茶文化环境，还修建了禅茶院、唐茶驿站、陆翁茶馆等，来给游客提供品味茶文化的休闲消费场所。茶社里有专业的村民进行郝堂茶文化讲解，以及提供采茶、炒茶、品茶的一站式茶文化体验。除此，从 2013 年以来，郝堂村每年都举办“郝堂村晚”（疫情期间除外），表演节目类型多样，从唱歌、小品、相声到舞龙舞狮等应有尽有，并且节目均由当地村民自导自演。“村晚”的基层文化形式不仅提供了长期居住在村里的村民和外出打工者加强联系的机会，还通过共同策划、参与、观看的方式，唤起了郝堂村村民的乡村集体记忆和认同。这对于建设村社共同体而言无疑是能够起到帮助作用的。

文化是沉淀，是仪式，也是传承。郝堂村通过文化服务在物质上建设了文化类基础设施，在精神上培养了本土文化氛围。其对公共空间的改造伴随着嵌入本土文化语境与人们日常生活的文化资源，带来了当地农民群众进行文化共享的空间——一个集娱乐、学习、仪式等多功能于一体的多元社会空间。此空间作为媒介，在政治上有利于凝聚文化共同体，增强人们对村社公共事务的参与，在经济上有利于打造茶叶种植产业链，促进当地旅游业发展，在文化上有利于提高大家的文化素养与增强文化认同。

（二）基层公共卫生：环保构造助生态修复

2009 年开始美丽新乡村建设之前，郝堂村生态环境遭到一定程度的破坏，村落公共卫生状况较差。所以，在基层公共卫生治理上，郝堂村主要采取了三个步骤：生态环境修复、环保构造建造、公共卫生意识引导。

第一，生态环境修复。2010 年以来，村委会通过禁止乱砍滥伐、修整茶园来实现生态还林，被破坏或者被撂荒搁置的水道、河流、田地也重新被整治和利用。现在，郝堂村村民在秋收结束后，还会在耕地上撒下紫云英种子，不仅为土地解了毒，也优化了村落环境，提升了外来游客的观光与消费体验。通过一系列生态修复措施，如今的郝堂村已经是一个山清水秀、茶香四溢、自然和谐的古典村落。

第二，环保构造建造。台湾著名建筑师谢英俊在郝堂村设计建造了三座轻钢结构建筑——廊桥、尿粪分离式厕所和茶室。廊桥位于村庄中部，便于村民上山劳作通行和水利疏通。尿粪分离式厕所则使尿液流入集尿装置，使粪便进入集粪装置，以此来减少排泄物与空气的接触，除了减少病菌滋生外，待粪便分解后还可用于农田施肥。茶室则位于处理污水的水解酸化池之上，依山傍水，充分利用了空间，较为自然地融于山光水色之中。

第三，公共卫生意识引导。如果村民的环保意识不提升，那么生态恢复得再好、环保设施搭建得再好，也只是短暂性的，无法实现真正长期地绿色美丽发展。所以，郝堂村在增强村民的卫生环保意识上开创了许多措施。譬如，采用干湿分离优化垃圾分类装置，每家每户都安装沼气池和生态厕所，每位村民家中都设有专门的垃圾桶，引导村民进行垃圾分类以及开展定期的卫生评比等；还定期组织宣传培训，通过实地走访、问卷调查等形式深入乡民家庭，了解乡民诉求，吸纳乡民意见，增强对村庄环境治理的系统性规划，提升多元主体的环保意识与行动力，发挥了村“两委”的权威性功能，以“绿十字”、学校师生等为核心的传播协同性功能和村民自身的自治功能，改善了原来存在的垃圾对周围空气、水质、土壤等造成的破坏。

在长期努力和潜移默化的宣传教育中，郝堂村村民逐渐养成了爱护环境的习惯。而基层公共卫生活动的开展本身就带有媒介化传统，如利用当地的广播、黑板报、告示栏、涂鸦画、宣传车等低成本形式展开健康宣传。值得注意的是，推进公共卫生的过程分为不同的阶段，从最开始的建设到后期的反馈机制，都需要进一步完善。由于目前郝堂村仍然面临一些村民对环境保护的认识不足，以及细则实施中落实到户的差异化困境，因此我们可以借助大众媒介娱乐、教育的双重功能，进行针对性传播，以影响或改变村民对公共卫生的态度或行为。

（三）基层生产活动：开创多元复合型产业

在乡建过程中，郝堂村逐渐摸索出一条适合自身发展的基层生产发展之道。郝堂村一改过去主要依靠农业生产的家庭精耕细作模式，发展了如今的以农业、旅游业为主的多元复合型产业。其一是发展特色农业。2011 年以前，郝堂村主要依托水稻、茶叶、板栗等进行农业生产，后来土地被村社征集，绿园公司流转近 200 亩耕地来种植荷花，并按照 400 斤水稻每亩每年的价格支付农民流转费用。荷塘的开发不仅丰富了村庄的景观，也增加了集体收入，实现了农业种植的基础保障功能向经营性功能的转变。在荷塘农业的经济效益显现后，郝堂村还着力打造了茶叶、板栗、鱼塘等农业类型，促进了自身产业结构与组织结构的优化，丰富了村民的盈利方式，增强了他们作为村庄主人翁的获得感。郝堂村打造特色农业的目的并不止于实现第一产业的营收，而且将其与自然、文化旅游业相结合，吸引外来游客进行观光，培育出了旅游的新业态。在旅游业方面，郝堂村利用荷塘、板栗林、茶林等特色农业发展采摘业，让游客自行游览、采摘。他们既是参观者，也是参与者，可以沉浸式地体验田园快乐，这亦塑造了一种体验经济。

其二，还利用条件优越的自然环境打造农家乐、民宿等，吸引游客在此处留宿，体验自然农村生活，真正形成了产居融合的旅游服务空间。板栗、茶叶、莲藕等农业产品被再加工后售卖给游客，打造了特色农业与生态旅游相融合的全产业链条。郝堂村在基层生产活动中坚持以农村生活建设为主，农业、特色产业、服务业共同发展，吸引了越来越多的外出务工者回乡就业，从而进一步解决了农村的空心化问题。“直播+乡村振兴”的热潮一定程度上释放了一些村庄里长期被土地所束缚的生命力，郝堂村也可以随之立足自身，将农产品、文化产品等推广到更多地方。

未来，郝堂村还需要进一步明确自身定位与旅游规划，打造文化旅游名片，挖掘当地历史文化价值和郝堂村的本土故事，形成地方特色的“文化+旅游”产业，同时要加强对当地村民的相关培训，以更好地满足游客的差异化需求。另外，还要实现区域间的合作与联动，利用好新媒体渠道，加大传播力度，借助多方联动力量发展乡村短视频，注重旅游基础设施与交通网络的完善，平衡好发展旅游与保护环境的关系。

四、乡村振兴背景下的美丽新乡村

党的十九大报告用五句话、二十个字概括了乡村振兴的总要求，即“产业兴旺、生态宜居、乡风文明、治理有效、生活富裕”。目前，中国城市化进程越来越快，农村人口大量流入城市，农村出现“空心化”“老龄化”“数字鸿沟”……乡村正在经历着前所未有的阵痛。郝堂村逆城市化的美丽新乡村基层建设实验既满足了乡村振兴战略发展要求，又给城乡融合发展提供了一条可借鉴之路。郝堂村在基层经济模式上，探索出农村内置金融合作社之路，有力地引导了资金要素回流；在基层空间架构上，塑造了物质和精神的双重交往空间，就地取材，丰富了群众的生产、生活；在基层组织治理上，实现了乡建院、绿园集团、合作社等多形态组织共治，通过乡村秩序再生产搭建了多方网络关系，激发了新兴主体活力；在基层文化传播上，通过新建文化空间和策划多样的文艺活动，丰富了村民的精神世界，为乡村建设凝聚了精神的动力；在基层公共卫生上，构建了环保架造，培养了村民爱护环境、讲卫生的习惯，有助于预防疾病、保障村民健康，完善当地医疗卫生体系，助力“健康中国”的实现；在基层生产活动上，开创了特色农业和生态旅游业融合发展之路，拓宽了乡村盈利渠道、提升了乡村的“造血”能力、延伸了乡村产业链。

在美丽新乡村建设路上，郝堂村还存在一些发展中的问题。譬如，“夕阳红”养老资金互助合作社作为一种内置金融的模式，只在村集体、村内运行，资金主要来源于村民的富余资金，从运转上看，可能不利于其长期可持续发展；互助合作社的管理权力主要集中于乡建院，但乡建院作为一个社会企业，在权衡公共利益与企业利益时可能会模糊；虽然郝堂村在不断地引入人才，但专业管理人员严重不足，尤其当面对庞大资金时，缺乏与之相匹配的管理能力；旅游业发展中，仍然存在产品同质化、基础设施建设相对滞后的情况，还需要进一步巩固劳动力回流的稳定性。

但是，在打破城乡区隔、促进乡村交流、实现城乡协调发展的过程中，郝堂村从“基层治理+乡村振兴”的角度为我们提供了一种城乡融合发展的成功经验，其在乡村建设过程中基层建设、基层治理、基层传播方面的做法仍然值得学习与借鉴。它的基层实践在政治上推进了政治宣传，提升了村民的参与度和活跃度，增强了信息传达和社会动员的效率；在经济上推动了产业转型升级，发展出了一条因地制宜的"文化+旅游"产业之路；在文化上助力了特色文艺建设，丰富了群众的日常生活。

今天，新媒体正在助推媒介社会化和社会媒介化的深入，成为改变各个子领域的外熵力量，是促进城市发展、乡村进步的重要手段。在基层传播方面，我们需要留意村庄中那些呈现出阶段性特征的媒介，将传统媒介与新媒介紧密结合，助力培养新农人、建设新农村，促进传播以信任、经济利益为基础的理念，推动农民增收、农业增长、农村稳定，这有利于弥合现代文化与乡村的撕裂。但仍然值得注意的是，发展过程中可能存在危机，譬如市场机制下乡村文化灵韵的消失，"土味"文化、"网红"村带来的污名化等，需要政府、民间组织、企业、村干部、村民、技术平台等多元主体共同监督与治理。乡村振兴是一个发展的过程，也是治理的过程，既要因地制宜，也要循序渐进，在共建与共享中推进乡风、产业、生态等多领域建设，在中国式现代化中坚持农民的主体地位，推进全面乡村振兴，让物质文明与精神文明相协调，让人与自然相和谐，促进人民共同富裕。

党的二十大报告指出，中国式现代化是人口规模巨大的现代化，也是全体人民共同富裕的现代化。乡村建设亟须解决区域发展不平衡不充分、未因地制宜、主体碎片化的问题，在领导上提升组织动员的能力，在形式上纳入新兴技术运用，在对象上注重赋权与共创，在资源上重视人才引进，培养村社能人，打造基层治理共同体，实现有特色的在地化乡村建设。中国式现代化是物质文明与精神文明相协调的现代化，在发展乡村生产力的同时，也要强调乡村优秀传统文化的传承与发展，留得住乡愁，留得住乡情，在进行硬件设施建设时以保护乡村古木、传统民居等为前提，完善文化共同体。中国式现代化是人与自然和谐共生的现代化，这启示当前和未来的乡村建设，要坚持"绿水青山就是金山银山"的治理理念，在发展乡村旅游时也要发展生态建设，使保护乡村美丽环境的理念深入人心，服务“双碳”目标。总而言之，中国式现代化给予了乡村振兴新的活力，将进一步推进乡村建设与基层治理的可持续发展进程。

思考题

1. 如何认识新乡村建设的理念？
2. 简要谈谈基层传播在新乡村建设中的作用。
3. 郝堂村乡村建设的经验带给你怎样的启示？

第十一章　网络基层社区及其治理经验

本章提要

互联网作为20世纪最为重要的技术发明之一，深刻地改变了信息传播方式以及人们的生活状态。更为重要的是，它使得虚拟社区真正成为可能。全球互联网的文化政治呼唤着一种借由网络基层社区培育的平民化、无国界化的信息和知识共享氛围。互联网的发展又反向促进了这种文化氛围的拓宽以及介入现实议题的能力。网络化的基层社区与社区治理是如何有机结合的？其在发展初期遇到了哪些问题，又是如何解决这些问题以引导网络化基层社区良性发展的？

20世纪末，中国引入了互联网，网络成为人们的日常生活方式。随着移动互联网的普及，人们不仅能够在网络上获取多样化的信息，也可以根据自身兴趣积极结成网络社群，围绕不同的话题发表言论、拓展社交关系。互联网的兴起，催生了一种新的社区形态，这就是网络基层社区。如今，社交媒体、虚拟社区成为现代生活的常态。互联网对社会生活的重要影响之一在于，其极大地丰富了人们彼此间沟通的方式，越来越多的人愿意在网络这一便捷且低成本的渠道中与他人交流，在线沟通日益成为人们日常生活的重要内容。在线人数的迅猛增加和网络交互行为的深入发展，使得人们越来越关注互联网是如何影响和重塑社会联结的。互联网特别是移动互联网的迅猛发展催生了大量的网络社区,大量的信息和内容经由互联网进行分享和传播。

第一节　网络基层传播的概念

一、实体化基层与互联网基层空间

网络社区、网络虚拟空间也是一种网络基层的空间形态。网络社区有四个突出特点。一是去空间化。与真实地理空间上的社区、基层不同,网络社区是一种去空间化的、脱域化的媒体。这不是人类历史上第一次实现脱域化,广播就是一个改变了空间限制的现代媒介,在此之前,信息的传递、文化艺术的传播都需要借助人力、畜力、道路、河流等交通工具。二是强交互性(社交性)。与广播、电视、电影等单向度的媒体不同,互联网实现了信息交流的双向度和互动性,这动摇了专业化、精英化的新闻传播制度。三是平台化。互联网、移动互联网的应用大多是平台化产品,互联网公司负责搭建平台,用户既是内容生产者,也是消费者,从而提升了参与生产的积极性。从网络文学到短视频平台,都是平台化媒体,传递信息的渠道比传递的信息内容更重要。四是社会化。从数字化文艺产品到网络购物,再到互联网金融,网络空间与真实的社会产生着越来越密切的关联,数字化生存、网络生存变得越来越"真实",互联网空间的"虚拟自我"也越来越重要,原有的政治、经济、法律框架面临挑战。

互联网被认为是一种扁平化的、去中心化的虚拟社区,是对科层制、等级化的资本主义政治、经济秩序的逃离,但是互联网依然要"镶嵌"入既有的政治和社会结构,这导致了三对基本矛盾。第一,美国的互联网霸权与平等权之间的矛盾。作为互联网的发源之地,美国是互联网技术、应用、资源最发达的国家,掌握着大部分互联网运转的根服务器和产业标准,这使得各国家的互联网主权不平等。第二,互联网平台的社会化与互联网企业的私营化之间的矛盾。随着互联网平台的社会化,互联网公司承接了政府、社会机构的一部分社会职能，或者说政府、社会机构需要借助互联网平台完成社会治理，而这些应用平台又是互联网巨头追求利益最大化的商业产品，这就会损害平台的社会化和公共性。第三，国家与互联网企业之间监管、监控社会的矛盾。互联网信息看起来虚无缥缈，不像刻在石头上或者写在纸上那样容易保存，但一旦接入网络，就会“雁过留痕”。随着大数据、云计算的成熟，大量社会化的数据成为互联网企业的“私人财产”，而国家也以社会治理的名义在收集、分析海量的公民数字信息，使得互联网更像一个现实版的“1984”。从而，国家与互联网企业在社会治理领域既是竞争者，又是合作者。

从互联网的角度来理解基层，基层又分为实体化的基层和虚拟基层或互联网基层空间。

一方面，依托现实物理空间的基层，如工厂、村庄、居委会、班级等依然存在并发挥着重要作用；另一方面，互联网中也出现了去空间化、去实体化的虚拟基层。虚拟社区由社会网络、社会关系和信息与情感的沟通联结而成，并不必然要求有一个真实存在的物理空间作为传播和治理的载体和依托。这种虚拟基层又分为两种。一种是原有社区、基层的虚拟版，是依附实体化的基层和社区的网络社区。比如，新学期开始，同学们入学组成一个班级，这个班级是一个实体化的基层，接下来会马上建一个微信群，实体化的班级基层就转化为一个虚拟的群；我们的课堂是实体化的，但是也会形成一个课程群。这些都是把实体化的基层虚拟化的方式和模式。另一种是纯粹的虚拟社区，没有对应的实体空间，这主要是指网络虚拟社群，从 Web 1.0 时代的论坛、BBS 到 Web 2.0 时代的贴吧、微信群，再到最典型的代表，如元宇宙这样没有实体化对象的虚拟社区，以及《绿洲》里的虚拟城市。也就是说，这样的虚拟空间并不需要有一个实体化的对象，人们可以根据共同的爱好、兴趣建一个虚拟社群，这种虚拟社群同样可以作为一个基层来理解。

实体社区和虚拟社区之间也存在复杂和多样的关系。虚拟社区可以是实体社区的复制和延伸，也可以是对实体社区的颠覆和重构。例如，微信家族群首先是家庭关系在互联网上的延伸，在家族群中，家庭成员彼此间的关系、情感和称呼相对一致地保留下来，父母仍是父母，子女仍是子女。但家族群也并不是现实的家庭在网络中的完全复制和呈现，它颠覆了传统的家族生活与交往的形态。家庭成员在微信群中以文字、图片、视频等多种多样的方式进行日常生活的分享和情感的互动交流，父母和子女之间数字化生存能力的差异也让家族群中的话语权出现下倾、平等化的发展趋势，传统的家庭权力结构和关系在此过程中发生着微妙的变化。在这样的情况下，实体空间和虚拟空间是不可分割、相互依存但又相互区别、相互影响的存在。此外，虚拟基层中的身份也在发生变化。以电子游戏为例，电子游戏中的身份会更加种族化、阶级化，现实生活中的穷小子在游戏空间中可能变成一个浑身都是昂贵装备的高阶层的玩家。虚拟社区像一场化装晚会，不同的人依据不同的需要呈现出不一样的“人设”和形象。但不可忽视的是，互联网的实名制也在不断使虚拟空间实体化和身份化。

二、互联网参与基层社区治理

互联网参与基层社区治理，大数据技术介入基层管理，形成了一种全覆盖和精细化治理。全方位的数据使得治理主体能够全面统筹。互联网本身作为一种去地域化、去中心化的自由乌托邦想象，在基层治理中表现为完全不同的样貌。通过对人和房的数据关联，大数据实际上高度有效地完成了社会的“再地域化”。在大数据的视域中，人和房都作为数据被绑定在一起，形成了一个高度稳定的社区。某种程度上，这种模式对抗着网络社会所带来的高度流动性，对于基层社会治理至关重要。同时，大数据掌握的信息精确到每一个人，使得社区治理进一步精细化。网格化管理模式在 21 世纪初开始在我国工商、社区等管理领域试水。早期，由于没有互联网数据技术的支撑，网格员的工作任务很重，压力巨大。大数据技术有效提升了网格化管理的工作效率，并可以把最小治理单位由网格推向户甚至个人。在具体的治理工作中，治理主体可以及时地对接每一位老人、外来人员等，根据社区要求精准地提供服务，或满足相应的治理需求。大数据参与社会治理，强化了机制创新和科学管理，本质上是政府职能转变和管理方式的根本变革，意味着技术革命带来的社会治理理念的变革和全面升级，可以有效地帮助治理主体进行科学化决策、实行精细化治理。

新媒体网络空间是群众新的聚居地，而新媒体技术是新时代重要的传播手段。近年来，北京市已经出现了非常多的新媒体参与基层治理的成功经验，例如西城区西长安街街道的“数字红墙”管理系统、朝阳区双井街道的“双井 13”社区融媒体平台、丰台区的“掌上四合院”和“西城大妈”等群防群治的组织以及区级融媒体中心的建设。这些经验总结起来就是大数据技术、一站式平台、线上虚拟社区、群众动员和融媒体。分析这些成功的模式有助于在大数据、融媒体的背景下构建基层社区的公共性和社会性。

2014 年开始，西城区西长安街街道就开始结合实际情况，联合科技公司开发全响应网格化社会服务管理系统——“数字红墙”。2017 年，这一系统开始投入使用。“数字红墙”包含一个中心（大数据中心）、三大平台（民生服务平台、互联网+政务服务平台、网格化管理平台）、四大应用系统（大数据分析系统、应急指挥系统、运行监控系统、绩效监察系统）。大数据技术是“数字红墙”的核心支撑。系统的数据采集不仅针对居民，也针对物。人口与法人库信息、地理信息标识、社会治安综合管理等信息都被整合到统一的平台。通过这些数据，街道制作了地理信息系统（geographic information system, GIS）地图，将人、地、事物、组织的相关数据都缝合其上，实现了实时汇聚和动态监管。物的信息一方面有利于街道进行对资源的管理和重新分配，另一方面也有助于落实街道“以房管人”的人房关联工作。数据的整合促成了一站式综合业务受理平台，各个业务窗口之间可以互通数据信息，减少了各种烦琐的程序，实现了“让数据多跑路，让群众少跑腿”的宗旨。

网络基层社区治理体现为将原有的基层社群互联网化，如业主群在 BBS 时代就成为业主维护合法权益的媒介，更重要的是，政府把互联网网格化的理念吸纳入基层治理，建立了社区网格员，可以随时把各种基层事务连接到网上，与其他部门联合处置。网格化和网格员可以对基层社区进行全面管理。比如，朝阳区双井街道的“双井 13”社区融媒体平台、丰台区的“掌上四合院”、“西城大妈”等，把大数据技术、一站式平台、线上虚拟社区、融媒体与群众动员结合起来，把“街乡吹哨，部门报到”的基层治理制度呈现在融媒体平台上。

双井街道的“13社区”集合了街道所属的九龙、富力、大望、百子园等12个社区，成为双井街道的第13个社区，也是唯一的虚拟社区。“13社区”成立后就致力于融媒体平台的建立，至今拥有13社区官网、《今日双井》社区报、“双井13社区”微博、“掌上双井”微信公众号和今日头条号、“双井百事通”App等一系列媒体产品。这些媒体平台一方面用家常话传播了党和政府的方针政策，一方面针对具体的人群策划发布内容，提供信息，满足了需求。除了媒体建设之外，“13社区”还非常重视社区公共文化服务的提供，联动线下举办了各种公益和文化活动。参与这些活动时，居民可在“幸福双井社区卡”板块积分。社区卡有党员、居民、学生等身份标识，可引导不同群体参与各项公益志愿互动和基层群众自治活动。“13社区”有效地提升了社区凝聚力，使得双井街道成为一个和谐互融的社区共同体。

方庄是20世纪80年代北京市第一个整体开发建设的大型住宅区域，第七次全国人口普查时常住人口约为7.5万人。方庄地区下设16个社区，有223栋居民楼。三十多年来，方庄地区也存在人口密集、设施老化等问题。在这里，一种相对简易的虚拟社区形式得以实践，223栋居民楼建起了超过560个微信群，覆盖全部楼宇，八成左右的居民加入了微信群。这些微信群被称为“掌上四合院”。“四合院”的称谓直接地表明了扁平化管理的意图，把巨大的社区规模压缩成微信群，显著地将居民住户之间的距离拉得更近，也把住户群众和党员干部、街道社区之间的距离拉得更近。与双井“13社区”相比，“掌上四合院”走的是相反的路线。它是一种下沉式的虚拟社区，把治理单位从社区细化到居民楼。虚拟社区的优势在于，能够让所有人在网络上轻松地进行“面对面”的交流，让党员干部和群众直接接触，可以充分助力党建引领基层治理。居民直接在群里反映问题，街道社区响应解决，工作流程极大地简化，这也是一种简政放权，把“吹哨”的权力进一步下放给居民，把“街乡吹哨，部门报到”的形式再次下沉为“住户吹哨，街道报到”。同时，居民之间的沟通成本降低，效率提高。各个楼门的微信群也能形成自主有效的讨论，对住户行为进行一定的规范，甚至一些集体合作撰写了“行为公约”。“掌上四合院”形成了一个交流更畅通的生活共同体，极大地提升了人们参与基层自治的积极性。

2015年以来，政府部门还在加强有关动员的同时，致力于培训治安志愿者，促进队伍的专业化、职业化发展。“西城大妈”模式形成了“四种机制、五支队伍、六个规范”，组织有序，分工明确。互联网技术的参与也极大地促进了队伍的发展。2015年，“西城大妈”的动画形象面世。同年11月，“北京西城大妈”微信公众号开通，开始搭建志愿服务的线上平台。2018年5月，“平安志愿者西城大妈”微信公众号上线。至今，“西城大妈”已经完成平安志愿的品牌建设，并把微信线上平台发展为重要的工作场景。植入微信公众号的《西城大妈工作手册》清晰地展现了志愿服务的途径，以及各种居民需要了解的知识。通过线上评比，西城区还举办了“平安西城”志愿服务大赛，增强了志愿队伍的群体认同，形成了品牌效应。群防群治力量一直都是基层治理的重要组成部分。类似“西城大妈”的经验在我国由来已久。20世纪五六十年代，我国就出现了以城乡治保会、治安联防队为主体的群防群治队伍，西城区已经出现了“西城大妈”，当时被称为“小脚侦缉队”。当时，这一群体就戴着“治安员”的红袖标，履行社区的保卫职责。随着改革开放带来的社会体制改革，“志愿服务”的思想开始发展起来。90年代开始，社区志愿者服务逐渐出现，也促使“西城大妈”正式成为志愿者队伍。群防群治鼓励群众参与基层社会治理，是人民群众主体地位的展现。只有主管部门和人民群众的力量结合起来，才能深入基层治理的方方面面，保障群众的利益。新媒体参与群防群治也有着重大意义。一方面，“大妈融媒”媒体矩阵的建立，显著地促成了“西城大妈”这一品牌的建设，使得它能够迅速地成立，并且深入人们的生活。媒体内容生产在丰富品牌内涵的同时，也便捷了志愿服务的提供方式。另一方面，互联网介入提供了更多和青年群众接触的可能性，在一定程度上有利于改善“西城大妈”队伍偏老龄化的问题。“西城大妈”是一个品牌，却不是目标，更多的青年力量参与共建共治是必要的。此外，打造群防群治力量品牌展现的是政府部门和群众站在一起、互助合作的治理图景。以

“西城大妈”的角色为依托制作媒体内容，对于目标群体来说是更亲民的表达，有利于政策指令等的传达。

三、作为自由社区的互联网与信息中下阶层

互联网在诞生之初是一个自由社区的想象，既不同于美国的垄断资产阶级，也不同于苏联式的计划经济。在 20 世纪六七十年代对互联网的构想中，美国的垄断资产阶级垄断一切，大公司控制美国社会，民众并没有自主性；在苏联式的计划经济中，社会主义实践靠政治的方式建立自上而下的管理制度，个人主体依然没有自主性；而互联网空间是一个高度的自主化的扁平空间，是一个人人都能发表言论的理想化、乌托邦化的社区，其中没有中心化的权力，也没有中心化的资本，一切都是扁平的、平等的。而且，互联网非常强调社交性和互动性。

互联网带来的跨界、融合、地球村、平等这样一整套自由、自治的社会想象。这些想象是社会思想发展的产物，而不仅仅是技术进步的产物，换言之，在互联网技术大规模应用之前，这种自由、自治的思想根源就已经存在了。这种思想产生的背景可以追溯至 20 世纪中期美国大众社会。当时，第二次世界大战和冷战交互，给美国的青年人带来了三种文化心理上的巨大压力：首先是冷战宣传下的共产主义威慑，其次是对随时可能爆发的核战争的恐惧，最后是战后快速发展的资本主义经济带来的集中化、理性化和技术官僚主义的束缚。这三种心理压力在青年群体的文化中被抽象成了一种对工业主义时代的等级制、集权、国家体系的整体反感。在青年人中，一种逃离丑陋现实的乌托邦主义呼之欲出，60 年代的美国学生运动就是这种文化氛围和舆论状况的直接结果。当时，反主流的学生运动的政治方案并不完全一致，其中至少有两种差异显著的力量：一是希望凭借批评理论和社会运动这两种武器对现实的社会权力关系进行整体重建，具有显著的激进性和现实干预意识；二是试图摆脱现实束缚，通过超验的手段重建精神家园，即“自由主义革命”和“新公社运动”。从 1967 年到 1970 年，数以万计的年轻人开始在山上和树林中建立自己的公社。这些返土归田的嬉皮士利用无线电、二极管、继

电器、投影仪、镁光灯等小规模技术创造出了一种逃离大都市工业化、商业化和技术官僚化的新型社区,以体验一种世外桃源般的平等和自由交往模式。到了70年代末,随着网络通信技术的发展,公社运动者从高山和树丛,走向一个虚拟的网络世界,找到了自己新的栖息地,让控制论理想和新公社之梦再度复兴。随着电子交谈系统、公告牌系统和其他网络通信工具的出现,计算机技术"发烧友"、反主流文化群体和新闻记者群体在数字社交平台上深度融合,并展示了一种先进的和充满诱惑的新型交往方式。由此,就逐渐形成了今天人们所熟悉的"虚拟社区""赛博空间"等关于互联网政治的主流阐释。"平等""开放""言论自由""多样性""草根民主""去中心化""自主创新""无国界"和"世界大同"这些有关互联网的"赛博迷思",开始成为说明一个新时代和预言未来社会状态的主流词汇。它们不再只是那些逃离大都市的嬉皮士热衷的概念,也成为全球化背景下各国政治精英、跨国企业领袖念兹在兹的时髦辞藻。[①]

然而,对于互联网的扁平化、自由和去中心化的想象中带有一定的乌托邦色彩,国家主权越来越多地介入互联网治理,越来越强调互联网并不是没有边界的,也不是真实世界之外的异度空间。网络主权已经成为国家主权的重要组成部分,网络中的表达也具有了政治属性和意识形态属性,不断地在"网络主权"和"网络自治"之间寻找平衡点。互联网虚拟基层中出现了更多元有效的动员方式。从某种程度上来说,互联网空间是一个极化的空间,从20世纪90年代末期以来,网络舆情经常成为社会热点。对这种现象的一种解释是传统媒体是被高度管理的空间,在报纸和电视台上无法形成大范围有效的讨论,这反而使得互联网成为一个高度政治化的空间。这并非互联网的常态,而是中国互联网的特殊之处,这一特点延续至今。互联网亦并非法外之地,法律与互联网空间也存在平衡和统一的协商过程——互联网需要表达的自由,也需要法律的限制来维护其运转秩序。

---

① 张慧瑜、邱林川、王维佳:《互联网时代的文化权利与数码乌托邦》,《西湖》2015年第7期,第93—103页。

实名制对表达自由的限制就体现了互联网和国家、法律之间的界限和冲突，公权力与私权利之间的矛盾同样存在于互联网基层空间中，虚拟基层中的表达同样有公共边界。虚拟的互联网基层空间仍然是一个与国家、法律、公权力密切相关的领域。

此外，互联网基层空间也在构造新工人阶级和新工人故事。“信息中下阶层”的概念①是指信息技术使用过程中介于信息占有两极间的中低端信息技术使用者，这一阶层形成于中国城市化、产业结构调整和经济体制改革带来的社会变革之中。改革开放后，中国融入世界经济市场，工人被卷入全球劳动市场。信息中下传播技术是信息中下阶层形成的基础，也是信息中下阶层向新工人阶级转化的基础。互联网产业就是信息产业、电子产业，是中国制造业的核心产业，包含大量新工人，也就是信息产业的工人。比如，富士康是电子产品代工厂，有几百万员工，是苹果公司等电子产品企业最重要的加工厂。2014 年 9 月 30 日中午，富士康工人许立志跳楼，十个小时后，许立志的微博更新，时间是 2014 年 10 月 1 日 00 : 00，内容只有四个字：“新的一天”。许立志的肉体死亡之后，他的“数码身份”又存活了十个小时。这件事说明了两点：一是新工人的处境恶劣，这在许立志的诗歌中随处可见，一个流水线上的工人，遭受着身体和精神的双重摧残；二是新工人与新媒体有着密切的关系，许立志也是一个“数码人”，有微博、博客，将大部分作品都发表在个人博客里。凭借中国信息产业的强大生产能力，数码产品使低收入群体也可以享受高科技，而信息产品是中国少有的可以跨越中产阶层和低收入群体的产品，他们都是信息产品的消费者。可以说，互联网既关系到国家政策和资本投资，也关系到新工人，以及十几亿数码产品用户，讨论当下中国的任何问题几乎都很难绕过互联网。

总而言之，伴随着互联网的发展，基层空间也有新的发展变化。传统基层空间持续发展，互联网基层空间也出现了不一样的形态，既包括线下实体

---

① 参见邱林川：《信息时代的世界工厂：新工人阶级的网络社会》，广西师范大学出版社 2013 年版。

基层的延续和更新,也包括完全脱离实体基层的虚拟基层。实体基层空间与虚拟基层空间在相互联系、互建互构,呈现出多样复杂的动态关系。实体基层与虚拟基层是完全一致还是彼此协商,是携手共进还是互为牵制,是延伸复制还是更新重构?这都是值得继续思考和探索的问题。互联网诞生之初,数字乌托邦想象热衷于构想和期待一个完全自由、自主的空间,而随着认识的深化,我们也逐渐发现,互联网空间不是异托邦,也有主权边界、法律边界、公共边界,而在网络基层空间中,新阶级、新工人、新信息产品、新劳资关系与劳工权利等一系列问题,也是绕不开的。

第二节　互联网虚拟社区的类型

在中国,互联网与虚拟基层社区有两种结合方式。一是 20 世纪 90 年代末期以来,中国出现的一系列本土的互联网虚拟社区。第一个阶段是 Web 1.0 时代,这是门户网站时期,大致从 1998 年到 2008 年前后,连接互联网的端口是电脑,虚拟社区主要有 QQ、网络论坛 BBS、网络文学社区、个人博客等。QQ 是第一代远距离社交软件,先是点对点交流,后来出现了 QQ 群。论坛 BBS 多是不同主题的兴趣小组,当时出现了一批知名的校园 BBS,如北大未名 BBS、水木清华社区等,以及文艺思想论坛,如西祠胡同、天涯社区、世纪中国等,延续了 90 年代对于民间社会、公共领域的想象。这个时期使用互联网的多是大学生,上网的空间多在校园机房和社会网吧。第二个阶段是 Web 2.0 时代。这是移动互联网时期,大致从 2008 年前后开始至今,连接互联网的设备是智能手机,网络基础是 3G 网络、4G 网络、5G 网络,出现了微博、微信、豆瓣、“B 站”、百度贴吧等社交平台,互联网应用更加社区化,网民变成“粉丝”,“粉丝”圈层变成“饭圈”。一方面,这使得大众文化进一步分众化、圈层化、小众化,即便同一个年龄层的人,也可能处于不同的二次元的“次元之壁”中;另一方面,社交化、圈层化的传播又经常引发“破壁”“出圈”的网络公共舆情,如“小粉红”“网络民族主义”“工业党”“帝吧出征”等。2012 年以后,互联网使用更加社会化,网络购物、共享单车和滴滴出行、美团、支付宝、

“抖音”、“快手”等各种应用在中国迅速普及，中国成为世界上少有的互联网应用最发达的国家之一。

一、BBS

BBS，即 bulletin board system，译为电子公告牌或电子公告栏，是用计算机及软件建立的一种电子数据库，可供人们登录，并在上面留下各种各样的信息，通常可以分为若干个话题组（topic group）。任何用户在这个公共区域里都可以阅读或提交信息。尽管今天很多 BBS 是由业余爱好者管理的，但大量的 BBS 仍是由政府、教育和科研机构管理的。通常来说，BBS 上的话题广泛，人们可以在上面分享各种信息及资料，一些 BBS 也用来讨论很专门的话题。BBS 的历史比互联网（internet）要早，但发展到今天，绝大多数 BBS 建立在互联网上，成为供网民结交朋友、表达思想的网络平台。BBS 有自己的文化、自己的“行话”（jargon），一般也有自己的管理者（sysop）。

BBS 是板块、发帖、回帖等要素的组合，用户通常采用发帖—跟帖的形式进行信息交流和分享，相比于其他新媒介空间，BBS 的运作相对简单。帖子按专题分类，每一个专题的跟帖和评论就像一场公众参与的辩论，因此 BBS 的讨论也带有较强的公共性特征。但由于存在交流双方无法实现即时反馈、谈话轮次容易被打断等缺陷，因此 BBS 上的交流容易中断，信息容易重叠，话题容易衰变。以专题分类的板块、个人参与讨论的形式较为松散，网民可能一会儿在这个论坛“灌水”，一会儿在那个论坛标新立异，无法呈现完整的个体人格；但从另一方面来看，其模糊性别、消解真实等级关系、时空脱域等特点也催生了一个相对自由的交往环境，这正是 BBS 早期流行的原因。

伴随着移动互联网的发展和社交媒体的快速更新，传统的 BBS 网站在与更具交互性、社会性、本地性、移动性等属性的新媒体的竞争中受到了一些冲击。Web 2.0 时代，融合多媒体形式的微博、微信等在内容形式上更加多样和丰富，也比依托网页的 BBS 更加适应移动传播的需要，整合了大量用户的碎片化时间，在占领用户宝贵的注意力方面有巨大优势。在版权纠纷、意识形态问题、净网运动、技术进步造成的网站更迭、经营困难与人事变动等困难的冲击之下，很多创办较早的 BBS 论坛如北京大学的“一塌糊涂”等，都已经慢慢消失在互联网发展史的洪流中。已经关停和消逝的网络社区和 BBS 曾经给早期网民提供了个人归属感和时事言论空间，如今以被追忆、悼念和“传记”等新形式，实现了在新的媒介平台上的情感性“存在”。Web 2.0 时代，存留下来的 BBS 的传统界面与功能借助技术得到优化和升级，发展出了一些具有虚拟社区特性的网络论坛，而具有网络社区性质的新时期网络论坛就是以 BBS 为雏形，在网络论坛的技术基础上升级的第二代网络 BBS。BBS 网站一般分为校园、商业、专业、情感、个人等五类。目前，国内市场可归纳为以下四类：论坛平台类，如百度贴吧；通用论坛类，如第一大团、考研论坛、沪江网和高校 BBS 等；独立论坛社区，如猫扑网、天涯论坛等；门户、社交网站附带功能的社区，如豆瓣小组、新浪社区等。

二、豆瓣

2009 年，在网络论坛称霸中国互联网十年之后，新浪微博开启了社交媒体时代。以“天涯”“猫扑”和西祠胡同为代表的网络论坛在互联网巨变浪潮之中逐渐让位于微博、微信、知乎等社交媒体，但无心插柳的豆瓣小组却维持了高增长，带着网络论坛时代遗留的特质，吸引着活跃的年轻群体，输送着流行热“梗”，为社会事件发声，成为互联网时代一块“格格不入的遗迹”。豆瓣小组作为豆瓣旗下产品，创建并维系了一个用户量大、活跃度高、独树一帜和特色鲜明的网络论坛。开发者杨勃提出，豆瓣小组的主要定位是“对同一话题感兴趣的人的聚集地”，豆瓣小组成员基于趣缘发布信息、引发关注并形成在互联网空间中的互动和联结。

豆瓣小组分为影视、音乐、读书、摄影、娱乐八卦等众多领域，用户在豆瓣小组主页即可获取热度较高的话题或可能感兴趣的小组推荐，通过点进推荐小组或在搜索栏搜索兴趣关键词，用户可以迅速找到志同道合的趣缘伙伴进行相应的信息获取和分享。Web 2.0 时代，豆瓣推出了更适应移动互联网的移动应用，整合了信息服务平台，相较于传统 BBS 社区，更具有开放性、个人性、互动性、平等性和即时互动等特征。在互联网背景下，豆瓣小组的内容生产也主要以用户内容生产为中心，个体可以在小组内发帖、回帖、点赞、收藏、关注，且每个人都可以拥有自己的个人主页，用户和用户可以相互关注。豆瓣小组奉行自治原则，即平台本身管理较少，权力被下放给小组的组长和管理员，由组长和管理员设定组规，内容包括发帖规范、内容要求等，不同小组对违反组规者也会做出锁帖、删帖、踢出小组等不同惩罚。进组方式也根据不同小组的要求而有区别，如无门槛的直接加入，经小组成员邀请、管理员审核后的邀请制加入等。

在各豆瓣小组内部，小组成员们构建着自己的身份认同。不同的小组用户会给自己不同的称呼。比如，“豆瓣鹅组”的成员自称“鹅”，“同辈压力研究中心”小组的成员自称“屁儿”（源于英文“peer pressure”中的“peer”）。在同组成员的共同称谓中，组员们构建了身份认同和群体归属感。与此同时，现实生活中的财富、地位、学历、头衔、地域等都暂时被隐藏，每一个成员都只是这一共享身份中的一员。在小组这一虚拟空间内，小组成员们互相提供情感支持或信息共享。在“同辈压力研究中心”“真的需要这文凭吗”“考试失败垂头丧气互相安慰联合会”等小组中，组员们会发帖对自己现实生活中遇到的压力、困难，如考试失败、人际关系矛盾等问题进行自我披露，其他组员产生共鸣后会在帖子内跟帖回复安慰或提出解决办法，为处在困境中的伙伴提供情感支持。在“豆瓣妆组丨姐妹们的化妆间”“物欲自我管理”“内在力量研究中心”等小组中，组员们倾向分享自己的化妆技巧、物欲管控方式、增强自我力量的体验和方式等具有实用性的技能，为有需要的组员提供资源和支持。同时，这种共享并不出于快速获得相应回报的目的，而知识分享者本身可以从夸赞和鼓励中感觉到自己被需要，并将这种社会支持转化为继续分享的动力，强化对小组和其他成员的情感认同。

豆瓣小组的活动并不局限于网络虚拟空间。某些小组也会根据兴趣爱好举行线下活动，活动由线上拓展到线下，虚拟空间中的互动和情感联结也拓展到现实生活中，为小组成员们参与现实生活提供了一条新的途径。豆瓣小组中存在一定的权力关系，组长、管理员有权制定组规，对帖子进行锁帖、删帖、封禁等操作，但小组内部的发言仍然是相对平等且自由的。对豆瓣意见领袖的研究也表明，组长、管理员未必会成为组内的意见领袖，在这一虚拟兴趣爱好圈子里，意见领袖并不是依靠较高的网络地位占据圈子里的意见高位，帖子篇幅较长、逻辑清晰、观点创新、以理服人的发帖人更容易成为意见领袖。[①]

三、从博客到微博

"blog"是"weblog"的简称，"weblog"即"web"和"log"的组合词。"weblog"是在网络上的一种流水记录形式，所以也称为"网络日志"，或简称为"网志"。"blogger"或"weblogger"是指习惯于日常记录并使用 weblog 工具的人，方兴东和王俊秀将其翻译成"博客"，逐渐地，"blog"也被称为博客。我们将人们在网络上利用博客工具、创建博客网站、写网络日志的现象称为博客现象。博客现象始于 1998 年，当时全世界只有 30 多个博客网站。大约到了 2000 年，博客现象多起来，以至于难以统计准确数字。博客主要有三个方面的应用：一是新的个人人际交流方式；二是以个人为中心的信息过滤和知识管理；三是以个人为中心的传播出版。[②]

所谓博客（blog 或 weblog），是一种极其简易便捷的网络个人出版形式，使得任何一位网民都可以在几分钟之内拥有自己的个人网站，进行自由撰写。基于此，网页的创建和更新更为容易；更重要的是，网上交流可以一种最为个人化的形式出现。博客的简单定义就是，一种表达个人思想、和网络链接，内容按时间顺序排列，并且不断更新的出版方式。博客是个人生活与网上事件的一种奇妙混合，一段段的日志（log）按时间排列，我们得以清晰地从中看出网络知识积累和演进的痕迹。从传播方式上看，博客日志具有直接和一对多的特征，能够极大地增强个人的传播能力。它使个人能够和网络用户

---

① 丁汉青、王亚萍：《SNS 网络空间中"意见领袖"特征之分析——以豆瓣网为例》，《新闻与传播研究》2010 年第 3 期，第 82—91 页。

② 方兴东、刘双桂、姜旭平、王俊秀：《博客与传统媒体的竞争、共生、问题和对策——以博客（blog）为代表的个人出版的传播学意义初论》，《现代传播（北京广播学院学报）》2004 年第 2 期，第 80—86 页。

分享自己的有趣想法和有用知识，而传播的范围可以是全球性的。网络日志从不孤立出现。社区内的人利用网络日志分享彼此的生活。活跃的博客用户甚至给自己的社区创造了一个专有名词——“博客世界”（blogosphere）。

博客的出现给传统媒体带来了巨大的冲击和挑战。作为一种零编辑、零技术、零体制、零成本、零形式的网上个人出版方式，博客具有可频繁更新、简短明了和个性化的特征。相比于传统纸质媒体，博客有速度、形式、互动关系、传播能力等方面的巨大优势。传统纸媒的出版有一定周期，较易受时间限制；博客可以随时更新，每天、每时、每分、每秒都可能产生新的博客。传统媒体受一定的形式、栏目、语言风格的限制；博客更加个人化、个性化，不受栏目限制，可采取的形式也更加多样。此外，纸媒的出版要经过层层把关，而早期的博客所处的互联网环境较为宽松，不受太多内容和形式的限制。博客也极大改变了作者和读者之间的关系，让双方的沟通更即时、更快速，作者亦是读者，读者亦是作者。多对多的传播模式也给传统媒体一对多的传播模式带来了巨大的冲击和挑战。

Web 2.0 时代，博客也向着更短小、更碎片化、更即时快捷、更强交互性的微博方向发展。微博，即微博客，源自英文单词“microblog”。作为 Web 2.0 时代的产物，微博属于博客的一种形式，但单篇的文本内容通常限制在一定范围（国内早期通常为 140 个汉字）内，具有内容碎片化、使用方式便捷、传播迅速、交互性强等特点，用户能够通过微博融合的多种渠道（包括网页、手机、即时通信、博客、SNS 社区、论坛等）发布文字、图片、音频、视频等形式的信息。最早提出微博客理念的人是埃文·威廉姆斯（Evan Williams），他创办的微博客 Twitter 网是世界上最早提供微博客服务的网站。随时随地、无处不在的沟通是 Twitter 网的理念，其宣传口号是：“What are you doing?”傻瓜式的提问保证了人人都能回答。用户可以把自己的所见所闻、所思所想以只言片语的形式发送到个人微博客上。三言两语的表达或是情绪宣泄，或是灵感突现的记录，抑或自娱自乐，不一而足。与博客相比，微博客的发布方式趋于多样化、简单化。由于其可由手机发送文本，因此用户不必坐在电脑桌前，便能实现与网络的联通,这更加适应移动化时代随时随地分享和获取碎片化信息的需求。

微博的信息获取方式是,用户通过自由设置功能“关注”他人,获取关注对象发布的所有信息,并且微博上有大量的机构、名人、关注话题,扩充了用户获取信息的总量、广度和深度。除了自己发布微博以外,用户还可以通过“转发”“评论(原文)”“点赞”等功能实现对他人信息内容的再次发布和回应。

从博客到微博,发表在虚拟空间中的文本更具碎片性、非连续性、随意性等特征。正如新浪微博的口号“随时随地分享新鲜事”所言,微博的文本大多是闲言碎语的唠叨和琐碎的生活细节,较少的字数也让每一条微博与其他微博之间缺乏逻辑性、连贯性的关联,生活碎片的即时分享而非对信息的整合梳理成为微博平台的主要内容特性。不同于 BBS 上参与某个话题辩论的发帖回帖形式,微博用户所关注的更多不是某一话题,而是某些用户的状态,如自己的朋友、喜欢的偶像等。相比于博客,微博具有更个体化的叙事特征,不同于博客用户深思熟虑进行思想、观点、情感表达的叙述模式,微博用户处在更随意和不确定的状态,受其所处时间、空间、心理状态等因素的影响较大,微博主要满足了用户的即时表达需求。

微博催生了大众更多的书写与表达的欲望,虽然这种书写是碎片化的书写,这种日常生活的“碎碎念”也极大降低了个人在网络上进行自我表达的门槛和条件。微博虽然作为博客的变体存在,但并不依附博客,甚至在很大程度上获得了更多的用户、更高的使用率和活跃度。

四、微信群

伴随着移动互联网的发展,社交媒体上的信息流动和共享方式与其在传统物理空间呈现出越来越不同的特征。微信作为一个提供一对多的公众号传播、多对多的朋友圈传播、一对多的私聊交流、多对多的微信群聊交流的综合性即时通信工具,逐渐成为人们日常生活方式的一部分;微信群也融入社会生活的方方面面，承载了远程协同工作、学术讨论、兴趣交流、亲缘联结等多种多样的功能。不同于BBS、豆瓣等发帖-跟帖的模式，也不同于博客的写作-阅读关系，微信群聊展开了新的数字生活空间和数字生活方式。微信群以人际交往为基础，强弱联结相结合，交互形成了巨大的人际关系网络，追求的是“关系”而非“关注”。如今，加入微信群几乎成为网络生活的“规定”，在不同的微信群聊中游弋已经成了用户的生活常态，点开“红点”进行浏览几乎成为一种“本能”。如果说微信私聊更多是点对点的即时沟通，那么微信群聊则是多对多的主题探讨，任何用户都可以发起议题，任何成员都有回应或沉默的权利。但微信群的探讨并非辩论式的探讨，群聊既是微信群存在的意义，也是一种新的网络生活方式。

以人际关系为中心的微信群聊，相比于BBS、微博等更开放、更公共，也更易于进行身份隐匿的社交媒体平台来说，更容易遭遇权力关系的渗透。是否接受加入微信群的邀请，理论上是用户的个人权利，但是在被邀请的过程中，用户也需要考虑拒绝加入的成本。比如，班级群、课程群、单位群等，是集体的象征，一旦拒绝加入该群的邀请，就意味着面临拒绝集体的风险。尽量与群体保持联络、赢得尊重和喜欢并获得社交报酬，是用户入群的基本交往动机。微信群聊不是单纯的社交，对每个参与者而言，和谁聊天、怎么聊天成为现实的观照。在微信群内，现实生活中的身份和权力关系仍然起着关键作用。比如，在单位群中，领导自然要超越其他群成员，居于聊天的中心地位，一旦发言就会得到较多的回应。现实生活中的社会资本、经济资本，在微信群中也无处不在。

随着微信群的扩容，微信群规模扩大，成员最多可达500人。朋友之间的相互推荐，让微信群的交往范围不再局限于强关系之内，已经大大超过熟人范围。一些企业和个人会利用微信群进行营销，发布商品和服务信息，甚至是广告和垃圾信息，微信群不再局限于是否“相识”，也开发出了由“相遇”带来的商机。除了“是否入群”的困扰之外，“是否退群”在特定情况下也成为一个难题。尤其是在以强关系为主的群聊中，退群带有较强的态度倾向性。碍于邀请者的面子或出于现实生活中人情压力的考量，退出群聊也变得困难。

第三节　案例分析：BBS

上下互动的公共治理空间

——以"一塌糊涂 BBS"为例①

BBS出现于20世纪70年代，英文全称是"bulletin board system"，翻译为中文就是"电子公告板"，后发展为网络论坛。早年，BBS主要作为公布公共信息、股票证券消息等的公共告示栏，后随着互联网的逐渐普及，依靠网络端接入BBS的用户逐渐增多，BBS开始成为为用户提供实时的多向交流的平台。90年代，BBS进入中国，首先在各大高校开办，而"一塌糊涂 BBS"作为当时中国影响力最大的BBS之一，则是完全由北京大学学生自发组织创立的。

一、"一塌糊涂 BBS"的兴起——非主流文化的狂欢平台

1999年秋季，北京大学校园网被拉进了宿舍。9月17日，93级物理学系的吴涛和几个同学一起用个人电脑搭建了一个小型的个人BBS，取名"一塌糊涂 BBS"，其实是借谐音"一、塔、湖、图"，即博雅塔、未名湖和北京大学图书馆，这也成为一塌糊涂BBS的开屏宣传画。1999年10月，同时在线人数超过30人，主机从研究生宿舍移到了物理实验室。截至2001年4月8日，日同时在线人数达到200—300人，注册ID多达12 879个。

作为一个完全民间的、由学生自治的BBS，"一塌糊涂"在宽松的管理形式中形成了自由民主、容纳不同观点和立场的讨论氛围，吸引了校内外有一定知识水平的群体参与，用户群主要为全国高校及科研机构的学生、研究人

① 本案例来自"基层传播理论与方法"课程作业，作者为北京大学新闻与传播学院硕士研究生刘芊妤。

员、教师及各个行业的专家学者。

“一塌糊涂 BBS”凭借其独有的开放性、互动性以及自由性，在校内起到了塑造校园文化的作用。校园文化的定义多样，主要是指学校师生在学校这一特定环境中所创造的特定的物质、精神的总和，不同的学校往往具有不同的文化氛围。20 世纪 90 年代，北京大学校园文化整体呈现为宽松活跃的风格，而“一塌糊涂 BBS”恰恰是这种文化氛围的具象化体现。“一塌糊涂 BBS”开屏封面上的欢迎语为“这儿，是你灵魂的延伸……”，体现了创立者希望 BBS 所拥有的构建精神文化平台的价值。

“一塌糊涂 BBS”既承担了校园媒体的功能，又起到了勾连校内外文化的桥梁作用。在还没有推行网络实名制的年代，校内外人员均可以注册“一塌糊涂 BBS”的 ID，并且可以同时注册多个，如果没有 ID，也可以以“guest”的身份在论坛内进行信息的阅读，只是不能发帖。作为当时北京大学校内最大的 BBS，截止到 2001 年 4 月 14 日，“一塌糊涂”共设置 152 个版面，11 个讨论区，日同时在线人数达到 200—300 人，用户活跃度高，帖子内容十分丰富。这使得每一个个体与整个用户群之间形成了弱联系关系网，并且用户与用户之间也存在一定的个体联结。“一塌糊涂 BBS”具有“talk”、send message、chat 等功能。对陌生用户可以点击“talk”，发送私聊信息，在互为好友之后，则可以用“chat”功能进行私下聊天，当对方不在线时，则可以采用“send message”功能，给其留言，所以 BBS 在没有 QQ、微信的年代，既具有供人阅读的媒体、发表见解的论坛的作用，也承担了私人聊天室、邮局的角色，搭建了一个多元互动的公共平台。

一所学校的校园文化主要可以分为主流文化和非主流文化。主流文化往往是学校所倡导的，符合主流社会思想的文化，自上而下左右着校园文化的发展方向。非主流文化则是一种在主流文化之外的自下而上的相对独立的文化系统，受到主流文化的辐射，但是又具有一定的独特性和新潮性。因为其用户的先进性以及讨论的自由性，“一塌糊涂 BBS”产生了诸多有特色的版面，展现了校园文化的多元化发展。比如，其中较为著名的“性教育”版块，在国内较早涉足性教育领域；著名的“第九艺术”版块，则被设置为主要讨论各类网络游戏的阵地。这些版块构成了北京大学校园非主流文化的传播发展阵地。

二、虚拟网络社区里的人际互动

BBS作为一个虚拟网络社区,其形成的必要条件是固定用户的深度卷入。虚拟社区是在虚拟网络世界中形成了关系的社交网络空间。用户在固定地进入这一社区之后,便会形成较为统一的社区意识,构成较为紧密的社群集合。在这一社群中,用户的个人身份被隐去,取而代之的是对其虚拟身份功能性的凸显。笔者主要将其分为三类:维护虚拟社区运行的网络贡献者,包括站务以及仲裁委员会成员等;在各个版块发言较为活跃的意见领袖;大多数只看帖子不发表文章的"潜水"者。在这一社群中,在个体意识被淡化的同时,群体性的身份认同反而得到了强化。

(一) 被隐匿的个体

2000年11月,一位网名叫"qunten"的用户在参与站务竞选期间,发现有人在站务竞选版面公布了自己的真实身份资料,其中包括姓名、性别和所在院系。虽然在qunten向版主反映问题后,帖子被版主删除,但qunten仍然向站务投诉了版主以及发帖人员。时任站务认为,根据BBS站规,管理人员承诺只限于保证注册资料不会从站务或其他工作人员处泄露,站务对于非站内工作人员通过其他途径获得个人相关资料的公布行为不负有责任,版主也不会因此承担封禁的义务。

但qunten仍然认为,版主不应当审核通过这样的帖子,应当对版主实施一定的警告或批评,对信息发布者实施封禁。qunten的要求得到了社区其他成员的支持。用户普遍达成的共识是,站内工作人员的义务不仅限于杜绝个人信息从工作系统中泄露,工作人员还应该对公布他人现实世界身份信息,使得用户的个人虚拟身份与现实身份可能产生对应的行为做出惩罚,因为在用户的意识中,虚拟的社区与线下的社区是相互独立的,保护用户的真实信息,也是在保护用户的个人隐私。然而,这种主观上的信息保护并不能切断虚拟社区与真实社区在本质上的联结。

（二）被强化的身份认同

虚拟社区的本质是同真实社会中一样的社会关系，因此人际互动和群体联结是研究虚拟社会机制的重要内容。在“一塌糊涂 BBS”上，用户在互动过程中对个体的淡化所促成的是对群体身份认同的强化。在虚拟社区中，一个人多次登录同一个 ID 并且进行连续性的活动，就会产生区别于现实社区的相对固定的虚拟身份。在这一社区中，用户抛却现实社会中的身份边界，展开了以兴趣的同一性为主导的选择性交往。一个用户可以选择随时和另一用户建立或者断绝社交联系而不会产生负罪感，因为这些网络互动仅仅停留在虚拟的层面，还无法对用户的现实生活产生实质性的影响。

活跃于这一虚拟社区的用户，可以在论坛版面随时随地讨论、回帖，与陌生人共聊一个话题，并逐渐形成一个虚拟社群，产生即时同在感。常用 BBS 的用户还逐渐打造了属于这一群体的共同俚语。比如，字母缩写“Ft”，全称为“faint”，在帖子中又可以被输入为“份特”“粪特”，意思是“昏厥，表示一个人惊讶以至于要晕倒”；“Nod”则表示同意。用户会在 BBS 上把 QQ 称为 QICQ，主要是因为，当时 ICOQ 这一款国际性的聊天软件在使用互联网的用户群体中十分流行，而拥有相似功能的 QQ 就被冠以了一个相似的称谓。一系列基于兴趣、观点乃至行为习惯的相似性形成的互动，最终使得这一社群产生了较为稳定的用户群体，以及能被大多数用户所认可的身份群体标签，于是形成了属于虚拟社区的社会认同。

三、“一塌糊涂 BBS”的治理

1999 年，“一塌糊涂 BBS”的管理者团体主要为北京大学的学生，他们在对这一虚拟社区实行管理时，主要设立了站务和仲裁委员会两个权力主体，主要目的是“实现最终裁判权和行政权的部分分离，减少版主或站务因个人喜好而做出不公正的决定，使纠纷的处理更接近公平”①。这种分权制衡制

① “一塌糊涂 BBS”站规。

度的设立是网络虚拟社区民主治理的新尝试。2000 年 4 月，“一塌糊涂 BBS”实施了第一次站务选举，当选的站务拥有社区治理的最高权限，比如删除版面文章、禁止某人发言、决定版面的开设等，而仲裁委员会则负责处理 BBS 用户发起的投诉与协调各方纠纷。

“一塌糊涂 BBS”的管理方式如下：

其一，每一个版块设置版主一职，凡是通过 BBS 站身份确认的用户都可以申请为某讨论区的版主，当选后的版主也有可能遭到“弹劾”，“对于不尽责而遭人检举并经查确有失职行为的版主，本站先由站长发信做口头上的警告，如果情况仍未改善，站务委员会可取消其版主资格，并取消其再申请本站任何讨论区版主职位的权力。版主的弹劾应由站上 20 人以上联名提交，再由站务委员会举行投票，必须由参与投票的 2/3 使用者同意罢免才能够通过”①。这一规定使得版主与普通用户之间形成了管理与监督的互动关系，这种治理与传统管理的不同点在于，其不是垂直向下的，而是上下互动共通的。

其二，仲裁委员会的成立也主要有两种方式。由民主投票产生的站务可以不经过选举自动成为仲裁委员会成员，其他成员由用户选举产生，数量应当占总成员数的 1/2 以上。当选举产生的仲裁委员会成员数不足总成员数的 1/2 时，应减少站务成员数使之符合要求。对站务成员在仲裁委员会中的数量限制，体现了基层治理过程中对权力的自觉制约。

决策过程依然以民主投票作为依据，“委员会的决定都采用投票方式进行，少数服从多数，采用 1/2 原则。如果投票意见持平，则以站务委员会决定为最后决定，站务委员会若意见亦持平则通常按照维持既成事实不做调解处理”②。一塌糊涂 BBS 的治理是世纪之交公民自发、自觉参与公共政治生活的体现，是基层群众用自己的方式所进行的民主尝试。

---

① “一塌糊涂 BBS”站规。

② 同上。

四、线上与线下的意识同构——真实社区的延伸

“一塌糊涂 BBS”在版面设计方面也能体现出其作为真实社区的延伸的属性。比如，其中的“同学聚会”版面便是北京大学各个院系的专用消息版面，而“社群团体”版面中则包含了禅学社、“大话西游”、合唱基础班、爱心社、计算机协会、四维空间、北大心阁这些当时校内影响较大的社团。在这些和现实社区能够一一对应的版面中，用户身份也更容易被确认，认同感也较强，所产生的社会联结是虚拟和现实的双重结合。

在经济方面，“失物招领”“二手闲置”等版面使得 BBS 逐渐具备了产品交易的第三方平台作用。用户在上面发布相应的物品及其价格信息，再同相应的买家进行线下交易，由此买卖双方建立起了实体的交易关系。在信息传播方面，“一塌糊涂 BBS”依然具有原始的信息公告栏的作用。其中，在“社会信息”版面，远渡重洋、百周年纪念馆、创业原地、互联网经济、证券信息、车票信息便是用户查阅并且进行各方面信息交换的平台。在社会关系方面，“一塌糊涂 BBS”中，人们并非没有固定身份，用户的个人身份可以通过在虚拟社区中的连续性活动被辨认出来，而成员之间的联系则主要依靠个人的兴趣、观点，因此用户大部分处于“弱联系”[①]的范畴。然而，不同成员依据私人的交往，倾向选择与自己观点、兴趣十分相似的网友建立相对稳固的关系，并且最终会指向现实化。许多 BBS 的用户在网络交流达到一定的深度之后，会选择在某个时间、地点进行现实生活中的会面，实现虚拟社区个人身份与现实社会身份的相互对应，即实现虚拟社区人际关系的现实化，达成线上线下意识的同构，从而彼此在真实社区中也建立起了联系。此时，虚拟社区成为真实社区的联通工具与关系延伸。

虚拟社区与真实空间之间依旧存在很大的差异，但不能否认的是，虚拟社区是社会实体的存在，在用户一系列互动过程中，虚拟社区会自主地成为

---

① 〔美〕马克·格兰诺维特：《镶嵌——社会网与经济行动》，罗家德译，社会科学文献出版社 2007 年版，第 68—69 页。

对虚拟身份的制约性力量，也会产生自身的规范逻辑，而打破这一规范的行为，显然是不能被这一虚拟社区所认可的。

五、自下而上的公共治理空间

公共领域的相关理论强调公共意见存在于公共领域中的重要意义，公共领域应当向全体公民开放，形成一种对话机制，公民在这种对话中可以自由交流、公开表达自己的意见。在互联网时代之前，传统大众媒介本身的媒介特性更加偏向单向的传播，缺乏互动的功能。因此，互联网在中国的发展，包括对 BBS 的引入，在世纪之交的时刻，最大限度地建构了用户发表舆论的公共领域。

20 世纪 90 年代，在中国，经济快速发展，人们的物质生活水平快速提高，公民参与公共政治生活的热情高涨，“一塌糊涂 BBS”也成了这一浪潮中的特殊存在。用户加入 BBS 社群的成本较低，他们能够维持较高频率和较高质量的交流，并且这种交流是自下而上、自发形成的。像“公民生活”“台海观察”“人权研究”等一系列具有典型特色的版面的流行，就是公民渴望参与公共政治生活的体现。“一塌糊涂 BBS”是 20 世纪末 21 世纪初的民间基层网络社区，其治理和运行机制具有明显的社会性与典型性，展现了基层社区治理所具有的上下互动的连通性与权力向度的多元性。正是普通用户在参与互动、相互作用的过程之中，完成了对这一虚拟社区的建构与治理。

思考题

1. 网络化基层传播的文化基础和技术基础分别是什么？
2. 当下的互联网社群和 21 世纪初的网络社群一样吗？如果不一样，体现在哪些方面？
3. 互联网文化建构了怎样的舆论氛围？其对当下的社交媒体有什么影响？
4. 网络社区的治理过程中有哪些矛盾冲突，如何化解？

第十二章　基层传播与信息基础设施建设

本章提要

基础设施是指为社会生产和居民生活提供公共服务的物质工程设施，是用于保证国家或地区社会经济活动正常进行的公共服务系统，是社会赖以生存发展的一般物质条件。基础设施既包括交通、供水供电、环境保护等硬件基础设施，也包括邮电、通信、广播电视等信息基础设施。

文字的传播经历了长期的发展，从现代印刷术到打印机的出现，也经历了技术的巨大变革。19世纪中后期的“新媒体”，使人类的视觉和听觉经验发生了根本性改变。在声音传播方面，从留声机发展到广播，声音实现了远距离的快速传播，神话里的“顺风耳”成为现实；在视觉传播方面，从摄影机到电影再到电视，“秀才不出门，尽知天下事”成为现实，人类拥有了坐在家中就可以看到千里之外发生的事件的“千里眼”。到了21世纪，整个世界正向着数字化、数码化的方向发展。

第一节　广电制度与信息基础设施

1949年,全国广播网逐渐建立,大规模的“广播下乡”开始。通过全国广播网、地方广播网的结合,广播下沉到农民的日常生活中,广大农民群体也被整合进国家政治议程中,发挥着政治宣传、联络通信、组织群众的重要作用。在50年代到70年代,广播是最大众的媒介形式,有线广播的高音喇叭悬挂在屋顶、电线杆和树梢,成为基层空间中随处可见的传播设施。广播起到了把农民动员到国家建设和全国大一统的信息网络之中的重要作用。

与广播关系密切的另一个媒介就是电视。作为即时传输的媒介,电视有“电子千里眼”之称,坐在家中,通过电视机就能看到千里之外发生的事情,让人产生跨越空间、“天涯共此时”的幻觉。20世纪80年代以来,电视在中国取代了广播、电影,成为最大众化的媒介形态。1980年召开的第十次全国广播电视工作会议规划了新时期广播电视宣传业务的发展远景,即在20世纪末建成完整的、自成体系的广播和电视宣传网。这一时期,发展电视已经成为国家的大政方针。1983年召开的第十一次全国广播电视工作会议确立了“四级办广播、四级办电视、四级混合覆盖”的政策,这一政策调动了地方政府和社会力量开办广播电视的积极性,加快了广播电视的发展,对于广播电视下乡起到了积极的推动作用。从中央、省、市到县级实现了电视台的全覆盖,也使得作为80年代新媒体的电视一方面成为党和国家的新喉舌,另一方面也成为人民群众最喜闻乐见的传播媒介。

从1988年开始,全国平均每百人拥有收音机的数量停止了连续几十年的增长,逐年下滑。电视在我国迅速推广和普及,进入绝大多数人的日常生活空间,承担了重要的文化和社会功能。首先,电视是进入家庭内部的大众媒介,将公共领域和私人领域打通;其次,电视在家庭内部,重塑了家庭文化空间;最后,作为一种视听媒介,电视所呈现的现代化生活方式也是现代化和启蒙文化教育的组成部分。电视代表着大众化、商业化、市场化的力量,完成了从工农兵文化向大众文化的转变。同时,电视又是后现代主义式的,是多义的、片段的、非中心的。随着数字化、移动互联网的兴起，电视在传播影响力上有所衰落，但毋庸置疑，从20世纪80年代到21世纪头十年是电视媒体的“黄金三十年”，电视改变了当代中国的文化生态。

作为一种与家庭空间密切相关的媒介，第二次世界大战之后，电视在西方随着中产阶层崛起和住宅郊区化才走进千家万户，占据了西方家庭客厅中最重要的“壁炉”位置，成为家庭团聚和一起观看的核心。[①] 电视成为大众媒介之后，对电视的理解中出现了两种理论传统：一种认为，电视是娱乐、麻痹大众的洗脑工具，是“娱乐至死”的罪魁祸首；另一种认为，电视是教育民众、传播新知的高科技，是可以实现影像长距离传输的“电子千里眼”[②]。前者基本上指的是西方的商业电视制度，把电视作为后工业时代的消费主义文化；后者主要是指从现代化的角度理解电视，把电视作为促进文化启蒙和社会发展的工具，如在中国。

电视是在第一次世界大战之后被发明出来的，但是真正应用是在第二次世界大战之后。第二次世界大战之后，电视在欧美国家变成最为大众化的媒体。电视在刚出现的时候，被叫作电视广播。广播是声音的即时远距离传输，电视是图像的远距离传播，因此电视和广播在传播机制上具有亲缘性。然而，电视与电影的传播方式完全不同。比如，胶片电影需要人拿着胶片到固定的空间来放映，而电视的媒介特征是去地域化的即时传输。又如，电影放映需要特定的空间，如电影院或者露天广场，观众（一家人或朋友一起）走出家门去观看电影，是参加公共社交活动，而电视直接深入家庭内部，沟通了外部的广场与内部的客厅，打破了公共空间与私人空间的界限。1985年，美国媒介理论家尼尔·波兹曼出版了一本学术书《娱乐至死》，这本书在中国也非常流行，但很多人并没有意识到这本书是直接针对和批判电视媒体的，它认为电视改变了人们的日常生活，电视的到来让沉浸其中的人们娱乐至死。电视的发明使得人类第一次意识到自己生活在一个影像化的、高度仿真

① 〔加拿大〕戴维·克劳利、保罗·海尔编：《传播的历史：技术、文化和社会（第五版）》，董璐、何道宽、王树国译，北京大学出版社2011年版，第317—330页。

② 施镭：《“电子千里眼”——电视》，《科学大众》1963年第10期，第18—21页。

化的世界里，电视所生产的模拟影像无处不在，这也是“消费社会”“景观社会”等理论得以产生的媒介学基础。[①]《娱乐至死》以美国的媒介历史发展为线索，梳理了美国从建国开始一直到17世纪、18世纪的新闻业、报业的兴起，这是美国文化的黄金时代，因为报纸是一种理性化的、专业化的现代媒体，这种以抽象文字为载体的印刷媒体可以让公民进行理性的辩论和理性的讨论。[②] 20世纪，以电视为代表，包括广播在内的电子化媒体动摇了印刷媒介的地位。在波兹曼看来，电视和广播让观众和听众丧失了思考能力，更容易被洗脑、被灌输，因此印刷媒介向电子媒介转变，受众从理性的阅读者、思考者变成了被动的接受者、盲从者，就像《娱乐至死》的英文版和中文版封面一样，是一群没有脑袋的人[③]。这背后其实隐含着对纸媒和影像媒体的“等级”态度，即纸媒是高级、理性化，赋予读者主动性的媒介，而影像等视听媒介则是低俗、大众化、充满了魅惑的，只能让观众放弃自主意志、被动接受。

从这个角度看，《娱乐至死》是一本带有精英主义立场的书，某种程度上与19世纪末期出版的法国社会心理学家古斯塔夫·勒庞的《乌合之众》中对大众、观众的理解没有本质的区别，也与20世纪20年代传播学史中经典的杜威和李普曼的“公众”之争议题相似。杜威与李普曼争论的媒介背景是广播刚刚兴起时。当时李普曼是美国一个很有名的记者，他认为“公众即幻影”[④]，公众是乌合之众，是没有理性、自我意识的人，公众越参与公共事务，社会越糟糕，应该把公众从公共事务、政治事务中排除掉，参与民主、介入公共事务的应该是少数精英。和他针锋相对的就是比李普曼老一辈的教育家、实用主义哲学家杜威，他觉得，公众有能力介入民主事务，公众的参与对民主

---

① 参见〔法〕让·波德里亚：《消费社会》，刘成富、全志钢译，南京大学出版社2000年版；〔法〕居伊·德波：《景观社会》，王昭凤译，南京大学出版社2006年版。

② 〔美〕尼尔·波兹曼：《娱乐至死》，章艳译，中信出版社2015年版，第34—98页。

③ 同上书，第101—184页。

④ 〔美〕沃尔特·李普曼：《幻影公众》，林牧茵译，复旦大学出版社2013年版，第1—48页。

有好处。[①] 其实，这两种观点对公众和民主的理解都带有精英色彩。波兹曼延续了勒庞、李普曼的思路，批判电视受众是一群没有头脑的乌合之众，认为他们没有理性判断的能力，完全被电视节目、电视广告等这些“刺激眼球”的形象所俘获。这种“娱乐至死”式的对于电视的看法非常典型和普遍，就是从精英的角度来批判电视、反思影像的负面效应。这种观点非常符合西方近代以来对技术、现代的理解，尤其是自浪漫主义时代开始出现了对现代技术、科学的反思，把技术、科学作为负面乌托邦，形成了一种反科学主义的意识形态。这恰恰与20世纪50年代到70年代中国社会主义实践中对技术、科学的理解不同。[②]

50年代，中国开始向苏联学习电视制造和播放技术。[③] “大跃进”时期，1958年5月1日，北京电视台成立，这是中国第一家电视台，也是中央电视台的前身，1958年9月2日正式开播。后来，上海电视台等地方台成立。在那个时代，人们一方面把电视作为服务社会主义建设的“电子千里眼”，另一方面认为，电视意味着现代、启蒙，是教学、教育改革的先进方式[④]。另外，电视也被应用在工业上，也就是说我们把电视当作服务社会主义工业化生产的工具。这种观念与《娱乐至死》相反：电视可以实现对人的启蒙、现代教育，让人变为更理性、更有文化、更有知识、更有教养的现代公民。这从现代化和技术精神的角度肯定了电视。

从1960年1月起，中央电视台试行固定节目时间表。其中既有面向一般观众的节目，又有为特定对象设置的节目，既有新闻性节目，又有教育性和文艺性节目，定期或交错播出的专栏达几十个。中国在六七十年代就开始办

---

① 〔美〕约翰·杜威：《公众及其问题》，本书翻译组译，复旦大学出版社2015年版，第112—227页。

② 王洪喆：《从“赤脚电工”到“电子包公”：中国电子信息产业的技术与劳动政治》，《开放时代》2015年第3期，第34—48+5—6页；易莲媛：《“群众科学”与新中国技术政治研究述评》，《开放时代》2019年第5期，第63—75+6—7页。

③ 陈思英：《苏联的电视》，《科学大众（中学版）》1953年第8期，第307—309+297页。

④ 《广播事业局召开座谈会研究电视广播事业发展规划》，《新闻战线》1959年第1期，第32页。

广播电视大学、电视学习班[1]，用电视来进行大众教育，后来80年代的电视大学也是基于这种理念。这些都从现代化的角度肯定了电视的启蒙功能，也从发展传播学的角度肯定了广播、电视等现代科技必然将带来理性和进步。上海是比较早拥有大量电视的城市，因为上海的工业化水平比较发达。“文化大革命”后期，上海的电视机拥有量还是比较大的，而且电视已经被应用到政治生活里。比如，用电视直播群众“批斗”大会，一边是群众“批斗”大会现场，另一边对“批斗”大会现场进行电视直播，让更多的群众参与和观看。1967年1月6日，上海电视台第一次现场实况转播了“打倒上海市委的批斗大会”，首创“电视批斗大会”的革命新样式。1968年3月13日，上海召开了“高举毛泽东思想伟大红旗，揭露批判贺绿汀反党反社会主义罪行电视斗争大会”[2]。一方面，这种特殊时期的电视斗争大会、电视大论辩组织群众大会，让更多的群众参与“批斗”；另一方面，电视作为新媒体也容易去剧场化、去现场感，催生了一种理性的、中性的观众，从而削弱了群众运动的政治性。这种用电视媒介参与政治运动的方式，与80年代把电视作为一种日常生活的意识形态，是非常不一样的。

电视在中国真正普及是在改革开放以后，比西方发达国家大概滞后二十年。80年代初期，中国从日本引进了电视生产线，使得城市、乡村居民很快使用上了电视。同时，随着80年代开始进行的家庭联产承包责任制改革，单位制开始松动，家庭变得越来越重要。电视进入家庭，更加强化了家庭的社会功能。80年代，国家有关部门非常敏锐地意识到，电视会成为一种非常重要的媒体，于是开始主动发展电视，让电视成为改革开放时代最大众化的媒体，并且服务于改革开放时代的主流意识形态。1983年，主管部门按照广播的方式，建立了“四级办电视”的体制，有一级政府就有一级电视台，从中央到省到市到县（直到现在也是如此），建立了覆盖城乡群众的电视网络。1978

---

① 《保证电视班上好课》，《人民教育》1966年第2期，第29页。

② 梁茂春：《“文革”中一场特殊的大论辩——回首“文革”中贺绿汀》，《黄钟（武汉音乐学院学报）》2006年第3期，第34—43页。

年1月1日，《新闻联播》在北京电视台开播，1978年5月1日，北京电视台改名为中央电视台。之后，《新闻联播》及中央电视台也逐渐取代《人民日报》、中央人民广播电台，成为国家最权威、最重要的新闻发布平台。1983年底，中央电视台第一届春节联欢晚会开播，成为收视率最高、最受海内外华人喜欢的大众节目。"春晚"有力地整合了不同的节目形态，既包括民间曲艺，也包括港台流行歌曲、通俗歌曲，表演者既包括党的工作者，也包括港台艺术家，这些都在示范着一种新的大众文化的形态。另外，借助电视平台，日本、美国等国家和中国港台地区的电视剧得以在内地（大陆）播映，使得电视剧成为20世纪80年代到2010年移动互联网崛起之前最重要的文艺形态。同时，如《渴望》《雍正王朝》《亮剑》《士兵突击》《人间正道是沧桑》等成为不同时代全民共同的文化记忆。可以说，电视在80年代发挥着重要的意识形态功能，即完成了从革命文化向大众文化的转型，而且是国家很有意识地、主动地用电视媒体来完成这种转换的。

在互联网发展的冲击之下，传统媒体都产生了向信息化、数字化发展的趋势，文字、影像等向网络文学、网络影视、网络游戏发展，融媒体背景下的新媒介的发展也在催动着广电制度的改革。2018年3月，中央电视台（中国国际电视台）、中央人民广播电台、中国国际广播电台被撤销，组建中央广播电视总台，对内保留原呼号，对外统一呼号为"中国之声"。2018年以来，国家推动县级融媒体中心建设，重新激活了县级基层媒体的活力。2018年9月20日至21日，中共中央宣传部在浙江省长兴县召开县级融媒体中心建设现场推进会，对县级融媒体中心建设做出部署，要求2020年底基本实现在全国的全覆盖，2018年先行启动600个县级融媒体中心建设。2022年，我国基本完成了县级融媒体基础设施与基本运营计划，形成了一中心多平台的基本格局，在内容创作和分发上采用一次采集、多次生产、多渠道传播的理念。县级融媒体建设已经从1.0时代的基本建成，转向2.0时代的高质量发展阶段。[①]

① 舒敏、杨宾：《县级融媒体中心2.0时代：发展模式、方向与路径》，《中国出版》2022年第10期，第10—15页。

县级融媒体中心的主要范围是县级区域的融媒体中心,每个县级区域都要建一个统一的融媒体中心。对于一些地市级的区域也没有必要搞太多的媒体,搭建一个统一的融媒体中心即可。这些地市级区域包括直辖市、副省级城市下面的区,一些人口较少、经济不太发达的地级地区建一个融媒体中心即可。北京市的延庆、海淀等区都建立了融媒体中心。在县级融媒体平台建设中,部分县级融媒体中心建设采用“抱团取暖”的办法,以较为成熟的省级融媒体平台为基础,县级融媒体参与其中,合作共建资源共享型融媒体矩阵。在民生政务型模式中,县级融媒体平台不单单建设了“两微一端”的新闻传播方式,更结合本地民生政务,实现了融媒体在用户日常生活中的全方位覆盖。其中,最为关键的就是“新闻+政务+应用服务”的融媒体建设思路。政府将所辖县域内的广播、电视、报纸三种传统媒体单位进行重新整合,形成一家全域融合的传媒集团,集团对内实行企业化管理,业务上受上级主管部门的直接领导。

第二节　信息基础设施建设与国家的角色

国家在基层建设、基层传播中扮演着重要角色,尤其对于像中国这种第三世界国家来说更是如此。从 20 世纪中国近现代历史来看,国家作为一种新的政治和社会形态处于持续重构过程中,这体现为双重转型:一是从封建王朝向现代民族国家转变;二是从半殖民地国家向主权独立国家转变,也就是从半殖民地半封建国家变成与西方形式上平等的现代主权国家。这样两种转变任务是中国共产党带领中国人民经历几十年漫长的武装革命实现的。与西方发达国家通过资产阶级革命完成现代转型不同,中国共产党这一中国化的马克思主义政党成为塑造中国国家制度和品性的核心,历史经验使得政党处在国家与人民之间的中介位置上,党既代表国家,又代表人民,党既可以动员人民从事国家建设,又可以代表国家为人民谋发展。

具体到通信设施、交通网络方面来说,这是与国家治理能力和人民现代化生活都相关的领域。在古代，道路、河流、文字是帝国统治的媒介基础。秦国统一六国，建立了“书同文，车同轨，行同伦”的制度，确立了文字、道路和伦理规范，这些都有利于幅员辽阔的帝国统治。美国国家制度与其全国邮政网络建设之间有着内在关系，深入社区和边疆的邮政系统有利于美国形成有效的国家治理，至今邮政部门还是美国少有的国有企业。近代以来，铁路、电报、邮政、报纸等成为物资、信息交流的关键载体，也是构建现代国家的基础网络。中华人民共和国成立后，才逐渐建立了自上而下、覆盖城乡的通信网络。

中国的信息基础设施建设有这样几个特点。第一，建设了跨越城乡的行政化的发行网络。中国区域发展非常不平衡，城乡二元结构长期存在，东西部差异比较大。但是，在信息资源分布上，中国基本按照“全国一盘棋”的模式，相对均等化地分配信息资源。有一级政府，就建立一级发行渠道，如邮政、新华书店、广播站、电视台等都是如此，实现了在基层也有邮局、书店、广播站、电视台等配套设施。第二，政府重视对水、路、电、网等基础设施的投资。50 年代到 70 年代，修建了大量水利设施、公路和铁路，80 年代以来，“想致富，先修路”理念成为地方政府拉动经济的发动机，这使得高速公路、高铁、机场等“铁公鸡”项目成为刺激经济发展的法宝，为物资、人员、资本流动提供了基础。第三，与发达国家由民营资本控制通信基础设施不同，中国主要由国家和国有资本来掌握基础设施投资和建设，不容易受短期利益驱动，着眼于长远目标，而且修建的速度非常快、质量非常高，中国因此被称为“基建狂魔”，中国的众多超级工程也成为“厉害了，我的国”的象征。

互联网的兴起改变了政府与通信网络之间的原有关系。在互联网兴起之前，报纸、广电、电影等都是政府控制的文化宣传媒介，互联网对于中国来说是第一次以民营公司为主体形成的媒介制度。互联网的网络基础设施由国有通信公司如移动、联通、电信等建设完成，这就使得中国的互联网延续广电制度，实现了城乡全覆盖。这带来了三重效果：一是中国网民数量增长迅速；二是中低收入群体普遍使用网络，相比于其他媒介形态，互联网既是基层发声、看见基层的主流媒介，又是基层休闲娱乐的廉价平台；三是农村用户可以借助网络进行电商活动,这也是“淘宝村”、“快手村”、农村直播等互联网电商能够快速发展的前提。因此,基层传播的前提在于,国家和地方政府掌握通信基础设施,可以用基层网络服务于地方生产和生活。从第三世界的角度看,这种国家主导的通信基础设施建设也是一种中国经验。

第三节　案例分析:村通工程

神经网络:从人民邮电到村通工程①

邮电行业一直作为党和国家的神经网络而存在。列宁在发动十月社会主义革命武装起义时,就号召工人从一开始就占领电报局和电话局,在革命胜利之后不久,他又多次强调要充分发挥邮电通信的作用,并且指出,没有邮电和机器的社会主义不过是一句空话而已。② 1948 年,毛泽东曾经把邮电通信比作党和国家的神经,并亲笔题名“人民邮电”③。人民邮电不只是人民的通讯员,并且是党的宣传员,承担了党的宣传功能。然而,改革开放以来,邮电行业面临新的挑战,尤其是广东等发达地区在招商引资过程中往往因邮电基础设施落后而受到阻碍。1979 年,第十七次全国邮电工作会议指出,要响应改革开放的号召,继而邮电行业做出了从以阶级斗争为纲到以通信为中心的转变。④ 自此以后,邮电行业走上了持续数十年的复杂政企分离历程,从三定方案到中国联通的成立,再到最终成立信息产业部,政企实现了分离。就电信行业而言,1994 年 7 月 19 日,在电子工业部、电力工业部、铁道部、国家经贸委支持下,中国联通成立;1995 年 4 月,邮电部电信总局正式更名为中国

① 本案例来自“基层传播理论与方法”课程作业,作者为北京大学新闻与传播学院硕士研究生许信。

② 《现代化建设的“神经系统”——邮电通信》,《瞭望》1983 年第 8 期,第 21—23 页。

③ 方怀银等:《谱写新时代“赶考”新篇章——寻访西柏坡“人民邮政发祥地”》,《中国邮政报》2021 年 6 月 29 日,第 4 版。

④ 王化隆:《历史性的跨越——改革开放 20 年邮政发展成就回顾》,《中国邮政》1999 年第 12 期,第 2—4 页。

邮电电信总局(中国电信);1998 年 3 月 6 日,邮电总局和电子部重组成为信息产业部。2000 年,电信移动分离,2002 年,电信南北分拆,随后,联通双网分离,形成了现行的电信、联通、移动三大巨头。从人民邮电到政企分离的发展史,是一段从计划走向市场的艰辛历程。然而,事实上,作为企业的电信仍然具有非常强的基层特征。例如,电信以企业为主导,完成了在行政村普及电话基础设施的村通工程。同时,三大运营商建立了益农信息社等,为农村提供公益、便民、电商、培训等聚合信息,其中包括邮政、快递、电商等服务。

一、村通工程的建设

政企分离以来,企业竞争促进了我国电信业的发展。到 2004 年,我国固定电话用户达到 2.9 亿户,移动电话用户突破 3 亿户,全国固定电话普及率达到全球平均水平。然而,与此形成鲜明对比的是,当时农村电话普及率仅为 11%左右,为城市水平的 1/3。[①] 因此,尽快发展农村电信成为弥合城乡鸿沟的重要途径。更为紧迫的是,95%以上行政村"村通"成为"十五"计划中电信行业唯一未完成的指标,因此村通工程才成为一项迫在眉睫的短期任务。在市场化改革后企业主导的村通工程建设过程当中,面向基层的普遍服务超越市场调控,成为电信企业工作内容的重要组成部分。因此,村通工程作为一项短期而艰巨的任务开始被浩浩荡荡地执行起来。

村通工程将通信服务普及农村的做法来源于浓厚的历史背景。中国邮电体系建立以来,党和政府就致力于通过邮电基础设施建设将党和国家的声音传播给广大农民。"大跃进"时期,一些农村地区四五天才能看到一次报纸,为解决时效性问题,邮电部门就进行过规模浩大的改革运动。以电影《鸿雁》为例,贯穿电影的主线即英雄人物李云飞开辟长白山新邮路送达"死信"的过程。因此,村通工程的建设可以说是这种深入农村战略的延续。另外,深入群众的神经系统的邮电部门,一直承担着采购员、服务员、代销员的服务

---

① 王化隆:《历史性的跨越——改革开放 20 年邮政发展成就回顾》,《中国邮政》1999 年第 12 期,第 2—4 页。

功能。所谓“要致富，先修路”，正是村通工程实施最重要的意义。以广西为例，在无线接入电话后，砍蔗时节，市白沙镇平田村的甘蔗种植大户足不出户，就可与糖厂商定好砍运日期和运量，大大减少了因盲目行动造成的经济损失。此外，危急病人抢救、治安案件处理、出海船队与岸上联系等也比原来方便了许多。市北暮村和黄稍村的村民更凭借与外界的信息沟通，运化肥、养珍珠，大发了一笔。[①]

然而，最大的改变在于，人民邮电之所以被称为“人民”，就是因为邮电部门承担了重要的传达国家意志、帮助同志进步的宣传功能。《人民日报》关于五莲县邮电局的一篇报道强调，“毛主席最新指示一发表，邮电局革命工作人员就闻风而动，千方百计地使毛主席的声音迅速传到广大群众那里去。为了更加广泛深入地宣传毛泽东思想，他们还帮助各大队举办了二百多个读报组”[②]。作为硬件基础设施的邮电局，同样在读报组这一宣传部门的建设中起到了重要的推动作用。

相比之下，村通工程则并不或很少承担宣传党和国家意识形态的功能。自提出以来，村通工程就服务于乡村振兴战略。解决“三农”问题、缩小城乡数字鸿沟、让农村同城市一样走到现代化的道路上来，一直是村通工程的背景。[③] 原因在于，承担村通工程的主体由政府变为企业，原有的承担政治功能的话语逐渐被合理化为一种“社会责任”，因此服务于政治的意识形态宣传逐渐失去了其合理性。这背后是一种社会整体的发展脉络。当社会不可避免地要同全球化与现代化的市场体系相适应时，政府的政治宣传也必须以一种更隐蔽的方式寻找其新的合理性。

更本质的原因则在于，“乡村”不再是广大人民群众的代名词。在乡村脱离了构成基层的主体这一身份以后，落后的乡村与先进的城市之间这一二

① 季健军：《乡间小路 信息通衢——广西“村通工程”纪事》，《人民日报》1998 年 12 月 12 日，第 7 版。

② 本报工农兵通讯员：《五莲县邮电局革命工作人员遵照毛主席的伟大教导 积极改革乡村邮递工作》，《人民日报》1969 年 5 月 19 日，第 5 版。

③ 参见本书编委会：《大跨越——中国电信业三十春秋》，人民出版社 2008 年版。

元对立关系就显现出来。在市场的语境下，“乡村”成为被援助的对象，而不再是能够被平等视之的人民群众的一分子。也正是因此，原本基层传播的管理功能逐渐被服务和援助功能所取代，对基层的传播不再是将基层中的每一个散在的点纳入网络动员，而变成一种居高临下的“允许你进入我的世界”的援助，因此针对农村的基层传播的意义也在悄悄发生转变。

二、分片包干：村通工程的企业动员

鉴于农村地区的通信基础设施建设难以实现盈利，国际上普遍认同，通信普遍服务应由政府组织，其本质是由政府主导的大型交叉补贴。在实现普遍服务的方式上，当时国际的一般做法是推行普遍服务基金建设。这一基金由政府按照电信运营商的业务收入比例或市场份额提取，还包括政府对电信频率、码号等电信资源的收费，许可证拍卖所得等。通过有效的基金运作，政府发包并监督相关企业使用，这一直被认为是推动农村通信发展的必由之路。

在中国，要实施这一普遍服务基金制度，不仅成本巨大，而且会遭遇许多困难。例如，需要确定基金的规模和征收比例，需要建立专门的管理机构来负责基金的日常管理等。① 尤其是，邮电部门并不掌握基金建立的权力，政府各部门配合过程当中存在诸多困难，这在距离“十五”计划验收仅余一年时间的节点上是相当困难的。最终，为寻找普遍服务基金的一种替代方案，政府管理部门提出了“分片包干”的策略。所谓分片包干，就是将普遍服务需要的资金实施分摊，各企业按其收入和利润占所有电信企业收入和利润总数的比例分摊。通过这一手段，原先难以实现的目标在各组织的赶、帮、超中得以完成。

“分片包干”从称呼到实际运作中都蕴含着一种强烈的政治内涵。“大跃进”时期，国营企业是分片包干策略的重要对象。例如，《人民日报》报道，山西省国营工业是山西发展地方工业的重大措施。通过出人才、出材料、出设备的方式，政府动员国营企业全面支援地方“大跃进”，点对点帮扶地方工

---

① 游五洋：《我国电信普遍服务现状分析和研究》，《当代通信》2005 年第 1 期，第 15—17 页。

业实现了“大跃进”的总体目标。[①] 然而,在实际的企业动员当中,这一策略的实施并非一帆风顺。市场化改革后,企业与口号式的政治动员之间存在一种显著的内在张力。一个典型的表述是,“我怎么和股东交代啊”。其背后体现的是,作为国企改革先锋的电信企业内部出现了一股与政治力量截然相反的市场力量,因为这种力量的参与,政府失去了其原有的绝对控制权。对于政府而言,这种市场化的改革正是政府主导下的转变,并非仅仅由于社会力量的推动,因此在重新实行分片包干政策时,就不免面临“走回头路”的指责乃至回到“大跃进”时代的警觉。

尤其是,这一政策一经提出,便在学界引起了广泛的争论。例如,清华大学胡鞍钢就专门撰文指出,“最近,信息产业部提出在部分省区开展村通工程试点,令人既惊喜又十分担忧,惊喜的是,中国政府采取重大举措来解决农村电信普遍服务,缩小城乡,地区信息差距,担忧的是,解决这些问题的基本思路仍然是按传统的行政区画地为牢分片包干的做法,这与全国建立统一的电信市场,促进市场公开竞争信息互通互换的基本方向相反”[②]。然而,通过对企业和学者不断地动员和双方深入交流,分片包干政策作为一种过渡策略,还是实施起来,推动了深入农村的村通工程。

三、革命话语:村通工程的建设过程

电信工程与革命相勾连有悠久的历史传统。20 世纪 90 年代初期,在军民共建国家干线通信网的过程当中,军队不仅作为一种话语,也作为实质参与主体,参与了建设过程。再向前推,中国电信业的前身就是战争时期的通信联络局,在战争局势中有着重要影响。1984 年以前,邮电部门主要负责人都具有在军队通信部门和宣传部门工作的背景。

在政企分离以后的村通工程建设中,虽然军队不直接参与工程建设,但革命话语不断在建设过程中重现,电信基础设施建设的政治意义可见一斑。

---

① 《山西发展地方工业的重大措施　国营企业当统帅》,《人民日报》1958 年 3 月 25 日,第 3 版。

② 胡鞍钢:《加快农村电信普遍服务　缩小城乡信息差距》,《中关村》2005 年第 8 期,第 64—68 页。

2005年，村通工程克难攻坚战最重要的一场会议被誉为电信业的“遵义会议”。有趣的是，尽管与革命时期的军队建设不同，村通工程主要由企业主导，但在整个建设过程当中，基层的人民群众参与仍然得以体现。从军民共建到企业与村民共建，对群众进行基层动员的模式作为根据地建设的遗产被成功移植到村通工程建设过程中来。

四、结语

2005年11月27日，信息产业部在陕西延安召开全国电话村通工程现场会，宣布全国电话村通工程“十五”目标提前实现。中共中央政治局常委、国务院副总理黄菊专门向现场会打来电话，对全国村通电话工程所取得的成绩给予了充分肯定，还与延安市安塞县农民宋有福一家通了电话。[①] 在随后的十余年中，电信企业渐渐不仅将惠民服务作为企业社会责任的结果，也将广泛信号覆盖作为一大卖点和品牌形象，内化成其主动为之的特质。即便脱离了公共服务和政治动员的语境，农村的信号覆盖仍成为市场主导下企业的战略选择。2015年，电信普遍服务基金终于建立，按照“中央资金引导、地方协调支持、企业为主推进”的思路，开展电信普遍服务试点工作，推动农村及偏远地区宽带建设发展，促进城乡基本公共服务均等化，带动农村经济社会和信息化水平不断提升，助力实现2020年98%的行政村通宽带、农村宽带接入能力超过12Mbps等“宽带中国”战略目标，到2023年底实现固定和移动网络普遍具有“千兆到户”能力。

思考题

1. 中国是如何在基础设施建设领域体现“基层传播”理念的？
2. 联系实际，想一想，其他国家有类似“村村通”工程建设的项目吗？如果有，它与中国有哪些不同？
3. 举例说明有中国特色的信息基础设施建设的经验。

---

① 《全国电话村通工程“十五”目标提前实现》，《人民日报》2005年11月28日，第1版。

跋　重返根据地，以基层传播为方法

近些年，笔者发现自己经常处在某种跨学科的境遇中。在中文系读书时，笔者的研究兴趣是电影；在中国艺术研究院工作时，笔者又偏重做文化研究；来到新闻与传播学院，对于主要接受人文训练的笔者来说，以社会学为基础的传播研究又是不小的知识上的挑战。从文化研究、艺术学的角度研究电影，与从传播学、社会学等视角的研究还是有差异，而批评体的写作与越来越学科化的学术论文在规范和论述方法上也有一些隔阂。在这种背景下，笔者开始转向做中国根据地新闻传播史研究。主要有几个考虑：一是，最直接的"功利"目的是"生产"看起来更像"学术体"的论文，经过烦琐的论证、对史料的梳理，增强论文的科学性和学理性，这与笔者之前擅长的"单刀直入"的文本阐释和理论解读有些不同；二是，写文艺批评文章需要时刻关注当下，好处是跟踪新的变化，坏处是缺乏沉淀、容易"急就章"，转向做历史的题目，会有历史的纵深感和"穿越"历史的兴奋感，也与当下的"时与势"拉开一段距离；三是，笔者不太善于进行哲理化、理论性的论辩，再加上，20 世纪 80 年代以来理论的高光时刻终结，在后理论时代，纯粹的理论阐释也不像 20 世纪六七十年代"闪电"一样的革新思想，这也是笔者转向历史、偏经验研究的原因。

2018 年秋季，在好朋友李云雷的建议下，笔者带着学生开始阅读晋冀鲁豫根据地《人民日报》，每两周阅读一个月的报纸、进行一次集体讨论。或许是由于距离感和陌生感，大家总能找到一些学术的兴奋点。对笔者来说，阅读根据地时期的史料如同打开了一座宝库，很多了解、不了解的人物、文本重新鲜活起来。之前从党报党刊中看到的宣传体文章也不再是一种教条和口号，而成为一场在特殊时期、特殊空间展开的轰轰烈烈的历史和社会实践——特殊时期是指抗日战争和解放战争时期，特殊空间是指贫穷、落后的农村和偏远地区。参与社会实践的主体有两类，一是从城市下沉到乡村的共产党员、红军战士、文艺工作者等，二是尚且处在愚昧中的、非现代化的千千万万的农民。这幕“历史剧”的核心是革命，是土地革命，是游击战争，是包括文化扫盲、组织生产、社会建设在内的彻底的乡村改造实践。报纸作为20世纪最为重要、有效的传播媒介，负载、沉淀着丰富的社会、历史信息，晋冀鲁豫《人民日报》以新闻的方式“纪录”下了这一幕幕历史和社会改造的细节。以“通过报纸读懂中国”为宗旨，每位参与者从自己的学术兴趣出发，采用文本细读的方式，通过报纸，进入现当代中国的历史。笔者和学生像耐心的考古学家或充满好奇心的侦探一样，重新打开、发掘报纸这一“现场”，触摸现当代中国的诸多社会纹理，主要围绕中国共产党的新闻制度与治理方式、根据地报纸的通信网络和传播机制、边区政府的地方经验和社会管理经验等话题，展开深入研究。笔者对这种基层宣传活动的组织和社会机制比较感兴趣，想研究清楚报纸如何在农村生产、印刷、发行等问题。这种对媒介社会机制和制度的研究与文化研究中所强调的唯物主义、经济基础等问题也是一致的。

看到晋冀鲁豫《人民日报》中的大部分报道是关于村庄、地方、某个单位的新闻，笔者非常好奇，也就是说，作为晋冀鲁豫机关报的《人民日报》，并不像后来的《人民日报》那么“宏观”和“政论化”，而是聚焦晋冀鲁豫根据地的地方生产、乡村建设、社会治理等内容。笔者提出用“基层传播”来描述这种高度基层化的新闻实践，这与西方作为第四权力的新闻制度不同，也与城市中突出猎奇性、奇观化的新闻报道风格不同，这种高度基层化的根据地新闻，积极、主动地参与社会建设和乡村改造，为基层社会构筑了一面媒体的“幕墙”，“幕墙”中的“主角”就是所在村庄、所在基层单位的群众。“基层”对于很多人来说是一个既熟悉又陌生的概念，熟悉在于每个人都生活在某个基层社会中,陌生在于人们尚未把基层对象化、学术化,尚未意识到“基层”并不是一个不证自明的概念,其本身是20世纪中国革命实践中建构出来的社会空间,这反映在根据地时期以基层建设为核心的革命运动和新中国成立之后建立的以单位制为特征的基层社会中。基层传播的功能是在根据地时期的基层社会建立起宣传之网,宣传成为一种组织基层、动员群众的手段。如果说宣传是说服、传播和教育,包括文化、艺术、出版、新闻、教育等活动,那么组织则是政党组织、政治组织、群众组织等不同的组织形态。正是依靠“宣传”和“组织”,中国共产党才得以深入乡村,完成了对基层社会的重组和改造。因此,“基层传播”是基于20世纪中国现代化转型中形成的历史经验所提出的理论概念,用来描述在基层空间中发生的传播行为,并反思传播在基层治理中发挥的作用。20世纪,中国是落后的欠发达国家,缺乏现代技术和资本禀赋,而基层传播是一种低成本、低技术依赖的动员、组织和改造基层的方法。基层传播的制度基础是,中国共产党依靠组织的力量深入基层社会,运用“从群众中来,到群众中去”的群众路线的工作方法,实现基层的现代化。基层传播不仅解决了信息交流从中心/城市向边缘/乡村的扩散以及“最后一公里”的问题,更重要的是,把现代化的理论、价值观念镶嵌进了基层社会,让群众更加主动地参与现代化建设。这涉及双重改造的过程:一方面,改造专业知识分子,使之成为承担信息传播作用的中介,成为基层传播的组织者;另一方面,改造现代媒介,使之适应农村/非现代化的空间。

2020年年初新冠疫情骤然来袭,学校安排师生在家里上网课,一整个学期笔者都没有返校。这半年多,难得居家、不被各种琐事打断,笔者开始沉下心阅读与根据地有关的材料。这段时间的集中阅读激活了很多“读报”过程中产生的想法,笔者对晋冀鲁豫、晋察冀根据地有了更多“立体”的、鲜活的感受。回过头来看,对于人文社会学者来说,一段相对空闲的阅读时间,看似什么事都没有做,却对学术成长有着重要作用。笔者从一些作家、文艺工作者的回忆录中,看到了一种不一样的知识分子的主体状态,笔者把这种状态命名为“逆向流动的知识分子”(为了知识生产,总要发明一些陌生化的概念)。20世纪中国历史和社会实践中有很多下乡、下基层的知识分子,这被认为是20世纪40年代毛泽东发表《在延安文艺座谈会上的讲话》以来所形成的特殊的文艺知识分子的状态。在博士论文中，笔者主要讨论了鲁迅的“幻灯片事件”，在视觉文化与意识形态理论的支撑下，分析了作为启蒙者的“我”、看客与“被砍头者”之间的视觉权力关系，总结了五四新文化运动以来中国人的三种主体状态：一是知识分子/自我批判/接受现代教育的“我”；二是麻木的、需要被启蒙的看客；三是被侮辱的、懦弱的“被砍头者”。由此，引出了启蒙与革命的双重主题。论文从对晚清画报的讨论起，经过五四新文化运动，再到三四十年代左翼革命时期，其中，知识分子与看客、群众的关系是核心议题。这种讨论略显抽象和去历史化。1927年井冈山根据地时期的实践形成了一种更具历史性和社会性的知识分子主体/干部/共产党员与群众的关系。在五四时代，鲁迅在《故乡》中写道，“我”返回故乡，又离开故乡，“我”不是在城市，而是在家乡成了“异乡人”。对于20世纪出现的另一种知识分子来说，下乡、下基层成为一种新的主体状态。这种朝“下”的状态大规模出现在抗日战争时期，战争的威胁使得东部、沿海城市的知识分子向内地迁徙。北京、上海、武汉等大都市的大批文艺工作者参与了抗战宣传的过程，这种宣传活动使得这些都市、现代知识分子深入内地和农村。一方面，他们带来了新思想和新文化；另一方面，这种流动演出、迁徙的过程本身对这些知识分子也产生了深刻影响。

直到今天，虽然文艺工作者不再需要大规模下乡，但其他领域依然存在大量“逆向流动”的知识分子，如驻村干部、第一书记以及疫情期间支援不同城市的医务工作者和下沉到基层的社区工作者，又如大学生毕业回各省市做基层“选调生”、农业等科技工作者定期开展技术下乡活动等，他们是实现将文化、科学、医疗等信息从城市传播到乡村的信息桥梁。这改变了笔者在博士论文中所讨论的知识分子与看客、“被砍头者”之间的分裂状态，体现为另一种历史实践形塑的返乡、参与乡村建设的主体状态，一种知识分子“主动”与工农群众的结合，这是自根据地以来延续至今的广泛存在的社会制度。一些学者从不同学科角度来分析这种向“下”流动的主体，却很少追问：为什么要向下？为什么要朝向基层？这种社会机制到底如何形成，又如何变成一种常态化的制度设定?比如,在很多机关干部、医务人员、新闻记者的职称评定中,有无“下基层”经验被作为重要指标,这些社会实践都来源于根据地时期的历史经验。这些逆向流动的主体主要分为三类群体:一是深入基层和群众的共产党干部,他们承担着领导土地革命、参与基层治理的各项工作;二是流动演出的文艺工作者,抗日战争和解放战争中出现了大量文艺工作者,他们承担着在农村、敌后根据地进行文化宣传、政治教育的职能,如农村和大后方出现的流动戏剧演出队等;三是农业、科技专家,他们把农业生产、科技成果扩散到乡村。这些逆向流动的知识分子帮助乡村、贫困和边远地区实现着现代化发展。

这种逆向流动的主体具有两种社会功能。第一种是“信使”的功能,即通过下基层、下乡把现代信息从城市向农村传播,改变农村缺乏现代信息、技术和文化的状态。中华人民共和国成立初期,一穷二白,面临巨大的城乡差距,尤其是,广大的农村地区缺乏基本的信息、技术等现代条件,也没有剧院、电影院、医院等现代机构,逆向流动可以缓解农村在文化、教育、技术等方面的资源匮乏状态,文化站、技术站、流动文艺演出的方式让现代信息下沉到基层,为农村提供了基本的文化和医疗保障。尽管中国逐渐建立了农村广播网等现代化的信息基础设施,但报纸、电影等大众媒介依然只有依赖“身体”的逆向流动才能覆盖农村,由此形成了如邮发合一的邮政制度、流动电影的放映制度和乌兰牧骑制度。第二种是参与基层内生性发展的功能。无线、有线等现代通信手段可以把信息从城市扩散到乡村,但信息的传递不只是简单的流通过程,更重要的是,作为接受者的群众如何更好地使用和改造现代信息,这依然需要有批判意识的逆向流动的知识分子与基层群众一起创造适合农村实际情况的技术和文化。逆向流动的主体中更多的是驻村干部、科技工作者、乡村教师等,他们是基层社会经济和文化发展的重要组织者和参与者。可以说,正是一代又一代成千上万逆向流动的知识分子成为城乡互助、信息普及、文化共享的中介,才缓解了欠发达地区缺乏现代化信息的困境。向资本、技术稀缺地区“逆向”传播现代化知识,是中国在现代化发展中形成并延续至今的社会制度，是一种低成本的中国式现代化的经验。

基层传播和根据地研究反过来帮助笔者重新理解了文学和电影等文化艺术在其中所发挥的新功能。中文系对文学的理解，容易把文学看成作品中心和作家中心的对象，这与浪漫主义文学思潮有关，即文学作品是如上帝般的作家“天才式”的创造。根据地的视角使笔者开始从社会建设和治理的角度理解文学。比如，赵树理、柳青、丁玲、周立波等社会主义现实主义作家，他们同时进行着双重生产：一方面是下乡、下基层、参与社会生产的干部，另一方面是从事文学生产的作家。关于电影研究，笔者考察过晋察冀根据地华北电影队的历史。华北电影队被誉为“一辆马车上的电影制片厂”，是战争状态塑造出来的一种在流动中完成电影拍摄、电影制作和电影放映的文化生产模式。华北电影队创造了两种流动性：一是战争前线地带无法建立稳定的电影制片厂，这种把电影制片厂“压缩”组装到一辆马车上的方式便于流动拍摄；二是电影放映也无法采用固定空间的电影院放映方式，而只能让电影放映员带着放映机和胶片到不同连队、村庄流动放映。这种流动性的电影生产和放映方式“逆转”了电影工业的“都市”属性，让电影与非现代化的农村空间结合起来。这种流动状态的形成一方面与根据地作为去空间化的流动空间有关，包括华北电影队在内的根据地文艺都借助流动的主体成为流动化的宣传媒介，另一方面来源于抗日战争时期晋察冀根据地的抗敌演剧队的传统，从流动的话剧到流动的电影是战争环境中形成的一种跨媒介实践。在流动中完成宣传动员的媒介形态也形塑了逆向流动的主体，如话剧工作者、电影工作者、电影放映员等在从城市向乡村的逆向流动中完成创作、演出和放映。中华人民共和国成立之后，城市中建立了固定的电影制片厂和电影院，但电影的空间流动并没有消失，反而以更大规模的流动放映队的形式在中国基层和农村地区长久存在。这种流动的媒介与流动的主体是中国作为第三世界国家在文化现代化过程中形成的发展传播学的历史经验。从这里能够看出，20 世纪 50 年代形成的人民电影除了来源于上海左翼电影的传统之外，还与从根据地时期以来的文艺工作者密切相关。如汪洋、严寄洲、成荫、王炎、崔嵬、田华等人民电影的骨干，都曾经是根据地时期活跃的话剧工作者，他们把战争状态下在乡村进行流动话剧演出的经验“移植”到了工农兵电影的创作中。这也使得话剧艺术在革命文艺中占据了非常重要的位置。

这些初步研究，让笔者清晰地意识到了文艺创作与社会实践之间的互动关系，也更深刻地认识到了文化书写与政治行动之间的辩证关系。这种从文学、电影到新闻的知识冒险，使笔者深入20世纪中国社会与文化发展的内部，从而理解中国独特的现代化经验。

教师反馈及教辅申请表

北京大学出版社本着“教材优先、学术为本”的出版宗旨，竭诚为广大高等院校师生服务。

本书配有教学课件，获取方法：

第一步，扫描右侧二维码，或直接微信搜索公众号“北大出版社社科图书”，进行关注；

第二步，点击菜单栏“教辅资源”—“在线申请”，填写相关信息后点击提交。

如果您不使用微信，请填写完整以下表格后拍照发到 ss@pup.cn。我们会在 1—2 个工作日内将相关资料发送到您的邮箱。

书名		书号	978-7-301-	作者	
您的姓名				职称、职务	
学校及院系					
您所讲授的课程名称					
授课学生类型（可多选）		□ 本科一、二年级 □ 高职、高专 □ 其他__________		□ 本科三、四年级 □ 研究生	
每学期学生人数		________人		学时	
手机号码（必填）				QQ	
电子信箱（必填）					
您对本书的建议：					

我们的联系方式：

北京大学出版社社会科学编辑室

通信地址：北京市海淀区成府路 205 号，100871

电子邮箱：ss@pup.cn

电话：010-62753121 / 62765016

微信公众号：北大出版社社科图书（ss_book）

新浪微博：@未名社科-北大图书

网址：http://www.pup.cn